AF494705

THÉATRE FRANÇAIS.

LEMIERRE,
POINSINET, BLIN.

XL.

LEMIERE.

THÉATRE FRANÇAIS.

RÉPERTOIRE COMPLET.

LEMIERRE,

POINSINET, BLIN.

Edition-Touquet.

PARIS.

IMPRIMERIE DE A. BELIN.

1822.

THÉATRE

DE

LEMIERRE.

Edition = Touquet.

PARIS,

Chez l'Éditeur, rue de la Huchette, n°. 18.

1822.

HYPERMNESTRE,

TRAGÉDIE

DE

LEMIERRE,

Représentée , pour la première fois , en 1758.

PERSONNAGES.

DANAUS.
HYPERMNESTRE, fille de Danaüs.
LYNCÉE.
IDAS,
ARASPE,   } confidens de Danaüs.
EGINE, confidente d'Hypermnestre.
EROX, confident de Lyncée.
GARDES.
SOLDATS.
PEUPLE d'Argos.

La scène est à Argos, dans le palais de Danaüs.

HYPERMNESTRE,

TRAGÉDIE.

ACTE PREMIER.

SCÈNE Ire.

HYPERMNESTRE, LYNCÉE.

LYNCÉE.

Enfin, belle Hypermnestre, il luit ce jour heureux
Où l'hymen, dans Argos, va couronner mes vœux :
Je tremble cependant, et ma flamme inquiète
Ne me laisse goûter qu'une joie imparfaite ;
Trop d'infortune est jointe à ma félicité,
Si je ne dois ici votre main qu'au traité,
Si votre ame à nos nœuds refuse de souscrire,
Et s'irrite ou gémit du bonheur où j'aspire.

HYPERMNESTRE.

Moi ! m'alarmer, seigneur ! Non, mes vœux sont remplis.
Nos pères en ce jour sont enfin réunis ;
Le trône de la paix dans Argos ramenée
S'élève et s'affermit sur l'autel d'Hyménée.
C'est peu du bien public né de ce calme heureux ;
Je sais vous estimer : puis-je craindre nos nœuds ?

LYNCÉE.

Quoi ! vous auriez, madame, oublié tant d'alarmes ?
Je pourrais à vos yeux ne point coûter de larmes ?
Vous ne m'imputez point ce ravage odieux
Que mon bras fut contraint d'exercer en ces lieux ?
En vous tyrannisant j'aurai pu trouver grace ?
De quelle inquiétude à quel calme je passe !

Ah ! si ce même instant, madame, où votre cœur
Sans crainte et sans courroux consent à mon bonheur,
D'un sort plus doux encore était l'heureux présage ;
Si, quand je vous consacre un éternel hommage,
Plein du plus tendre amour, mon cœur s'osait flatter
Qu'un jour... Vos yeux sur moi craignent de s'arrêter :
Vous laissez-vous toucher à l'amour de Lyncée ?
Hélas ! de son espoir seriez-vous offensée ?
Ai-je osé trop permettre à mes vœux abusés ?
Je vous vois interdite... Eh quoi ! vous vous taisez !

HYPERMNESTRE.

Souvent on cache un feu qu'on avouerait sans honte.

LYNCÉE.

Hypermnestre !

HYPERMNESTRE.

　　　　Seigneur, ah ! peut-être trop prompte...
Mais non, vous-même ici venez de m'arracher
L'aveu d'un sentiment que je n'ai pu cacher :
Ma tendresse a paru : mon ame s'est montrée
Tout entière à vos yeux, se croyant pénétrée :
Je ne m'en repens point.

LYNCÉE.

　　　　　O ciel ! qu'ai-je entendu ?
Dans quel ravissement je reste confondu !
Gands dieux ! à mes transports mon cœur suffit à peine !
Hypermnestre, est-il vrai ? quelle bonté soudaine
Vous rend si favorable au plus doux de mes vœux ?
Je ne suis point pour vous un objet odieux !

HYPERMNESTRE.

Vous le fûtes, Lyncée, et cette erreur peut-être,
Nos nœuds, vos sentimens, que j'ai pu mieux connaître,
Ont dû hâter l'aveu qui vient de m'échapper.
Ah ! pardonnez ; la haine avait pu me tromper ;
Tout semblait nous devoir séparer l'un et l'autre :
Mon père s'était vu renversé par le vôtre
Du trône de Memphis qu'il devait partager,
Proscrit, forcé de fuir sous un ciel étranger,
Une trop juste haine en son cœur fut jurée :
Par l'excès de l'outrage elle était consacrée.
Que dis-je ? vous veniez, avec tous vos soldats,

Attaquer Danaüs dans ses nouveaux États ;
Vous veniez allumer d'une main sanguinaire
Le flambeau d'un hymen que rejetait mon père.
Je ne voyais en vous qu'un farouche guerrier.
A tant de violence entraîné le premier :
Jugez si du vainqueur je fuyais l'hyménée,
Moi, plutôt à son char qu'à son lit destinée,
Moi, dont la main était le prix de ses excès,
Moi, qu'opprimait la guerre, et qui craignais la paix.
Vous hâtez de nos murs l'assaut inévitable ;
Le premier sur la brèche, et le plus redoutable,
De vos frères suivi, vous entrez dans Argos :
J'attendais un tyran et je vis un héros ;
Je vous vis vertueux, sensible à mes alarmes,
Rougir de vos lauriers, et pleurer sur vos armes,
Des fureurs de la guerre éclatant désaveu !
A ces généreux traits d'un cœur connu trop peu ,
De mes préventions je vis toute l'injure.
Que la haine fait honte au moment qu'on l'abjure !
Et que mon cœur plus juste , à votre aspect , seigneur ,
Trop tard désabusé, détesta son erreur !

LYNCÉE.

Ah ! ce seul sentiment de votre ame attendrie,
S'il eût fallu vous perdre, eût consolé ma vie :
Et je vais être à vous ! Dieux ! j'obtiens en ce jour ,
Même après ma fureur, un bien que mon amour
Eût à peine espéré s'il vous avait servie ;
Et lorsque vous deviez punir ma tyrannie,
C'est peu de consentir à ma félicité :
Je vous dois à vous-même et non pas au traité.

HYPERMNESTRE.

Je ne m'en défends pas ; oui, le ciel favorable
M'a fait aimer un nœud qui fut inévitable ;
Oui, la nécessité dont l'inflexible main
Nous tient courbés sous elle avec un joug d'airain,
Qui jette quelquefois dans notre esprit rebelle
Le dégoût d'un destin qu'on eût chéri sans elle ,
Ce tyran sur mes jours n'a qu'un pouvoir heureux :
Il fixe mon bonheur en m'imposant ces nœuds.
J'oublie en les formant qu'Argos se vit forcée ;

Elle cède au vainqueur, et je cède à Lyncée.
Mais, hélas! un tel nœud n'est-il que pour nos cœurs!
J'ai vu les noirs ennuis sur le front de mes sœurs;
Je ne sais quoi de sombre, une terreur secrète,
Un silence pensif, de leur trouble interprète,
Leurs soins à m'éviter, comme si dans mes yeux
Elles avaient surpris le secret de mes feux,
Et que chacune, hélas! en fuyant mon approche,
M'enviât mon bonheur, ou m'en fît un reproche;
Tout semble me montrer que nos divisions
Ont trop dans leur esprit laissé d'impressions;
Tout trahit leur froideur, et m'est un témoignage
Qu'au lieu de leur penchant le traité les engage.
Et moi, tendre et sensible, et toute à mon ardeur,
Prince, je comparais au vide de leur cœur
Ce doux charme d'aimer, félicité première,
Qui fait chérir la vie, et remplit l'ame entière;
Et mon cœur, en secret vous adressant ses vœux,
Devançait les sermens que je vais faire aux dieux.
Toutefois puis-je voir, seigneur, sans quelque peine,
De l'hymen à regret mes sœurs former la chaîne?
Par quel destin fatal, près d'engager leur foi,
Sont-elles aujourd'hui moins heureuses que moi?
Ah! que toutes, cédant à des lois nécessaires,
Des yeux dont je vous vois n'ont-elles vu vos frères?
Puisse la haine au moins, respectant leurs liens,
Aux flambeaux de l'hymen ne pas joindre les siens!
Dure à jamais ici la paix qui vient de naître!

LYNCÉE.

Qui pourrait la bannir? Vos sœurs vont trop connaître
Par le seul souvenir de vos troubles passés
Le danger des poisons que la haine a versés:
Quel affreux sentiment, toujours aussi funeste
Au malheureux qui hait qu'à celui qu'on déteste!
Trop aveugles humains de maux environnés,
Faut-il être à la haine encore abandonnés?
Ah! du moins, écartant la discorde et la guerre,
C'était à l'amitié de consoler la terre.
Mais enfin un traité, trop saint, trop solennel,
Sur la brèche signé, va l'être sur l'autel;

Et les nœuds de vos sœurs, pour être involontaires,
Seront-ils moins sacrés pour elles, pour nos pères ?
Mais voici Danaüs.

SCÈNE II.

DANAUS, HYPERMNESTRE, LYNCÉE,
GARDES.

DANAUS.

Mes ordres sont donnés,
Seigneur, et les autels bientôt seront ornés.
D'Egyptus et de moi la querelle est éteinte :
Argos enfin respire ; et, bannissant la crainte,
Avec impatience elle attend tous ces nœuds
Qui vont m'unir à vous, à mes autres neveux.
Vous vous êtes ouvert ces remparts et ce temple ;
J'ai cédé : mais je veux donner un autre exemple,
Me vaincre, et vous devrez peut-être à cet effort
Autant qu'à votre bras et qu'aux faveurs du sort.

LYNCÉE.

Ah ! seigneur, doutez-vous que mon ame empressée
Ne réponde aux bontés dont vous comblez Lyncée ?
Hélas ! j'aurais voulu ne devoir en ce lieu
Rien au sort de la guerre et tout à votre aveu :
Je vous parle en mon nom, je parle au nom d'un père
Qu'une trop longue haine a séparé d'un frère,
Qui veut aux nœuds du sang rendre tout leur pouvoir.
Qu'aujourd'hui pour jamais le monde puisse voir
L'Inachus et le Nil couler d'intelligence !
Seigneur, vous le voyez, je suis sans défiance ;
J'ai renvoyé l'armée, avant que le traité
Ici par son effet ait été cimenté ;
Je suis sorti pour vous de l'usage contraire,
De tant de souverains politique ordinaire.
Une telle prudence est honteuse entre rois :
Quand l'honneur est garant, il suffit de sa voix ;
Et j'ai cru, si la foi de la terre s'exile,
Que c'est aux cœurs des rois à lui servir d'asile.

DANAUS.

Seigneur, la défiance est l'effet du mépris :
La haine seule entra dans nos cœurs trop aigris ;
Elle irrite bien moins que le soupçon n'offense.
Égyptus vers le Nil retourne en assurance,
Et sans autre ennemi que des voisins jaloux
Dont il court prévenir ou repousser les coups ;
Témoin de nos adieux, vous m'avez vu sincère,
N'osant le retenir, m'en séparer en frère,
Et vous savez pour lui tous les vœux que j'ai faits.

LYNCÉE.

Il vous laisse ses fils.

DANAUS.

        C'est combler mes souhaits ;
C'est montrer qu'en vos cœurs tout ressentiment cesse :
Cher Lyncée, entre nous que l'amitié renaisse.

LYNCÉE.

Vous voulez voir renaître un sentiment si doux ;
Ah ! d'Hypermnestre enfin connaissez donc l'époux !
Seigneur, le sang nous lie, et je suis votre gendre :
C'est peu ; j'aime Hypermnestre ; à l'amant le plus tendre
Jugez tout ce qu'inspire à jamais ce grand jour :
L'hymen, saint par lui-même, est plus saint par l'amour ;
Oui, j'en jure les dieux et ma flamme immortelle,
Dans l'univers entier mon cœur n'eût choisi qu'elle.
De vos mains sans regret vous formez un tel nœud ;
Ah ! j'en suis plus heureux l'étant par votre aveu.
Dieux ! quel charme pour moi de vous nommer mon père !
Qu'il est doux de chérir ceux qu'il faut qu'on révère !
Attendez tout, seigneur, du plus tendre respect :
Non, je ne puis vous être odieux ni suspect ;
En accordant sans peine Hypermnestre à ma flamme,
Vous vous êtes acquis trop de droits sur mon âme :
Quoi que je fasse enfin, quand vous comblez mes vœux,
Je paraîtrais sensible, et vous seul généreux.

SCÈNE III.

DANAUS, HYPERMNESTRE, LYNCÉE, IDAS,
GARDES.

DANAUS.

Eh bien, Idas ?

IDAS.
Seigneur, tout est prêt dans le temple ;
Le pompeux appareil, que le peuple contemple,
Est un signal de joie et de zèle pour eux :
On attend ce spectacle, aussi nouveau qu'heureux,
De tant de fils de rois destinés à vos filles,
Près d'unir deux États ainsi que deux familles.

DANAUS.
Allez donc les premiers remplir tant de souhaits ;
Hâtez-vous de paraître à leurs yeux satisfaits.
Que vos frères, seigneur, et que ses sœurs vous suivent :
Les grands sont avertis ; qu'avec vous ils arrivent ;
Allez tous aux autels, je m'y rends sur vos pas.

SCÈNE IV.

DANAUS, IDAS.

DANAUS.

Demeure ; j'attends tout de ta foi, cher Idas :
Il faut servir ton roi.

IDAS.
Mon ardeur empressée,
Vous le savez, seigneur...

DANAUS.
Tu vois sortir Lyncée ;
De ses frères, de lui, sais-tu quel est le sort ?

IDAS.
Ils vont tous au temple.

DANAUS.
Oui ; mais du temple à la mort.

IDAS.

Quoi! seigneur, ce traité, cette paix qui s'achève?...

DANAUS.

Cette paix dans mon cœur n'est qu'une affreuse trève :
Je veux l'ensanglanter ; je veux que ses horreurs
De la guerre aujourd'hui surpassent les fureurs.
Tu connais Egyptus et nos longues querelles ;
Tu vis au bord du Nil ses intrigues cruelles :
Il eut pour lui le peuple ; ô fatal souvenir!
De l'Égypte et du trône il osa me bannir.
Un tel outrage expose à trop d'ignominie ;
Ami, l'injure croît tant qu'elle est impunie.
J'ai fui vers l'Inachus, j'ai conquis, j'ai régné,
Sans trouver de repos dans mon cœur indigné,
Ne voyant qu'un perfide, et méditant sa perte :
Enfin l'occasion par lui m'en est offerte.
Assis insolemment au trône de Memphis,
Pour gendres c'est à moi qu'il propose ses fils :
Je rejette les nœuds et la paix qu'il présente.
Irrité d'un refus qui trompe son attente,
Il demande à ses fils ou ma tête, ou ces nœuds ;
Il les arme, il les presse, il accourt avec eux ;
Et tandis qu'au dehors l'horreur et le carnage
Règnent devant ces murs qu'ose attaquer sa rage,
Des factions encor le feu plus redouté
Au sein même d'Argos est par lui fomenté.
Je suis son ennemi ; je le suis dès l'enfance :
Il semblait que mon cœur prévît sa violence ;
Tu l'as vu me bannir, tu l'as vu m'assiéger :
J'ai cédé, j'ai promis, mais pour mieux me venger.
Il est parti d'Argos : c'est moi qui lui suscite
L'ennemi dont il craint l'incursion subite :
Sans peine à l'éloigner ainsi j'ai réussi ;
Mais je l'écarte, Idas, pour l'accabler ici,
Pour pouvoir, lui cachant ma fureur vengeresse,
Le frapper à loisir dans ses fils qu'il me laisse :
L'hymen n'aura pour eux que funèbres flambeaux,
Et leurs lits cette nuit vont être leurs tombeaux.

IDAS.

Je frémis à la fois pour eux et pour vous-même,

Eh ! pouvez-vous, seigneur, sans un péril extrême ?...
DANAUS.

Tu vas être étonné. Je ne puis, cher Idas,
Donner sans m'exposer l'ordre de leur trépas :
La force ouverte ici serait trop dangereuse ;
D'assassins trop nombreux la foi serait douteuse ;
Les traits qu'il faut lancer retomberaient sur moi ;
Pour préparer mes coups, pour frapper sans effroi,
J'ai des ressorts plus prompts, j'ai de plus sûres trames :
Contre tous ces époux j'arme en secret leurs femmes.
Eh ! quelle joie, Idas, et quel triomphe heureux
De les livrer aux mains qu'ils forcent à ces nœuds !
Quel plaisir de punir leur audace effrénée
En renversant sur eux les autels d'hyménée !
D'Égyptus c'est ainsi qu'on me verra vengé,
Et si ce n'est en roi, c'est en frère outragé.
IDAS.

Mais, seigneur, à vos vœux si vos filles rebelles
Traversaient vos projets...
DANAUS.

Elles seront fidèles :

Toutes, hors Hypermnestre, ont appris mon dessein,
Embrassent ma vengeance, et m'ont promis leur main :
D'avance à tous ces nœuds leur cœur était contraire ;
Elles suivront leur haine autant que ma colère.
Mais connais un projet où tu vas me servir :
Leur haine était trop peu pour me les asservir,
Trop peu pour m'assurer de leur obéissance ;
Ces préjugés d'hymen, trahissant ma vengeance,
Au moment de frapper pouvaient glacer leur main :
Sans vous, leur ai-je dit, un oracle certain
Condamne votre père à périr par un gendre ;
Vous seules du trépas vous pouvez me défendre :
Qui vous donna le jour, doit le tenir de vous :
Choisissez entre un père et d'odieux époux.
Je leur ai peint ces coups cruels, mais légitimes ;
J'ai plaint leur sort, le mien, et jusqu'à mes victimes ;
Enfin, ai-je ajouté, mes jours sont à ce prix.
Alors l'incertitude a quitté leurs esprits,
Et je leur ai soudain distribué sans peine

Tous les poignards vengeurs aiguisés par la haine :
D'aucun secret remords loin d'être combattu,
Leur cœur se fait du meurtre un acte de vertu.
Idas, pour rompre ainsi les nœuds de deux familles,
J'ai le peuple à tromper encor plus que mes filles :
Signale ici ton zèle. Un fourbe sert mes vœux ;
Il m'a vendu sa voix, son honneur et ses dieux ;
Songe à le seconder, et que demain l'on dise :
Danaüs s'est vengé, mais le ciel l'autorise.
Ce n'est pas sans rougir qu'aux yeux des nations
Je paraîtrai soumis aux superstitions ;
Mais mon cœur sacrifie aux haines qu'il renferme
L'orgueil de se montrer moins crédule et plus ferme :
Pour subjuguer le peuple et pour mieux l'aveugler,
Souvent en apparence il faut lui ressembler.

IDAS.

Seigneur, vous connaîtrez ma prudence et mon zèle ;
Mais Hypermnestre ?...

DANAUS.

     Ami, je puis compter sur elle ;
Le dépit de ses sœurs éclatait devant moi :
J'ai saisi ces momens pour captiver leur foi.
Hypermnestre, plus jeune, à ces nœuds moins contraire,
Baisse un front plus soumis sous un joug nécessaire ;
Mais son respect pour moi, l'exemple de ses sœurs,
Vont la déterminer à servir mes fureurs.
Je venais la chercher quand j'ai trouvé Lyncée :
Il l'aime ; il lui parlait de sa flamme insensée.
Ma fille, devant moi muette à cet aveu,
A paru n'écouter ni condamner son feu ;
Mais si je me trompais, si ma fille infidèle
En un si grand complot m'osait être rebelle,
Un dernier ennemi ne m'échapperait pas :
Je saurais les moyens d'assurer son trépas.
Au temple, où tout est prêt, c'est trop me faire attendre :
Ma fille, dans une heure, en ce lieu va se rendre ;
Éloigne alors Lyncée ; et si ton roi t'est cher,
Que la foudre ne parte, ami, qu'avec l'éclair.

FIN DU PREMIER ACTE.

ACTE II.

SCÈNE Ire.

HYPERMNESTRE, ÉGINE.

ÉGINE.

Ah ! pardonnez, madame, à mon trouble mortel !
Où portez-vous vos pas au sortir de l'autel ?

HYPERMNESTRE.

Mon père dans ces lieux m'ordonne de l'attendre ;
D'un pareil entretien quel effroi peux-tu prendre ?

ÉGINE.

Tout sert à m'alarmer, et mon cœur incertain
N'ose de votre hymen rendre grace au destin ;
J'en conçois malgré moi je ne sais quels ombrages :
Ne redoutez-vous point de funestes présages ?
A peine on a frappé les taureaux palpitans,
Le sang, prêt à couler, s'est glacé sur leurs flancs ;
Des oiseaux consultés l'aile faible et tremblante
Par un sinistre vol a semé l'épouvante ;
De nuages sanglans les airs ont paru teints ;
Les flambeaux sur l'autel trois fois se sont éteints ;
Dans ce moment encor le feu luit, l'encens fume ;
Mais la flamme trop lente à regret le consume ;
Et, d'accord avec elle, il semble que les vents
Écartent de l'autel cet odieux encens ;
Même on dit qu'on a vu le dieu de l'hyménée
S'enfuir, le front voilé, loin d'Argos étonnée ;
Et, laissant craindre ici quelques complots obscurs,
Junon dans un nuage abandonner nos murs.

HYPERMNESTRE.

Va, d'aucune frayeur mon ame n'est atteinte ;
Va, le peuple a cru voir, il est né pour la crainte :
Le reste s'est offert sous des traits trop douteux
Pour glacer mes esprits, pour alarmer mes feux.
J'ai peu même observé tout ce qu'on nomme auspice :
J'épousais mon amant, tout m'a paru propice ;

Mais quand un nœud moins cher eût engagé ma foi,
Égine, j'aurais vu sans trouble et sans effroi
Ces objets qu'en présage un peuple aveugle érige.
Le hasard à mes yeux ne peut être un prodige.
Je ne fais point l'honneur à notre orgueil jaloux
D'oser croire aucun ordre interrompu pour nous,
Ni cette injure aux dieux de penser qu'ils attachent
A des signes si vains l'avenir qu'ils nous cachent;
Et que la vérité, par leur pouvoir trompeur,
Soit livrée au prestige, et la terre à l'erreur.
Chère Égine, j'ai lu sur le front de mon père,
J'ai lu la foi, la paix, et l'amitié sincère;
Dans le flanc des taureaux l'œil est trop abusé :
C'est au front des mortels, ouvert ou déguisé,
Que toute vérité se cache ou se présente,
Et qu'on doit de son sort déterminer l'attente.

ÉGINE.

Puisse ma crainte, hélas! n'être ici qu'une erreur!

HYPERMNESTRE.

Égine, vois plutôt l'excès de mon bonheur.
Tu connais quel destin de tout temps fut le nôtre;
Nous naissons sous un ciel pour régner sous un autre,
Pour renoncer sans cesse à nos vœux les plus doux :
L'amour et le bonheur semblent fuir loin de nous.
A la cause commune esclaves immolées,
Sur un trône étranger avec pompe exilées,
De la paix des États si nous sommes les nœuds,
Souvent nous payons cher cet honneur malheureux ;
Et, quand le bien public sur notre hymen se fonde,
Nous perdons le repos que nous donnons au monde.
Le destin pour moi seule en ordonne autrement;
Par la raison d'État je suis à mon amant.
La paix entre mon père et celui de Lyncée
Dans Argos, chère Égine, il est vrai, fut forcée :
J'ai craint, je l'avouerai, jusqu'au moment heureux
Où les autels m'ont vue en resserrer les nœuds ;
Mais l'hymen achevé, quelle serait ma crainte ?
La paix est dans ces lieux trop solide et trop sainte;
Elle est fondée ailleurs sur des nœuds incertains,
La politique change, et rend les traités vains.

L'hymen ne peut changer, l'hymen stable et sévère
Imprime à cette paix le même caractère ;
Et mon père, fût-il dans sa haine obstiné,
Par nos nœuds qu'il permet lui-même est enchaîné :
Non, dans cet heureux jour rien n'altère ma joie ;
Mon bonheur est certain, tout veut que je le croie.
On s'avance en ces lieux, sans doute c'est le roi.

ÉGINE.

Madame, c'est lui-même.

HYPERMNESTRE.
Égine, éloigne-toi.

SCÈNE II.

DANAUS, HYPERMNESTRE.

HYPERMNESTRE.

Ah ! je vous attendais avec impatience,
Mon père ; vous savez si mon obéissance
Est fidèle à remplir jusqu'à vos moindres lois.

DANAUS.

C'est cette obéissance aussi que tu me dois,
C'est ta fidélité qu'aujourd'hui je réclame.

HYPERMNESTRE.

Quoi que mon père ordonne, il peut tout sur mon ame.
Je rends grace au destin qui, comblant mes souhaits,
Entre Égyptus et vous, a rétabli la paix :
Ne craignez point, seigneur, que de votre famille
Les nœuds que j'ai formés détachent votre fille ;
Vous me verrez soumise, ainsi que mon époux...

DANAUS.

Tu sais que dans ces lieux tout tombait sous ses coups,
Quand j'ai, pour arrêter son audace effrénée,
Avec cet ennemi conclu ton hyménée.
Lyncée est ton époux, et ses frères vainqueurs
Comme un bien de conquête ont obtenu tes sœurs :
Penses-tu qu'un traité, né de la violence,
Soit le ferme soutien d'une telle alliance ?
Le fer levé sur moi, ma rage y souscrivit ;
La guerre dure encor quand la haine y survit.

Lemierre.   2

Je pourrais cependant oublier mon injure ;
Je céderais peut-être à mon sort sans murmure,
Si de l'astre fatal dont je fus poursuivi
Le courroux à la fin paraissait assouvi :
Mais c'est peu du passé, l'avenir me menace :
Je ne puis respirer d'une longue disgrace ;
Et lorsqu'à ces revers ton père infortuné
A dû croire qu'au moins son outrage est borné,
De secrets ennemis, de lâches parricides
Méditent ma ruine.

HYPERMNESTRE.

Eh ! qui sont ces perfides ?

DANAUS.

Mes gendres.

HYPERMNESTRE.

Dieux !

DANAUS.

Le ciel, m'éclairant sur mon sort,
M'avertit d'éviter mon trépas par leur mort.

HYPERMNESTRE.

Ciel ! ô ciel !

DANAUS.

Tu frémis !

HYPERMNESTRE.

Malheureuse ! ah ! qu'entends-je ?

DANAUS.

Tu pâlis d'un destin aussi cruel qu'étrange :
Chaque mot, chaque instant ajoute à ton effroi ;
La nature te parle et t'attendrit pour moi :
Plus que moi tu ressens le péril qui me presse.
Je n'ai que trop prévu ton trouble et ta tendresse,
Je reconnais ma fille : ose donc me servir.
Assure-moi le jour qn'on cherche à me ravir :
Je n'ai recours qu'à toi ; tu connais la victime :
Prends ce fer, et l'immole.

(*il lui présente un poignard.*)

HYPERMNESTRE.

O trahison ! ô crime !

DANAUS.

Le crime est prévenu, je suis trop sûr de toi :

Tes sœurs vont m'obéir, toutes s'arment pour moi.
HYPERMNESTRE.
Quoi ! mes sœurs ! quoi ! leurs bras !
DANAÜS.
Elles sortent du temple
Dans ce dessein ; va, cours , donne ou reçois l'exemple ;
Que l'odieux Lyncée expire cette nuit.
Tu détournes les yeux !
HYPERMNESTRE , à part.
Quelle horreur me saisit !
DANAUS.
Tu te tais ! aurais-tu trompé mes espérances ?
HYPERMNESTRE.
Est-ce vous qui parlez ?
DANAUS.
Est-ce toi qui balances ?
HYPERMNESTRE.
Sur un époux, grands dieux ! oser porter mes coups !
DANAUS.
Quoi ! dans mon ennemi tu peux voir un époux ?
Le préférer ?
HYPERMNESTRE.
Qui ? moi, croire servir mon père
En levant sur Lyncée une main meurtrière ?
La nature m'armer contre l'hymen ! ah ! dieux !
Je serais à la fois l'opprobre de tous deux.
DANAUS.
Perfide ! jusque-là tu trahis ma vengeance ;
Avec mes ennemis es-tu d'intelligence ?
HYPERMNESTRE.
Ah ! daignez imposer à mon cœur abattu
Des lois que puisse suivre et chérir ma vertu.
Mon père, bannissez une terreur frivole ;
Songez qui vous voulez que votre fille immole ;
Ce qu'il faut renverser de lois, de sentimens,
Ce qu'il faut violer de droits et de sermens.
Non, je ne puis fixer les yeux sur de tels crimes :
Quoi ! prendre sans pitié vos gendres pour victimes !
Quoi ! demander, pour mieux assurer leur trépas...
Non , vous-même, seigneur , ne vous connaissez pas.

Sans reculer d'horreur, me verriez-vous, sanglante,
Du flanc de mon époux retirer dégouttante
La main, la même main qu'aux yeux des immortels
Je lui viens d'engager par des nœuds solennels?
Quel calme attendez-vous de cet affreux carnage?
Pourriez-vous de leur mort souffrir l'horrible image?
Pourriez-vous soutenir mes cruels entretiens,
Mes reproches, mes cris, vos remords et les miens,
Tous ces noms odieux que, dans les pleurs baignée,
Je vous verrais donner par la terre indignée?
C'est vous servir, seigneur, que vous désobéir;
En vous obéissant mes sœurs vont vous trahir:
Mon père, épargnez-leur un repentir horrible;
Aux larmes d'Hypermnestre, à la pitié sensible,
De Lyncée et des siens détournez de tels coups;
Quittez un noir dessein fatal même pour vous:
Seigneur, au nom des dieux!...

DANAÜS.

             Eh! ce sont ces dieux même
Qui de verser le sang donnent l'ordre suprême;
Leur ministre a parlé; non, ce n'est point ma voix,
C'est le ciel qui commande, il te dicte ses lois.
A ses arrêts sacrés prétends-tu mettre obstacle?
Veux-tu ma mort? veux-tu justifier l'oracle?
Veux-tu par ton époux voir mon sang répandu?

HYPERMNESTRE.

Non; c'est trop m'opposer un devoir prétendu,
Un péril supposé par un oracle impie:
Si quelque vrai danger menaçait votre vie,
J'en atteste le ciel, qui préside à nos jours,
Mon père me verrait voler à son secours,
A travers mille morts courir pour le défendre;
Heureuse que pour lui mon sang pût se répandre!
Mais où sont vos dangers, et quel est votre effroi?
Quand un prêtre a parlé, tremblez-vous sur sa foi?
Cette inspiration que son visage a feinte,
Ces cheveux hérissés d'une horreur qu'on croit sainte,
Ces regards égarés, ces sons de voix plus lents,
Peuvent-ils imposer un moment à vos sens?
Avez-vous vu sur lui la vérité descendre?

« Danaüs, a-t-il dit, périra par un gendre ! »
D'où le sait-il ? Ce fourbe a-t-il le droit affreux
De rendre l'un coupable et l'autre malheureux ?
La vertu de Lyncée, inébranlable et pure,
Doit porter dans votre ame un jour qui la rassure :
Il sera tel toujours qu'il se montre aujourd'hui ;
Il est sûr de son cœur, l'avenir est à lui.
Eh ! quel serait, grands dieux ! notre sort déplorable
Si vous forciez notre ame à devenir coupable,
Si la vertu n'était qu'un don mal assuré
Que le ciel nous laissât ou reprît à son gré,
Si tel était le sort des mortels qu'elle anime,
De vivre en frémissant dans l'attente du crime !

DANAÜS.

J'ai pitié des erreurs où ton cœur est livré ;
Tu t'égares toi-même, et me crois égaré ;
Et tu ne songes pas que ta bouche profane
Offense, en m'irritant, les dieux dans leur organe ;
Tu méconnais l'avis que les dieux ont dicté :
Crois-tu l'anéantir par l'incrédulité ?
N'a-t-on pas vu cent fois la mort ou les disgraces
Des oracles trop vrais confirmer les menaces ?

HYPERMNESTRE.

Ah ! seigneur, si jamais un oracle fut faux,
C'est lorsqu'il rend suspect un grand cœur, un héros ;
Si l'on vit s'accomplir plus d'un sinistre oracle,
L'image du malheur, l'ardeur d'y mettre obstacle,
L'effroi, le trouble aveugle, une autre illusion
Créa l'événement pour la prédiction.
Non, non, n'en doutez point, sans la faiblesse humaine,
Et toujours curieuse et toujours incertaine,
Ces oracles menteurs languiraient sans crédit ;
La faiblesse consulte, et la crainte accomplit.
C'est trop vous arrêter : qu'il paraisse à ma vue,
Ce fourbe dont la langue au mensonge vendue
Veut, en prenant sur vous ce funeste ascendant,
Paraître vous servir en vous intimidant,
Qui fait sortir ici la haine de ses cendres,
Qui veut par le beau-père assassiner les gendres,
Qui vous croit pour les perdre assez faible et cruel,

Qui, supposant le crime, est lui seul criminel ;
Oui, je le confondrai : craignez, mais de le croire,
Mais de suivre un dessein qui souille votre gloire,
Mais d'armer contre vous, par tant de cruautés,
Et la nature entière et les dieux irrités.

DANAUS.

C'est trop de résistance, et ma bonté se lasse :
L'amour, je le vois trop, te porte à tant d'audace ;
Ce lâche amour lui seul t'a rendue à la fois
Dénaturée, impie, et rebelle à mes lois.
C'est assez ; tes refus m'ont dicté ma conduite.
Il te tarde déja que ton père te quitte ;
Tu brûles de sauver un proscrit odieux ;
Mais on va t'observer : j'aurai partout les yeux.
Je sais ce que je dois ordonner de Lyncée :
Tremble pour lui, pour toi ; crains ta flamme insensée ;
Redoute d'autant plus mon courroux inquiet
Que je t'ai vainement confié mon secret...
Écoute : je conserve un reste d'indulgence ;
Tout libre qu'est Lyncée il est en ma puissance,
Tu me désobéis sans sauver ton époux ;
Tu peux fléchir encor' ma colère ; résous :
Je te laisse y penser.

SCÈNE III.

HYPERMNESTRE, *seule*.

A QUELLE horreur livrée
Me vois-je en un moment d'abîmes entourée !
Quel étrange destin, quelle soudaine erreur
A jeté dans son sein le trouble et la fureur !
Père barbare ! il faut qu'Hypermnestre te craigne,
Te condamne, t'offense, et te brave, et te plaigne !
Malheureuse ! du sort j'épuise tous les coups ;
J'irrite un père, ô ciel ! et je perds un époux !...
Non, il vivra ! que dis-je ? ô poursuite ennemie !
Dieux ! à qui confier ma douleur et sa vie !

SCÈNE IV.

HYPERMNESTRE, ÉGINE.

HYPERMNESTRE.

Est-ce toi, chère Égine?

ÉGINE.

Un poignard dans vos mains?

HYPERMNESTRE.

Je l'ai pris, je l'ai dû.

ÉGINE.

Quels sont donc vos desseins?

HYPERMNESTRE.

Le roi veut...

ÉGINE.

Dans quel trouble?...

HYPERMNESTRE.

Il faut tromper mon père.

ÉGINE.

Que veut donc Danaüs?

HYPERMNESTRE.

Que ma main sanguinaire

Sur Lyncée...

ÉGINE.

Ah! qu'entends-je? ô comble des horreurs!

HYPERMNESTRE.

Il faut m'aider, te dis-je, à tromper ses fureurs :
Mes sœurs sur leurs époux, comme autant d'Euménides,
Vont lever cette nuit des glaives parricides ;
Que deviens-je au milieu des coups qu'on va porter?
Mais quoi! je délibère, et je dois tout tenter ;
On trame, cher Lyncée, on hâte ta ruine :
Si je tarde un moment, c'est moi qui t'assassine.

FIN DU SECOND ACTE.

ACTE III.

Le théâtre est dans la nuit.

SCÈNE Ire.

LYNCÉE, *seul.*

Quoi ! du pied des autels... Quelle est donc cette fuite ?
Quel noir pressentiment me saisit et m'agite ?
Je cherche sa retraite, on arrête mes pas,
J'interroge, on hésite, on ne me répond pas :
Ici tout m'est suspect, et je le suis moi-même ;
On m'observe, on me fuit : quel est ce stratagème ?
Ciel !... Erox m'avait dit qu'elle était dans ces lieux ;
Le roi l'entretenait : quel soin mystérieux...
Veut-on me l'enlever ? Je frémis. Roi barbare,
Me l'enlever ! ô dieux ! plutôt qu'on m'en sépare.
Périsse Danaüs ! tombent ces murs affreux
Où l'on rompt les traités, où l'on trahit mes feux !
Danaüs me trahit !... Non, je ne le puis croire ;
Non, il n'a pu former une trame si noire.
Saints nœuds, sermens sacrés, seriez-vous superflus ?
Sortez, honteux soupçons, de mon esprit confus :
C'est trop m'abandonner au trouble qui m'agite.
Mais qui s'avance ici ? quelle alarme subite ?

SCÈNE II.

LYNCÉE, ÉROX.

ÉROX, *au fond du théâtre.*

Ah ! dieux !

LYNCÉE.

Qu'entends-je, Érox ?

ÉROX.

Seigneur, ah ! quelle horreur !

Vos frères ont péri.

LYNCÉE.

Mes frères !

ÉROX.

Tous, seigneur,
Par l'ordre du tyran, par la main de leurs femmes.

LYNCÉE.

O dieux ! qu'ai-je entendu ! quelles affreuses trames !

ÉROX.

Le lit de l'hyménée est l'autel de la mort.
Au bruit qui se répand d'un si funeste sort,
Je frémis et j'accours. Dans son sang chacun nage :
L'un pousse un cri plaintif, l'autre un soupir de rage ;
Celui-ci se relève et retombe expirant ;
Cet autre est étendu le poignard dans le flanc.
Un seul, presque échappé de ce carnage impie,
Traînait d'un pas tremblant les restes de sa vie ;
Je vole à son secours ; mais sa femme en fureur
L'entend, court, me devance, et lui perce le cœur.
Il tombe, il reconnaît son épouse homicide,
Pleure, et d'un œil mourant suit encor la perfide.
Toutes courent en foule à leur père inhumain,
L'entourent ; le poignard fume encor dans leur main :
Le tyran les embrasse, applaudit à leurs crimes ;
Lui-même, impatient de compter ses victimes,
Il accourt, il repaît ses yeux étincelans
Du spectacle cruel de tant de corps sanglans :
On dit que sa fureur d'un oracle s'appuie.
Venez, suivez mes pas ; trompez sa perfidie ;
Fuyez : de votre sang un barbare altéré...

LYNCÉE.

Ami, c'en est assez ; ce bras désespéré...

ÉROX.

Où courez-vous, seigneur ?

LYNCÉE, *à part.*

Tu ne jouiras guères...
Où je cours, cher Érox ? Je cours venger mes frères,
Venger mon père, moi, l'hymen, l'humanité,
Les dieux, la foi trahie, et l'hospitalité ;
Tout ce qui fut sacré, tout ce qu'un monstre outrage.
Oui, tyran, contre toi tu m'as donné ta rage ;

Lemierre.   3

J'en ai besoin : frémis... Que j'aurai de plaisir !
Je vais dans ton vil sang me baigner à loisir;
Et, t'arrachant ce cœur né pour la barbarie,
Te rendre tous les coups qu'ordonna ta furie.

ÉROX.

Dans un danger certain c'est trop vous engager ;
Vous périssez, seigneur : fuyez pour vous venger.
Eh ! que pouvez-vous seul dans ce palais funeste?
Vos frères ne sont plus.

LYNCÉE.

Mon désespoir me reste :
Ma fureur ne peut craindre un tyran odieux,
Et pour moi contre lui j'ai ce fer et les dieux.

ÉROX.

Songez dans quel abime une rage si vive...

LYNCÉE.

N'arrête point mes pas.

ÉROX.

Souffrez que je vous suive.

SCÈNE III.

**LYNCÉE, HYPERMNESTRE, *tenant un poignard
d'une main, et une lampe de l'autre*, ÉROX.**

LYNCÉE, *reculant avec un étonnement mêlé d'horreur.*
Ciel ! que vois-je? Hypermnestre un poignard à la main !
Dieux ! viendrait-elle aussi pour me percer le sein,
Pour rejoindre Lyncée à ces malheureux frères ?

HYPERMNESTRE.
Je cherche ici Lyncée.

LYNCÉE, *désespéré.*
Achève mes misères,
Ose trancher mes jours.

HYPERMNESTRE, *jetant le poignard.*
Je viens pour te sauver.
Quel soupçon ! que d'horreurs ! dieux ! c'est trop m'é-
prouver.
(*précipitamment.*)
Pour défendre tes jours j'ai su tromper mon père ;

Oui, j'ai pris dans sa main ce fer dont sa colère
Allait, sur mon refus, armer un autre bras.
Quitte ces lieux cruels où l'on veut ton trépas:
A promettre ta mort j'ai pu forcer ma bouche ;
Juge si ton danger m'épouvante et me touche ;
Fuis, hâte-toi.

LYNCÉE.

Pardonne un instant de fureur
A ce cœur abîmé dans l'excès du malheur.

HYPERMNESTRE, rapidement.

Fuis, dis-je : on veut ta mort ; saisis, pour t'en défendre,
Les instans qu'on me laisse ici pour te surprendre ;
Le roi, dans ce dessein, s'est éloigné de moi ;
Vers ces murs une issue est ouverte pour toi ;
Cours : je n'ai, cher Lyncée, à tant de maux réduite,
D'espoir que dans la nuit, et de bien que ta fuite.

LYNCÉE, avec impétuosité et fureur.

Moi, que je fuie ! ô ciel ! que me proposes-tu ?
Peux-tu dans ces momens soupçonner ma vertu ?
Quoi ! d'horreurs entouré, sous ces lambris profanes,
De mes frères sanglans j'entends gémir les mânes ;
Ici dans tous les miens je me vois égorger,
Et je les trahirais ! non, je cours les venger.

HYPERMNESTRE.

Les venger ! et sur qui ?

LYNCÉE.

L'ignores-tu ?

HYPERMNESTRE, avec horreur.

Barbare !
Quoi ! sur mon père ! ciel ! quelle rage t'égare ?
Toi, mon époux, son gendre ! ah dieux !

LYNCÉE, furieux.

Oui, c'est sur lui,
Sur lui-même, ou je suis son complice aujourd'hui.
J'irais jusqu'aux enfers, dans ma fureur extrême,
L'arracher aux tourmens pour me venger moi-même :
Laisse-moi.

(il s'éloigne.)

HYPERMNESTRE, *tombant assez loin de son mari, les
bras tendus vers lui, tandis qu'il tombe lui-même
dans les bras d'Erox, accablé de la douleur de
sa femme et de sa propre fureur.*

            Ciel ! arrête, et vois tout mon effroi :
Je tombe à tes genoux pour un père et pour toi.

          LYNCÉE, *relevant sa femme.*

Tu trembles, tu pâlis : je succombe à tes larmes ;
Je vois en frémissant tes mortelles alarmes.
Quoi ! ce lâche tyran, cet infâme assassin,
Ce monstre, impunément m'aura percé le sein !
Je reprends ma fureur, cesse de le défendre :
Tu m'arrêtes, cruelle !

           HYPERMNESTRE.

            Ah dieux !

           LYNCÉE.

                Je vais l'attendre :
Il va venir ici te demander mon sang,
Et moi le prévenir en lui perçant le flanc.

           HYPERMNESTRE.

Veux-tu donc m'exposer, en défendant mon père,
A te livrer moi-même à toute sa colère ?

           LYNCÉE.

Le perfide ! abuser des sermens solennels ;
Verser le sang des miens à l'ombre des autels,
Briser les plus saints nœuds qu'il a formés lui-même,
Faire servir le ciel à son noir stratagême !
Eh ! ne va point, d'un traître excusant les fureurs,
M'alléguer un oracle et de vaines terreurs ;
Au milieu des forfaits que ce monstre accumule,
Il ne fut ni craintif, ni faible, ni crédule :
Il est fourbe et féroce, il est né pour haïr.
Pour ordonner le crime il eut l'art de trahir ;
Il se consulta seul dans les horreurs qu'il ose :
L'oracle est le prétexte, et sa haine est la cause.

         HYPERMNESTRE, *rapidement.*

Non, ne lui prête point cet excès de fureur :
L'oracle l'épouvante, et j'ai vu sa frayeur.
Avec moi jusque-là mon père n'a pu feindre :
Même en le haïssant c'est à toi de le plaindre ;

Daigne au moins l'éviter.

LYNCÉE, *toujours avec impétuosité.*

Non, je n'écoute rien ;
Il faut que son sang coule, ou qu'il verse le mien.
De ses noirs attentats l'horreur est découverte ;
Tous les perfides soins qu'il prendrait pour ma perte,
Sa garde, ses soldats, rien ne peut m'ébranler :
Même lorsqu'il peut tout, c'est au crime à trembler.

HYPERMNESTRE, *hors d'elle.*

Je ne me connais plus... Quoi ! craindre en ma misère
Le père pour l'époux, et l'époux pour le père !
Entre quels ennemis suis-je placée ? Eh quoi !
N'aurai-je pu fléchir ni mon père ni toi ?
Toi t'exposer, te perdre ! ah ! puis-je te survivre ?
Toi massacrer mon père ! ah ! pourrais-je te suivre ?
Voir entrer dans mon lit un parricide époux ?
Mais je perds trop de temps à calmer ton courroux ;
J'oublie en te parlant ton danger que j'augmente.
Cruel ! vois à quel sort tu réduis ton amante :
Je meurs si tu péris par un père inhumain ;
Mais je renonce à toi s'il périt par ta main,
Si tu ne pars.

LYNCÉE, *éperdu.*

O dieux ! Ah ! quelle violence !
Ote-moi donc ma haine en m'ôtant ma vengeance ;
Rends-moi les miens, cruelle ; au moins étouffe en moi.
Leurs lamentables cris que je trahis pour toi.

SCÈNE IV.

LYNCÉE, HYPERMNESTRE, ÉGINE.

ÉGINE, *précipitamment.*

Ah ! madame... Ah ! seigneur, vous dans ces lieux encore !
Précipitez vos pas.

HYPERMNESTRE.

Sauve ce que j'adore.

Adieu.

LYNCÉE.

Nous séparer ! Viens sous un ciel plus doux ;

Tu ne fuis qu'un tyran, et tu suis ton époux.
ÉGINE, toujours rapidement.

J'ai vu le roi pensif, impatient; je tremble.
HYPERMNESTRE.

C'est un nouveau danger que d'oser fuir ensemble :
Je saurai te rejoindre, et t'en donne ma foi.
Quitte sans moi cés lieux ; tu n'y crains rien pour moi :
J'y dois rester encor pour assurer ta fuite ;
Je dois, trompant le roi, retarder sa poursuite.
Adieu. Veux-tu te perdre ? Ah ! cher époux, va, cours :
Je meurs s'il faut trembler plus long-temps pour tes jours.
LYNCÉE.

Eh bien ! je pars, je cède, et je le dois peut-être ;
Peut-être ici ma rage échouerait contre un traître.
Je puis rejoindre encor mon père et nos soldats :
Je pars ; mais je revole avec eux sur mes pas ;
Mais je reviens ici, sous des dieux moins contraires,
T'enlever, perdre un monstre, et venger tous mes frères.

SCÈNE V.

HYPERMNESTRE, ÉGINE.

HYPERMNESTRE.

Égine, ah ! que je crains qu'il ne parte trop tard !
On ne t'observe point ; quitte-moi, vois s'il part :
Que le fidèle Erox le conduise et l'entraîne ;
Cours, les momens sont chers.

SCÈNE VI.

HYPERMNESTRE, seule.

Ah ! je respire à peine.

Grands dieux ! veillez sur lui, rassurez mon amour,
Epaississez la nuit, et retardez le jour :
Ces murs, théâtre affreux des malheurs et des crimes,
Ne regorgent que trop de sanglantes victimes ;
Eloignez Danaüs dans ce moment d'effroi.
O cher Lyncée !... O ciel ! si surpris par le roi,

Si passant par des lieux teints du sang de ses frères,
A ce spectacle horrible oubliant mes prières,
Lui-même il s'élançait au-devant du danger !
Je frissonne... Le roi... que dois-je en présager ?
Je n'ose aller vers lui... je frémis de l'attendre.
Mais quels accens au loin semblent se faire entendre ?
Porterait-on les coups que j'ai crus détournés ?
Mes yeux sont obscurcis... mes pas sont enchaînés...
Tous mes sens sont glacés. Où suis-je ?... Un glaive brille :
Arrête, roi cruel !... prends pitié de ta fille !
Mes cris hâtent le coup... Dieux ! qu'est-ce que je vois ?
Cher époux, ton sang coule, il rejaillit sur moi.
Je me meurs !

      (*Elle tombe évanouie dans un fauteuil.*)

SCÈNE VII.

DANAUS, HYPERMNESTRE, IDAS, GARDES,
portant des flambeaux.

    DANAUS, *dans le fond du théâtre, à Idas.*
        AVANÇONS, j'entends sa voix ; c'est elle :
Je vois à ses sanglots que son bras m'est fidèle.
Elle reste immobile, et ses sens oppressés
Demeurent suspendus par la douleur glacés.
    (*il s'approche d'Hypermnestre.*)
Hypermnestre, réponds : suis-je obéi ?
    HYPERMNESTRE, *égarée, restant assise.*
             Mon père !...
Vous voyez... c'en est fait... O douleur trop amère !...
Je me suis séparée... Avez-vous pu vouloir ?...
J'ai perdu mon époux... je suis au désespoir !
Sort fatal ! nuit d'horreurs ! oracle affreux !...
        DANAUS.
              Va, cesse
D'abandonner ton cœur au remords qui le presse.
Tu viens de m'assurer le repos et le jour ;
Tu m'as prouvé ta foi, ton zèle, ton retour :
Oui, ta soumission, après ta résistance,
Des droits du sang sur toi montre mieux la puissance.

Tes sœurs n'ont immolé que des objets haïs ;
Elles se satisfont : c'est toi qui m'obéis,
Toi qui fais de l'amour un entier sacrifice.
Combien faut-il qu'un père à jamais te chérisse
D'avoir su te résoudre à l'effort rigoureux
De servir ma vengeance aux dépens de tes feux !
Tu m'osais résister et trahir ma famille :
Je ne m'en souviens plus, tu redeviens ma fille.
　　　(*Hypermnestre se lève.*)
Oublie au sein d'un père un mortel odieux
Que tu n'as immolé que par l'ordre des dieux.
Tu frémis dans mes bras !... D'un vain regret saisie,
Te repens-tu du soin que tu prends de ma vie ?
Ne regarde qu'un père, imite en tout tes sœurs.
　　　　　　　HYPERMNESTRE.
Ces momens sont affreux ; pardonnez à mes pleurs :
Je ne puis retenir ma douleur et ma plainte.
　　(*à part.*)　　　　　(*à Danaüs.*)
Je crains de me trahir. De tant de maux atteinte,
Souffrez du moins, seigneur, que j'aille loin de vous
Renfermer mes regrets et pleurer mon époux.

SCÈNE VIII.

DANAUS, IDAS, GARDES.

DANAUS.

Oui, de ce dernier coup ma haine était jalouse ;
Il fallait qu'il pérît de la main d'une épouse :
Cet accord d'Hypermnestre avec toutes ses sœurs,
Comme un arrêt du ciel consacre mes fureurs ;
Mais, quoique sa douleur par ses larmes s'exprime,
Pour me croire vengé je veux voir ma victime.

SCÈNE IX.

DANAUS, IDAS, ARASPE, GARDES.

ARASPE, *arrivant avec précipitation.*
Seigneur, on vous trahit ! Lyncée est échappé.

DANAUS.

Lyncée ! ô ciel ! Lyncée...

ARASPE.

         Oui, vous étiez trompé :
Érox en ces momens hors de ces murs le guide.

DANAUS.

Insensé, qu'ai-je fait ? O sort ! ah ! la perfide !
Suis-moi ; courons, Idas, réparer mon erreur ;
Que cette même nuit le rende à ma fureur.

FIN DU TROISIÈME ACTE.

ACTE IV.

Le théâtre est toujours dans la nuit.

SCÈNE Ire.

HYPERMNESTRE, ÉGINE.

HYPERMNESTRE.

Eh bien ! est-il parti ? Faut-il que je respire
Chère Egine ?

ÉGINE.

      Oui, madame; Érox l'a su conduire
Hors de ces lieux cruels par de secrets chemins.

HYPERMNESTRE.

Ah ! je redoute encor mon père et ses desseins.
Egine, il crie aux siens d'une voix formidable :
« Je suis trompé, trahi ; qu'on cherche le coupable. »
Il veut son sang, il court, de cette soif pressé,
D'autant plus furieux qu'il le croyait versé,
Qu'il voit que dans ces lieux toute recherche est vaine,
Et peut-être déjà quelque troupe inhumaine...

ÉGINE.

Bannissez cet effroi; la nuit sert vos souhaits.

J'ai su, prompte à servir de si chers intérêts,
A déguiser son nom résoudre son courage ;
Pour mieux tromper le roi, pour égarer sa rage,
J'ai même à votre époux pris soin de ménager,
Hors des murs de la ville, et loin de tout danger,
Un refuge assuré que le soldat ignore :
Lyncée y préviendra le retour de l'aurore.
N'en doutez point, madame, il est en sûreté.

HYPERMNESTRE.

Ah ! tu rends quelque calme à mon cœur agité :
Je le perds, mais il vit, je sens moins ma misère.
On se fait, chère Égine, en un sort si contraire
D'une moindre infortune une ombre de bonheur.

ÉGINE.

Je ne crains que pour vous votre père en fureur :
Vous pardonnera-t-il cet heureux artifice
Qui soustrait sa victime à sa noire injustice,
Et, malgré tant de morts, lui rendant ses terreurs,
Ravit à ses desseins le fruit de tant d'horreurs ?
En quels cruels transports va s'exhaler sa rage !
Et comment loin de vous détourner cet orage ?
Quel sera votre asile à cet affreux moment ?

HYPERMNESTRE.

Je n'ai point cru sauver Lyncée impunément :
J'ai dû tromper mon père. Ah ! qu'il me persécute,
Je crains moins son courroux m'y voyant seule en butte.

ÉGINE.

Qu'entends-je ? Je frissonne : il s'avance en ces lieux ;
Fuyez encor sa vue, il entre furieux.

SCÈNE II.

DANAUS, HYPERMNESTRE, ÉGINE, GARDES,
portant des flambeaux.

DANAUS.

ARRÊTE, ingrate ! arrête !

ÉGINE.

O rigueur inhumaine !

DANAUS.

Gardes, obéissez, qu'elle-même on l'enchaîne :
Vous, tandis que Lyncée est cherché hors des murs,
Volez, suivez d'Argos tous les détours obscurs ;
Et vous de l'Inachus parcourez les rivages,
Observez les chemins et les secrets passages :
Hâtez-vous ; sur vos soins mon salut est fondé,
Toujours pour mon repos vous aurez trop tardé.

(*les gardes sortent.*)

Perfide ! je te dois ces alarmes funestes ;
Tu sauves un proscrit ; c'est moi que tu détestes ;
Mes projets, mes périls, mon courroux, mon effroi,
Et les avis des dieux sont méprisés par toi :
Tu me désobéis ; c'est peu de cette injure,
Je me vois le jouet de ta lâche imposture ;
Tu me promets le sang dont je dois m'abreuver,
Tu cours vers ma victime ; et c'est pour la sauver :
Tu m'exposes, cruelle, à la fureur d'un gendre :
Ce que j'en avais craint jé dois bien plus l'attendre.
Sans l'armer contre moi peux-tu le protéger ?
L'oracle fût-il faux, suis-je moins en danger ?
Et quand j'échapperais à mon sort déplorable,
Fille dénaturée, en es-tu moins coupable ?
Tu deviens parricide après m'avoir bravé,
Et déjà dans ton cœur le crime est achevé :
Peut-être à ce perfide as-tu promis ma tête,
Et tu m'assassinais sans ce bras qui t'arrête !

HYPERMNESTRE.

Vous me faites frémir par ces discours affreux ;
D'un forfait inouï nous soupçonner tous deux !
Quoi ! vous m'imputeriez... quoi ! vous auriez pu croire ?..
Ah ! dieux !... Prenez ma vie, et laissez-moi ma gloire.

DANAUS.

Elle était d'obéir sans rien examiner,
Non de juger ton père et de l'abandonner :
Si je te commandais un meurtre illégitime,
Moi seul, devant les dieux, j'étais chargé du crime.
Aveugle que j'étais, sur la foi de tes pleurs
Je croyais te devoir encor plus qu'à tes sœurs ;
Bien loin de soupçonner tes plaintes d'artifice,

J'estimais par l'effort le prix du sacrifice ;
Pour calmer ta douleur je daignais m'empresser :
Et toi contre mon sein tu te laissais presser ;
Et quand tu jouissais de ta feinte hardie,
Je ne te consolais que de ta perfidie.
Tu m'as osé trahir ; crains un père irrité,
Crains la peine qu'il doit à l'infidélité.
Parmi mes ennemis faut-il que je te compte ?
Tranquille en ma présence, infidèle sans honte,
Loin du juste remords que tu dois ressentir,
Ne sais-tu que tromper, et non te repentir ?

HYPERMNESTRE.

Me repentir ! de quoi ? d'une trop juste crainte,
D'un artifice même où vous m'avez contrainte ?
Me repentir ! ô dieux ! lorsque j'ai préféré
A de si noirs forfaits un devoir si sacré ?
Moi, mériter qu'un jour avec mes sœurs cruelles
L'univers me confonde en son horreur pour elles,
Et, maudissant mon nom sans cesse avec le leur,
Dise : Hypermnestre aux fers a souillé son malheur,
Par un lâche retour elle s'est démentie ;
Elle a sauvé Lyncée, et s'en est repentie !
Non, ne l'espérez pas ; non, dans ce jour d'effroi
Les reproches du cœur ne sont pas faits pour moi ;
Non, ce n'est qu'à mes sœurs d'être en proie aux furies,
Aux remords dévorans, vautours des cœurs impies.
Peuvent-elles goûter un instant de repos ;
Elles de leurs époux exécrables bourreaux,
Elles de qui la main meurtrière et parjure
A fait rougir l'hymen, et frémir la nature ?
Je crois voir chaque époux plaintif, pâle et sanglant,
S'offrir les nuits en songe à leur esprit tremblant ;
Je les vois se lever, fuir ces objets funèbres,
Mais les spectres les suivre à travers les ténèbres,
Les suivre avec le fer que leurs bras forcenés
Ont plongé dans le flanc de tant d'infortunés.
Pour moi, mon seul tourment est la haine d'un père :
Je souffre d'exciter malgré moi sa colère ;
Mais, punissant sur moi cet époux que je sers,
Dussiez-vous resserrer, appesantir mes fers,

Me prescrire l'exil, ordonner mon supplice,
L'exil, les fers, la mort n'ont rien dont je frémisse :
Quand je sauve un époux, quand j'ai dû le servir,
Rien ne peut m'arracher même un feint repentir.

DANAUS.

Rebelle ! quand ta main m'a refusé sa tête,
Oses-tu bien encor ?... Je ne sais qui m'arrête...
Téméraire ! oses-tu jusque-là devant moi
Insulter à tes sœurs qui m'ont gardé leur foi ;
Et, dans la passion dont s'aveugle ton ame,
Me vanter ta vertu qui n'est rien que ta flamme ?

HYPERMNESTRE.

Ma flamme ! ah ! l'honneur seul dans mon cœur aujour-
    d'hui
De Lyncée en danger aurait été l'appui ;
Mais de ce que j'ai fait, quoique mon cœur m'avoue,
Je ne m'applaudis point, ni ne veux qu'on me loue :
J'ai dû servir l'hymen ; mes sœurs l'ont profané ;
C'est de leur crime seul qu'on doit être étonné.
Prêtes à consommer ces affreux parricides,
On ne concevra point comment leurs mains timides
N'ont pas senti le fer tout à coup s'échapper
A l'approche du cœur qu'elles allaient frapper.
Je me suis plainte au ciel, au ciel inexorable,
Qui m'imposait la loi de paraître coupable :
J'ai rougi qu'il fallût feindre de m'abreuver
De ce sang malheureux que je courais sauver ;
J'ai rougi d'employer contre vous l'artifice ;
De mes sœurs j'ai craint d'être un instant la complice :
Je hais trop leur fureur pour me la déguiser ;
Je ne puis que les plaindre, et non les excuser.

SCÈNE III.

DANAUS, HYPERMNESTRE, IDAS.

IDAS.

On a couru partout dans Argos, hors la ville ;
La recherche, seigneur, est encore inutile :
Vous le dirai-je ? Argos n'a vu qu'en murmurant

Jusque dans ses foyers le satellite errant.
Peut-être sur la mer la barque où fuit Lyncée
Déja loin de ces bords par les vents est poussée;
Peut-être en nos murs même un asile secret
A l'œil qui le poursuit le cache et le soustrait :
Lorsqu'aux rayons du jour la nuit aura fait place,
On pourra du proscrit mieux découvrir la trace ;
De vos autres soldats on attend le retour.

DANAUS.

Sors, et viens m'avertir.

HYPERMNESTRE, *à part.*

Dieux, servez mon amour!

SCÈNE IV.

DANAUS, HYPERMNESTRE.

DANAUS.

Ton espoir, infidèle, augmente avec mon trouble;
Tremble d'oser braver un courroux qui redouble.

HYPERMNESTRE.

Ah! peut-être les dieux, témoins de mon effroi,
Veulent dans vos desseins vous tromper après moi;
Peut-être en ces momens leur justice empressée
Se jette, à ma prière, entre vous et Lyncée :
Une seconde fois ne puis-je le sauver?
Votre fille éperdue est loin de vous braver;
Mais comptez-vous pour rien une nuit si funeste
Si de ce sang proscrit vous ne versez le reste?
L'oracle qui l'exige est assez obéi ;
Vous immolez Lyncée en m'arrachant à lui.
Vos filles plus que vous paraîtront criminelles
D'avoir exécuté vos vengeances cruelles;
Mais d'un dernier forfait tout le crime est sur vous :
Souffrez mes vœux au ciel pour qu'il pare vos coups,
Pour que de vos fureurs il sauve la victime,
Moi d'une affreuse image, et vous d'un nouveau crime :
Oui, je me flatte encor...

(*Ici le jour commence à reparaître.*)

SCÈNE V.

DANAUS, LYNCÉE *enchaîné,* **HYPERMNESTRE,**
GARDES, SOLDATS.

HYPERMNESTRE, *se retournant au bruit, et désespérée.*
Ciel ! quelle horreur me suit !
LYNCÉE.
(*aux gardes*)
Dieux! que vois-je ? Ah ! cruels ! où m'avez-vous conduit?
HYPERMNESTRE.
Lyncée! ah! malheureux ! coup affreux qui m'accable !
Cher époux !

LYNCÉE.
(*à Hypermnestre.*) (*à Danaüs.*)
Toi des fers !... Tyran impitoyable !
DANAÜS.
As-tu cru m'échapper, tromper, braver un roi ?
LYNCÉE.
As-tu cru que je fusse aussi lâche que toi?
Que timide témoin du trépas de mes frères,
Par ta haine livrés à des mains meurtrières,
Quand par flots jusqu'à moi j'ai vu leur sang couler,
Mon dessein fût de fuir ?... Il fut de t'immoler :
J'y courais, Hypermnestre en pleurs sur mon passage
A retenu mon bras, t'a sauvé de ma rage ;
Tu ne dois qu'à ses cris, tu ne dois qu'à ses pleurs
La lumière du jour souillé par tes fureurs ;
Et lorsque son secours t'arrache à ma vengeance,
Les fers, la mort peut-être en est la récompense !...
Ah ! dieux !... non, sans mourir je ne puis y penser.
Tyran !... c'est dans tes mains que j'ai pu la laisser !
C'est moi, c'est par tes coups son époux qui l'opprime.
(*se retournant vers Hypermnestre.*)
Quel prix de ta vertu !

DANAUS.
Tu vis, voilà son crime.
LYNCÉE.
Voici mon sein, cruel ! frappe : que tardes-tu ?

Frappe, délivre-la; va, ce coup m'est bien dû;
Je t'ai laissé le jour; j'ai livré mon amante;
J'ai voulu ton trépas; rends ta rage contente;
Frappe, dis-je; ôte-moi ce spectacle d'horreur,
De mon épouse aux fers, et d'un tigre en fureur.

DANAUS.

Que tu vas payer cher ton insolente rage !
C'est trop peu de ce fer pour venger mon outrage :
Tu voulais mon trépas, de ce coupable vœu
Toi-même devant-moi viens de faire l'aveu ;
Tu confirmes ici par ta fureur ouverte
Les oracles des dieux qui demandaient ta perte.
Ils seront obéis, et je leur dois ta mort ;
C'est au supplice seul à terminer ton sort.
Holà, gardes !

HYPERMNESTRE.

Mon père!...

LYNCÉE.

Imposteur exécrable !
Tu veux que je paraisse un vil traître, un coupable !
Ah ! perfide !

DANAUS.

Soldats, qu'on l'entraîne.

HYPERMNESTRE, se jetant au-devant des soldats.

Arrêtez,
Barbares! que d'horreur ! quelles extrémités!
Où me réduisez-vous ? Tout mon cœur se déchire :
Ah ! s'il vous faut du sang, qu'il vive, et que j'expire!
Hélas ! de tous les siens en apprenant le sort,
Lyncée était en proie au plus affreux transport :
Sa rage d'aucun frein ne semblait retenue ;
Mais, seigneur, quand il vit son épouse éperdue
Combattre par des pleurs son courroux trop aigri;
Quand il me vit trembler, il en fut attendri ;
Tout plein de son injure, il promit à mes larmes
De n'oser se venger que par le sort des armes :
Les larmes d'une épouse arrêtaient son courroux;
Les mêmes pleurs ici ne pourront rien sur vous ?
De la pitié Lyncée écoutait le murmure ;
Il cédait à l'amour : cédez à la nature.

DANAUS.

Tu m'implores en vain, elle est muette en moi :
Ma loi, le nom de père, ont été vains pour toi ;
Me venger, te punir, est l'espoir qui me flatte.
Tu l'aimes, il mourra ; c'est perdre trop, ingrate,
Ma vengeance en menace, et le temps en délais.
Préparez son supplice aux portes du palais ;
Redoublez son escorte ; allez : qu'on les sépare.

LYNCÉE.

Adieu : ma mort te laisse au pouvoir d'un barbare,
Mon supplice est affreux.

HYPERMNESTRE.

Je meurs si tu péris.

(*On entraîne Lyncée d'un côté, et Hypermnestre de
l'autre.*)

SCÈNE VI.

DANAUS, IDAS.

DANAUS

Toi, ne perds point de temps, cours, préviens les esprits ;
Répands partout le bruit que dans leur perfidie
Lyncée et tous les siens attentaient à ma vie ;
Qu'instruites du complot mes filles ont pâli ;
Que sans elles l'oracle allait être accompli ;
Qu'Hypermnestre, insensible à ma perte annoncée,
Séduite par l'amour, faisait grace à Lyncée.
De la pitié publique il faut vaincre le cri :
C'est peu de son trépas, que son nom soit fletri.
Après ce que j'ai fait osons tout par prudence :
Que la raison d'état assure ma vengeance.

FIN DU QUATRIÈME ACTE.

ACTE V.

SCÈNE Ire.

DANAUS, IDAS.

DANAUS.
EH BIEN ! pour son supplice a-t-on tout préparé ?
IDAS.
Le bûcher est déjà par le peuple entouré,
Seigneur; Lyncée y monte en ce moment peut-être.
DANAUS.
C'est peu de son supplice; as-tu servi ton maître ?
Que produira l'oracle, et ces bruits confirmés
Que ta voix dans Argos par mon ordre a semés ?
De quel œil aujourd'hui sur l'odieux Lyncée
Les peuples verront-ils ma vengeance exercée,
IDAS.
Partout, seigneur, mon zèle a répandu des bruits
Dont vous allez connaître et recueillir les fruits :
On a su que, d'Argos préparant la conquête,
Egyptus à ses fils demanda votre tête,
Et l'on pense aisément que vos gendres cruels
Formaient contre vos jours des complots criminels;
Que de ces attentats le chef ou le complice,
Lyncée est en effet trop digne du supplice.
D'ailleurs, dit-on, l'oracle exigeait tant de morts.
Un sang suspect aux rois est versé sans remords,
L'épargner quand le ciel l'a montré redoutable,
C'est se rendre à la fois malheureux et coupable;
Mais quelques uns, seigneur, moins superstitieux,
Osent plaindre Lyncée, et condamner les dieux.
DANAUS.
Que m'importent, Idas, ces discours téméraires ?
Peu les tiendront : il est trop d'esprits nés vulgaires,
Que même avec peu d'art on trompe en sûreté.
Combien sont absorbés sous leur stupidité,
Ou, des vains préjugés esclaves volontaires,
Se font de leurs erreurs des vertus nécessaires !

Tout me sert, cher Idas, l'absence d'Égyptus,
Des crimes supposés, d'heureux bruits répandus.
Ah quel doux sentiment dans mon cœur se déploie !
Lyncée expire, ami, je le sens à ma joie :
Je suis vengé ; je suis au comble de mes vœux.

IDAS.

A pas précipités on s'avance en ces lieux :
Vous êtes délivré d'une race ennemie.

SCÈNE II.

DANAUS, IDAS, ARASPE.

DANAUS.

Araspe, eh bien, Lyncée a-t-il perdu la vie ?

ARASPE.

Non, seigneur ; la révolte est prête à s'allumer.

DANAUS.

Ciel !... Eh bien ! je saurai prévenir ou calmer...

ARASPE.

On murmure, seigneur ; on s'attendrit, on doute
Du crime de Lyncée ; et pour vous je redoute
Ces meurtres de la nuit, votre courroux vengeur,
Les amis de Lyncée, et plus encor, seigneur,
Les fers de votre fille au désespoir livrée
Devant un peuple ému dont elle est adorée :
Je tremble d'autant plus que ce peuple indompté
A la sédition trop souvent fut porté.
A la pitié qu'il sent se joint un air farouche ;
Le cri de la vengeance est dans plus d'une bouche :
Peut-être si Lyncée avait déjà paru...
J'ai frémi de ce trouble, et je suis accouru.

DANAUS.

Qu'on m'amène Hypermnestre ; allez.

ARASPE.

                              Et le supplice,
Voulez-vous qu'à l'instant ?...

DANAUS.

                         Si je veux qu'il périsse !
Oui, courez, et soudain qu'on l'immole à leurs yeux.

Que son trépas impose à ces séditieux...
Non, ne hasardons rien... revenez. Oui, qu'il meure,
Mais aux fers, en secret. Obéissez sur l'heure.

(Araspe sort.)

SCÈNE III.

DANAUS, IDAS.

Oui, qu'Argos aujourd'hui, me croyant apaisé,
Nomme clémence en moi ce courroux déguisé ;
Et toi, cours, cher Idas ; tiens prêtes mes cohortes ;
Surtout que du palais on défende les portes.

SCÈNE IV.

DANAUS, *seul.*

Quoi ! ce vil peuple oser s'armer contre son roi !
Quoi ! l'objet du mépris inspire encor l'effroi !
Mais non ; j'aurai bientôt arrêté sa furie :
Esclave des objets, sa faiblesse varie ;
Au hasard il s'irrite ; aveugle en ses efforts,
Et tyran d'un moment, il n'a que des transports.
J'ai cru d'un ennemi par un coup politique
Autoriser la perte en la rendant publique ;
Mais, puisque son supplice excite leur pitié,
Loin de leurs yeux qu'il meure, et qu'il meure oublié.
Qu'il tarde cependant au courroux qui m'anime,
Qu'on ait déjà frappé ma dernière victime !

SCÈNE V.

DANAUS, HYPERMNESTRE, *enchaînée.*

HYPERMNESTRE.

J'accours à vos genoux : seigneur, qu'ai-je entendu ?
Est-ce un songe ? Est-il vrai que tout est suspendu ?
Est-il vrai que votre ame à demi désarmée
Au cri de ma douleur cesse d'être fermée ?

Quel secourable dieu, calmant votre courroux,
Veut me rendre à la fois mon père et mon époux?...
Mais quoi! vous rappelez votre fille éperdue,
Et de ses pleurs, hélas! vous détournez la vue!
Pardonnez; je frémis, seigneur, en vous parlant;
Le cœur des malheureux n'espère qu'en tremblant:
Terminez-vous mes maux, délivrez-vous Lyncée?

DANAUS.

Qu'oses-tu demander à mon ame offensée,
Moi révoquer l'arrêt! moi suspendre mes coups!
Non, non, il va périr; connais mieux mon courroux.

HYPERMNESTRE.

Il va périr! eh bien! bravez donc ma prière,
Etouffez les remords et comblez ma misère;
Sur un dernier proscrit étendez sans pitié
Les étranges fureurs de votre inimitié;
Et dans vos cruautés, croyez ne pouvoir prendre
D'espoir que dans sa mort, de paix que sur sa cendre:
Mais vous qui menacez, cruel, tremblez pour vous.
Vous brûlez de verser le sang de mon époux;
Voyez votre danger en ordonnant qu'il meure:
Vous me l'avez donné, je le perds, je le pleure;
Tout malheureux qu'il est, sans espoir, sans appui,
Peut-être votre sort dépend encor de lui.
Craignez de l'immoler dans Argos attendrie;
Craignez de soulever tout un peuple en furie:
Je dois vous avertir et lui garder ma foi;
Lyncée est mon époux, Lyncée est tout pour moi.
Vous n'êtes plus mon roi, vous n'êtes plus mon père,
Vous-même en abjurez le sacré caractère;
Et livrée aux fureurs qu'ici vous exercez,
Si, je sors du respect, c'est vous qui m'y forcez.
    (*on entend un bruit de sédition.*)

DANAUS.

Qu'entends-je? Ciel! quel bruit! quel tumulte! Perfide!
C'est toi, c'est ta fureur qui les arme et les guide.

HYPERMNESTRE.

Quels coups vont éclater!

SCÈNE VI.

DANAUS, HYPERMNESTRE, IDAS.

DANAUS.

Est-ce toi, cher Idas ?
Mes soldats sont-ils prêts ?

IDAS.

Ils marchent sur mes pas.

DANAUS.

Fais avancer ma garde, et revole avec elle.

SCÈNE VII.

DANAUS, *à la tête de sa garde*; LYNCÉE, *à la tête du peuple*; HYPERMNESTRE, ÉROX, IDAS.

LYNCÉE, *au peuple*.
Arrêtez un moment, au nom de votre zèle ;
Je ne veux point, amis, qu'on périsse pour moi :
Érox, veille sur eux : qu'ils soient guidés par toi.
 (*à Danaüs.*)
Le ciel est juste enfin ; il m'arrache à ta haine,
Tyran : tu me vois libre, et ta fureur est vaine.
Ce peuple est soulevé contre tous tes forfaits :
Il a brisé mes fers ; il remplit ce palais.
Bourreau de tous les miens, pour combler mon outrage,
Mon épouse est aux fers mourante par ta rage :
Sans te reprocher rien, je devrais me venger,
T'accabler... Je devrais...
(*il veut avancer sur Danaüs, Hypermnestre étend les
  bras pour l'arrêter.*)
 Je tremble à l'affliger ;
Elle respecte un nom qui te rend plus infâme.
Je l'adore... Mais crains d'abuser de ma flamme ;
Frémis de ma fureur... Je ne te réponds pas...
Regarde tout ce peuple ; il accourt sur mes pas :
Je puis seul arrêter ou pousser sa furie.

HYPERMNESTRE.

Dieux !

LYNCÉE.

Rends-moi mon épouse, ou tremble pour ta vie.

HYPERMNESTRE.

Ah ! Lyncée !

DANAUS.

A quel point m'abaissent les destins !
Défendez votre roi, contenez ces mutins.
(*la garde fait un mouvement plus près de Danaüs.*)

LYNCÉE.

Rends-la-moi, dis-je.

HYPERMNESTRE.

Ciel !... Ah ! Lyncée ! ah ! mon père !
Où vous emporte, ô dieux ! cette aveugle colère ?
Dans cet affreux moment qu'allez-vous hasarder ?

DANAUS.

Penses-tu me fléchir, et toi m'intimider ?

LYNCÉE.

Quoi ! ta rage, barbare !...

HYPERMNESTRE.

O jour ! ô sort horrible !

DANAUS.

Tu menaces en vain.

LYNCÉE.

C'est trop, monstre inflexible !
Délivrons Hypermnestre ; amis, secondez-moi.
Tremble !
(*le peuple avance, et s'arrête.*)
DANAUS, *levant un poignard sur Hypermnestre.*
Tremble toi-même, et d'un plus juste effroi :
Ou retiens tout ce peuple, ou voici ma victime.

LYNCÉE, *désespéré.*
Cruel ! arrête ! ô dieux !
DANAUS, *le fer toujours levé.*
Tu me forces au crime ;
Fuis avec ces mutins ; fuis, te dis-je, ou frémis.

LYNCÉE, *troublé.*
Où suis-je ? Ah ! malheureux !

(le peuple fait un mouvement.)

                 Un moment, chers amis :
N'avancez pas ; voyez mon désespoir extrême ;
Regardez ce poignard levé sur ce que j'aime.
Ah ! tout mon sang se glace en cet affreux danger.
O dieux ! je tiens ce fer, et ne puis me venger !
Ah ! barbare !

(On entend un nouveau bruit de sédition du côté de
Danaüs.)

SCÈNE VIII.

DANAUS, LYNCÉE, HYPERMNESTRE, ÉROX, IDAS, ARASPE.

ARASPE.

         Seigneur, cette porte est forcée ;
Vous n'avez que la fuite : on couronne Lyncée.
Lyncée saisit cet instant de trouble, se précipite par
le devant du théâtre vers Hypermnestre. Érox avec
le peuple croise la garde de Danaüs, le désarme ;
le tyran, repoussé du côté opposé, se jette sur l'épée
de son confident. Erox l'arrête en lui tenant la
pointe du fer sur la poitrine ; Hypermnestre est dans
les bras de Lyncée ; Danaüs veut ranimer ses soldats ;
le peuple les met en fuite.

LYNCÉE, *s'élançant vers Hypermnestre.*
Échappe à ton tyran.

      DANAUS, *arrachant le fer d'Araspe.*
              Secondez mes fureurs,
Soldats... C'en est donc fait ! tu l'emportes : je meurs.
                   (il se tue.)

    HYPERMNESTRE, *s'approchant de Danaüs.*
Ah ! mon père !

         DANAUS.
         Ote-toi : tu redoubles ma rage ;
De ton indigne amour ma ruine est l'ouvrage.
J'ai voulu me venger d'Égyptus sur ses fils ;
Je suppose un oracle, et toi tu l'accomplis.
Traîtres qui m'entourez ! vain courroux ! jour terrible !

O vengeance inutile ! ô destin trop horrible !
Araspe, entraîne-moi de ces funestes lieux :
Je mourrais trop de fois expirant à leurs yeux.

(*On l'emmène.*)

SCÈNE IX.

LYNCÉE, HYPERMNESTRE.

LYNCÉE, *à Hypermnestre, qui veut suivre son père.*
Où vas-tu, chère épouse ?

HYPERMNESTRE.

Ah ! Lyncée ! il expire :
Je succombe à l'horreur que ce moment m'inspire.

LYNCÉE, *détachant les fers d'Hypermnestre.*

Ah ! du moins dans ce jour marqué par nos malheurs,
Aux mains de ton époux laisse essuyer tes pleurs.

SCÈNE X.

LYNCÉE, HYPERMNESTRE, ÉROX, *à la tête d'une troupe d'Argiens.*

ÉROX

SEIGNEUR, tout est calmé ; les peuples vous demandent :
Vous entendez leurs cris ; venez, ils vous attendent.
Hâtez-vous de répondre à leurs vœux les plus chers ;
Argos vous donne un sceptre, ayant brisé vos fers.

LYNCÉE.

Je te suis, cher Érox... Viens, hâtons-nous de rendre
Aux miens que j'ai perdus ce qu'on doit à leur cendre.

FIN D'HYPERMNESTRE.

Lemierre   5

GUILLAUME TELL,

TRAGÉDIE

DE

LEMIERRE.

PERSONNAGES.

GESLER, gouverneur du canton d'Uri.

GUILLAUME TELL,
MELCHTAL,
FURST,
WERNER, } Suisses conjurés.

CLÉOFÉ, femme de Tell.

SON FILS, personnage muet.

UNE AMIE DE CLÉOFÉ.

ULRIC, confident de Gesler.

UN OFFICIER.

GARDES DE GESLER.

PEUPLES.

La scène se passe dans les montagnes près du bourg d'Altdorff et du lac de Lucerne.

GUILLAUME TELL,

TRAGÉDIE.

—

ACTE PREMIER.

Le théâtre représente une esplanade environnée d'une chaîne de montagnes escarpées. Sur le penchant d'une de celles du fond, à gauche du théâtre, s'élève un poteau auprès d'une tour, sur laquelle on lit : BRIDE-URI. Près de l'avant-scène, un chêne antique

SCÈNE Ire.

TELL, MELCHTAL.

TELL.

Cher Melchtal, est-ce toi ? quelle faveur des cieux,
Des roches d'Undervald t'amène dans ces lieux ?
Que le canton d'Uri va chérir ta présence !
Et combien dans Altdorff tu nous rends d'espérance !

MELCHTAL.

Pardonne, si mon cœur ne ressent qu'à demi
Le plaisir de revoir, d'embrasser un ami :
Par les maux dont le ciel trouble ma destinée,
La douleur de te voir est trop empoisonnée.
Quoi ! nos cantons, cher Tell, sont-ils si séparés ?
Quoi ! mes malheurs ici seraient-ils ignorés ?

TELL.

Qu'est-il donc arrivé ? D'où peut naître ta plainte ?...
Dans ce lieu retiré tu peux parler sans crainte,
Pour tous nos entretiens nos amis l'ont choisi.
Ton cœur d'un sombre effroi paraît encor saisi...

MELCHTAL.

Le barbare Gesler (1)!... Ami, tu vois les larmes,
Le désespoir d'un fils.

TELL.

Dieu!... combien tu m'alarmes '
MELCHTAL.

Ce cruel gouverneur sur la Suisse élevé,
De mes pleurs, de mon sang, Gesler s'est abreuvé :
Nul plus que moi, cher Tell, n'éprouva sa furie.

TELL.

Nul plus que moi, Melchtal ne hait sa barbarie.
Mais quels sont tes malheurs? Parle.

MELCHTAL.

Au pied de ces monts
Qui bordent Underval et que nous habitons,
Mon père dans son champ conduisait sa charrue :
Un soldat de Gesler se présente à sa vue,
Et d'un bras forcené saisit les animaux
Qui servaient à pas lents ses champêtres travaux.
Gesler l'ordonne ainsi, toute prière est vaine;
Déjà le satellite à ses yeux les emmène.
Je l'aperçois; j'y vole; et, le fer à la main,
Je combats du tyran l'émissaire inhumain,
Le désarme et le force à relâcher sa proie.
Vers mon père aussitôt je revole avec joie.
Qu'as-tu fait, me dit-il? Ah! si je te suis cher,
Fuis, dérobe ta tête au courroux de Gesler;
Ne laisse point porter ce coup à ma vieillesse:
Fuis, te dis-je, mon fils, épargne ma tendresse.
Je voulus, mais en vain, combattre son effroi;
A sa crainte, à ses pleurs, je cédai malgré moi.
J'erre dans ces rochers, dont partout se hérisse
Cette chaîne des monts qui défendent la Suisse.
O trop fatal exil imprudemment cherché !
Tandis que ces rochers me retenaient caché,
Gesler ne respirant que sang et que vengeance,
Gesler fait amener mon père en sa présence.

---

(1) On prononce *Guesler.*

Que fait ton fils, dit-il ? Ton supplice est tout prêt ;
Trouve et livre Melchtal, ou subis ton arrêt.
Mon père, pour réponse, offre au tyran sa vie ;
Et le cruel Gesler... ô crime !... ô barbarie !
Dans les yeux de mon père, un glaive... jour d'horreur !
Mon sang se glace encor jusqu'au fond de mon cœur.

     TELL.

Je reconnais Gesler à cette barbarie.

     MELCHTAL.

Privé de la lumière et bientôt de la vie,
Appesanti déjà sous le fardeau des ans,
Mon père a succombé sous des maux si cuisans :
Loin d'un fils qu'en mourant il accusait peut-être,
Il a fini ses jours ; je perds qui m'a fait naître ;
Et quand je songe, hélas ! qu'au féroce Gesler
Mon absence a livré ce que j'eus de plus cher,
Je m'impute, cher Tell, sa mort et son supplice,
Et d'un lâche tyran je me crois le complice.

     TELL.

Ami, je plains ton sort ; mais quel est ton dessein ?

     MELCHTAL.

D'approcher de Gesler, de lui percer le sein,
De laver dans son sang son crime et mon outrage.

     TELL.

C'est assez pour ta haine, et peu pour ton courage.
Quelque vengeance ici qu'exige ton malheur,
Il est d'autres devoirs, d'autres soins pour ton cœur :
Donne un effet plus vaste à ta juste furie ;
Venge plus que ton père.

     MELCHTAL.
       Eh ! qui donc ?

     TELL.
          La patrie.

Vois l'abîme effroyable où nous sommes tombés ;
Vois sous quel joug de fer nos peuples sont courbés :
L'ambition sans frein ; l'orgueil, la violence,
Pour nous persécuter armés de la puissance ;
Le fardeau des impôts, les empoisonnemens,
Le pillage, le meurtre et les enlèvemens ;
Sur les moindres soupçons, les peines les plus dures,

La mort multipliée au milieu des tortures ;
Le mépris ou l'oubli de tous les droits humains ;
Plus d'ordre, plus de lois, nos priviléges vains :
Landerberg et Gesler, ces monstres d'injustice,
Ainsi que deux vautours acharnés sur la Suisse,
Suivent pour toute loi, dans leur autorité,
Leur infâme avarice, ou leur brutalité.
Non, non, mon cher Melchtal, dans la publique injure
Ne borne pas tes soins à venger la nature ;
Immoler de tes maux le détestable auteur,
Ce ne serait, crois-moi, que changer d'oppresseur.
Gesler mort, doutes-tu qu'Albert ne nous envoie
Quelque nouveau tyran dont nous serions la proie ?
Que dis-je ? Après le coup qu'aurait porté ta main,
Tu n'aurais plus qu'à fuir comme un vil assassin.
Sois fils, sois citoyen : si tu hais l'esclavage,
Melchtal, pour en sortir, il suffit du courage ;
Osons tout ; joins ton bras à ceux de nos amis,
Dans un si grand dessein dès long-temps affermis ;
Qu'avec le même zèle un même espoir t'anime,
Affranchis avec nous la Suisse qu'on opprime ;
Et qu'après les forfaits dont il est l'artisan,
Gesler de nos cantons soit le dernier tyran.

MELCHTAL.

Ah ! cher Tell ! ah ! vers toi c'est le ciel qui m'envoie !
J'embrasse ton dessein, je confonds avec joie
Tous mes ressentimens, tous mes vœux dans les tiens,
Dans l'indignation de nos concitoyens.

TELL.

Tandis que sous le joug qui l'accable et l'outrage,
La Suisse laisse encore abattre son courage ;
Uri, Schweitz, Undervald gardent avec fierté
Le profond sentiment de notre liberté ;
C'est aux cœurs indomtés, et tels que sont les nôtres,
C'est à nos trois cantons à réveiller les autres.
Nous n'exciterons point des esprits énervés,
Morts à la liberté dont on les a privés,
Insensibles au joug, et ne pouvant reprendre
Ou conserver le bien que l'on voudrait leur rendre.
Loin des troubles civils qui perdent les États,

Nous ne livrerons point de ces tristes combats
Où les concitoyens, les amis et les frères
Sont jetés au hasard dans des partis contraires,
Où pour voir triompher un généreux dessein,
Dans un sang que l'on aime il faut plonger sa main :
Ici la même cause et nous arme et nous lie :
D'un côté, nos tyrans, de l'autre, la patrie ;
Et loin que nos combats doivent la déchirer,
C'est au bruit de nos coups qu'elle va respirer.

MELCHTAL.

J'accepte avec transport ces fortunés présages.
Captifs sous nos tyrans, nos stériles courages,
Ainsi que sans emploi, demeurant sans éclat,
Partageaient le sommeil du reste de l'Etat ;
Nous n'eussions ni vécu ni laissé de mémoire.
Il s'ouvre devant nous un vaste champ de gloire,
Échappés pour jamais à notre obscurité,
La vengeance nous mène à l'immortalité ;
Et sans rien emprunter d'une naissance illustre,
Étrangère au mortel qui n'a point d'autre lustre,
Nés de nous, anoblis par de généreux coups,
La splendeur de nos noms n'appartiendra qu'à nous.

TELL.

Sans dédaigner l'éclat qui suit la renommée,
D'un sentiment plus pur mon ame est enflammée.
On a trop préféré la gloire à la vertu ;
De quelque éclat qu'un nom puisse être revêtu,
Je ne m'occupe point de cet espoir frivole ;
Ami, pour mon pays tout entier je m'immole.
Qu'importe que je sois chez la postérité !
Nous affranchir, voilà notre immortalité.
Que de si grands projets par nos mains s'accomplissent !
Que la Suisse soit libre et que nos noms périssent !

SCÈNE II.

TELL, MELCHTAL, FURST, WERNER.

TELL.

Approchez, mes amis ; Melchtal connu de vous,

Pour nos desseins communs se joint encore à nous ;
Du féroce Gesler son père est la victime,
Et vous pouvez juger du zèle qui l'anime,
Puisqu'il a, dans ce jour, à venger son pays
Comme concitoyen, et son sang comme fils.

FÜRST.

Nos nouveaux députés sont entrés dans la Suisse,
Mais sans avoir d'Albert obtenu de justice :
Vainement à ce prince ont-ils représenté
Quel abus fait Gesler d'un pouvoir emprunté,
Et combien de nos maux la déplorable histoire
Pourrait d'Albert lui-même intéresser la gloire ;
Ils n'ont rien pu gagner, et soit que l'Empereur
De son lâche ministre approuve la fureur,
Soit que dans son esprit l'auteur de nos injures
Ait de nos députés prévenu les murmures,
Ils ont vu rejeter leur plainte avec mépris.

WERNER.

On nous oppose, ami, Zug, Lucerne, Glaris,
Ces cantons, qui d'Albert devenus la conquête,
A son joug, dès long-temps, ont présenté leur tête :
Albert nous offre encor ses superbes bontés,
Si nous voulons fléchir devant ses volontés :
Autrement plus de paix pour le peuple helvétique ;
Et l'affreux lieutenant d'un prince despotique,
Ne va, de jour en jour au crime encouragé,
Qu'appesantir le joug dont ce peuple est chargé.

TELL.

Etrange aveuglement ! horrible tyrannie,
Qui croit d'un peuple entier corrompre le génie,
Et qui ne veut pas voir qu'il n'est point de traité,
Qu'il n'est point de partage avec la liberté !
Est-ce ainsi qu'aujourd'hui ce prince dégénère
De l'austère équité de son vertueux père ?
Est-ce ainsi que Rodolph nous a jadis traités ?
Nos droits tant qu'il vécut furent tous respectés :
La liberté tranquille, au pied de nos montagnes,
De ses rustiques mains cultivait ces campagnes ;
Et sans craindre de voir, dans nos fertiles champs,
Tous nos fruits moissonnés par la faulx des tyrans,

L'abondance avec nous habitait ces asiles ,
Et la félicité descendait sur nos villes.
Albert a tout détruit par son orgueil jaloux,
Sans songer que son père était né parmi nous ,
Et que si dans l'Autriche il lui donna la vie ,
La Suisse était toujours sa première patrie.
Mais si nous haïssons ce prince impérieux ,
Combien son émissaire est-il plus odieux !
Hé ! comment endurer que dans un rang précaire
On affecte , on exerce un pouvoir arbitraire ?
Comment souffrir un homme ambitieux et vain,
Qui n'est que créature , et se fait souverain ;
Qui sans cesse abusant du pouvoir qu'on lui laisse ,
Montre son insolence autant que sa bassesse !
Esclave intéressé de l'Autriche qu'il sert ,
Le tyran des cantons et le flatteur d'Albert ?
Il est temps , mes amis, de sortir d'esclavage :
Ensemble il faut venger notre commun outrage ;
Tous les autres partis seraient en vain tentés.
Je l'avais bien prévu que tous nos députés
N'obtiendraient rien d'Albert, et dans notre querelle
Ne nous rapporteraient qu'une injure nouvelle.
De nos antiques mœurs la sauvage âpreté ,
Le nerf de nos vertus , fruit de la pauvreté ,
Nous ont fait dédaigner , nous ont fait méconnaître ,
D'un peuple ami du luxe , et qui vit sous un maître.
C'en est trop, les humains , nés libres, nés égaux ,
N'ont de joug à porter que celui des travaux.
Amis , que parmi nous la valeur rétablisse
Les droits de la nature et l'honneur de la Suisse.
Avec les maux publics , dont le poids est sur nous ,
Vous souffrez d'autres maux qui ne sont que pour vous.
Envers toi, cher Melchtal , Gesler fut un barbare ;
Werner, il fut pour vous un ravisseur avare ;
Jurons tous que ce chêne , honneur de ces hameaux ,
Ne sera point couvert de feuillages nouveaux ,
Qu'à vos vaillantes mains la mienne réunie,
N'ait de nos trois cantons chassé la tyrannie.
Protège, Dieu puissant , un peuple vertueux ,
Un peuple né vaillant sans être ambitieux ,

Qui, hors de ces rochers peu jaloux de s'étendre,
Ne veut point conquérir, mais ne veut point dépendre.
Je jure, mes amis, le premier, dans vos mains,
De verser tout mon sang pour changer nos destins.

FURST.

Je jure que mon bras servira ton courage.

WERNER.

Par le même serment avec toi je m'engage.

MELCHTAL.

Nul ne fut par Gesler plus outragé que moi,
Et c'est le cri du sang qui garantit ma foi.

TELL.

J'aperçois Cléofé : qu'elle ignore nos trames :
Ayez le même égard, mes amis, pour vos femmes.
Sans doute le projet entre nous concerté
N'a rien à redouter de leur légèreté :
Mais pourquoi leur donner des alarmes cruelles ?
Les dangers sont pour nous ; le repos est pour elles ;
Et toute confidence inutile au dessein,
Part de peu de courage, ou d'un cœur incertain.

SCÈNE III.

TELL, CLÉOFÉ.

CLÉOFÉ.

POURQUOI vous séparer ? par quelle défiance
N'osez-vous donc ici parler en ma présence ?

TELL.

J'épargne à ton repos des discours importuns,
De tristes entretiens sur nos malheurs communs.
Eh ! que te servirait le récit de nos craintes,
Les cris des mécontens, et d'impuissantes plaintes
Sur le joug odieux à ce peuple imposé,
Et qui depuis long-temps devrait être brisé ?
N'avoir pu vous défendre ! Ah ! c'est là notre honte.
Nous devions de vos droits vous rendre un meilleur
    compte ;
De votre liberté nous étions les garans :
Et quand nous vous laissons sous la main des tyrans

Vous pouvez justement à nos faibles courages ,
Autant qu'aux oppresseurs reprocher vos outrages.
Mais des maux de l'Etat que sous nos humbles toits ,
La paix de la famille adoucisse le poids !
Goûtez sans trouble au moins ces charmes domestiques ,
En attendant gronder les tempêtes publiques...
Quittons ces lieux.

CLÉOFÉ.

       Arrête , et de veiller sur nous ,
De nous tant protéger montre-toi moins jaloux.
Vous le voyez assez, le désastre où vous êtes
N'est l'ouvrage du sort, ni le fruit des défaites ;
C'est l'esprit général une fois relâché ,
Le soutien étranger que ce peuple a cherché ,
Qui seuls ont de l'Etat renversé la fortune :
Lorsque l'Etat périt , c'est la faute commune ;
Et s'il est un remède, il doit venir de tous.

TELL.

Eh ! pouvons-nous jamais nous séparer de vous ?

CLÉOFÉ.

Pourquoi donc affecter avec moi ce mystère ,
Et te cacher de moi comme d'une étrangère ?
Que les femmes ailleurs dans l'Etat soient sans voix ,
Qu'ailleurs leur ascendant fasse taire les lois :
Où les mœurs ne sont rien, il n'est rien qui surprenne :
Mais chacune de nous est ici citoyenne :
Chacune toujours libre , et partageant vos droits ,
En cultivant les champs s'occupe de ses lois ;
Et si dans vos conseils , si dans vos assemblées ,
Vos femmes avec vous ne sont point appelées ,
Ah! sans doute ce fut le chef-d'œuvre des mœurs ,
Qu'on ait cru que l'hymen, que l'union des cœurs ,
Dans votre volonté ne montrant que la nôtre ,
Ce qu'un sexe décide est avoué par l'autre :
Si c'est sous votre garde, et par vos soins guerriers ,
Que nous vivons en paix au sein de nos foyers ,
Le soin de nos enfans étant ce qui nous touche,
Les premières leçons sortent de notre bouche :
C'est nous qui de nos lois leur inspirons l'amour,
L'esprit qu'à vos conseils ils porteront un jour ;

Et des lieux où jamais nous ne serions comptées,
Il nous faudrait attendre , en esclaves traitées,
L'impérieux décret que vous auriez porté?
Non, dès que votre orgueil agit d'autorité,
Plus de devoir pour nous , et la loi ne nous lie
Qu'autant qu'elle est par nous reçue et consentie.
Tu parles de tyrans : que nous importe à nous
D'être esclaves par eux, ou de l'être par vous ?

TELL.

Nous vos tyrans ! ah , Dieu! cette loi qu'on déteste,
Cette loi du plus fort , ce droit lâche et funeste,
Par qui dans les cités tout ordre est perverti ,
Sur vos têtes par nous serait appesanti !
Dans une république où la liberté sainte
Ne se maintient qu'entière et sans la moindre atteinte,
L'heureuse égalité qui lui sert de soutien ,
Ce titre si sacré pour chaque citoyen ,
Dont tu vois dans l'Etat nos ames si jalouses ,
Serait anéanti pour nos seules épouses?
Non , nous connaissons trop , nous gardons mieux vos
    droits ,
Fondés sur la justice et le respect des lois ;
L'amour en est garant autant que l'honneur même :
Peut-on jamais vouloir asservir ce qu'on aime ?

CLÉOFÉ.

Et tu feins avec moi ! je viens dans ces momens
Vers ces mêmes rochers d'entendre vos sermens.

TELL.

Que dis-tu , Cléofé ?

CLÉOFÉ.

    Tu frémis!... tu m'offenses.
Ah ! cher Tell , avec moi bannis les défiances ;
J'ai vu depuis un temps ton secret embarras ;
Tu m'évitais en vain, j'observais tous tes pas :
Soigneux de te chacher d'une épouse qui t'aime ,
Tu t'es enfin trahi par ta prudence même;
Et pouvais-tu tromper mes regards pénétrans ?
Je déteste avec toi l'orgueil de nos tyrans;
A leur lâche fureur mon pays est en butte;
Nul ne fait dans Altdorff plus de vœux pour leur chute :

Mais quel est ton espoir ? Où vas-tu t'engager ?
Ce perfide oppresseur dont tu veux nous venger,
D'infâmes surveillans infectant ce rivage,
Laisse-t-il contre lui quelque place au courage ?
Je sais qu'un citoyen, sous le joug d'un pervers,
Ose tout au hasard pour sortir de ses fers :
Mais Gesler n'est que trop à l'abri de ta haine.
Ah ! crains de resserrer encor plus notre chaîne ;
Et sans nous affranchir, sans sauver ton pays,
Crains de te perdre, toi, ton épouse et ton fils.

TELL.

Vois-tu sur ces rochers élevés jusqu'aux nues
Ces monceaux éternels de neiges suspendues,
Le peu qui s'en détache et grossit en roulant?
Souvent le moindre amas entraîne le plus grand.
Il en doit être ainsi dans la Suisse indignée :
De nos concitoyens une faible poignée,
S'arrachant la première au joug que nous portons,
Va soulever d'un cri le reste des cantons.
Tu connaîtras l'erreur de ton injuste plainte.
Sois rassurée. On vient ; renferme au moins ta crainte.

SCÈNE IV.

TELL, CLÉOFÉ, FURST.

TELL, *à Furst, qui hésite à parler.*

Ami, tu peux parler ; elle a tout entendu.

FURST.

Ah ! savez-vous quel bruit s'est ici répandu ?
On dit que des complots pour prévenir les suites,
Gesler autour d'Altdorff place des satellites ;
Et cachant le courroux dont il est transporté,
Pour tromper les esprits feint de s'être écarté.

TELL.
(à part.)

Sachons quels sont ces bruits. Voyons ce qu'il faut faire :
Connaissons ce qu'il faut qu'on craigne ou qu'on espère.

CLÉOFÉ.

Tu viens de voir Melchtal!

TELL.

Oui, connais ses malheurs
Il vient venger un père et ses propres douleurs.

CLÉOFÉ.

Ah! tu me fais frémir : on peut le reconnaître.
L'imprudent quelquefois peut nuire autant qu'un traître.
Que je crains l'amitié qui t'unit à Melchtal!

TELL.

Eloigne, Cléofé, ce présage fatal.
Sortons. Examinons. Aux soldats qu'on rassemble,
Aux mesures qu'on prend je vois que Gesler tremble.
Il montrait une fausse et vaine fermeté :
Il craint dans tous les cœurs ce cri de liberté ;
Il craint ce premier droit de ceux qu'on persécute ,
Qui de la tyrannie amène enfin la chute.

FIN DU PREMIER ACTE.

ACTE II.

SCÈNE Ire.

GESLER, ULRIC.

ULRIC.

Oui, seigneur, c'est ici, c'est du moins vers ces lieux
Non loin de ce château, sous ces rocs sourcilleux,
Que ces mutins, dit-on, assidus à se rendre,
Ont paru s'assembler, s'entretenir, s'attendre ,
Tantôt pendant le jour, et tantôt vers le soir :
Cet avis vous importe, et j'ai fait mon devoir.

GESLER.

On aurait cette audace ! une horde grossière
Contre Gesler ici lever sa tête altière!
L'habitude des fers ne pourra donc agir ?

Dans sa chaîne toujours je l'entendrai rugir ?
ULRIC.

Vous connaissez, seigneur, quelle humeur inflexible
Rendit à vos bontés tout ce peuple insensible ;
Leur orgueilleuse main repoussa la faveur.
Ce que votre bonté n'avait pu sur leur cœur,
Pensez-vous aujourd'hui que la rigueur le puisse ?
Ils conservent l'espoir de révolter la Süisse ;
Rien ne peut détacher leur esprit indomté
De ce fantôme vain qu'ils nomment liberté ;
Les murmures partout, les plaintes retentissent,
Et tous ces mécontens l'un par l'autre s'aigrissent.
GESLER.

En discours impuissans laisse-les tout oser,
Se débattre en leurs fers.
ULRIC.
Ils peuvent les briser.
GESLER.

Non : des plaintes, crois-moi, la frivole licence
Sert à donner l'échange à leur impatience ;
Ce peuple la soulage, en osant s'y livrer :
Quelque superbe espoir qui les puisse enivrer,
Dans ces ames qu'au joug il faut que j'accoutume,
S'il est quelque rigueur, la plainte la consume.
Ulric, non, ce n'est plus ce peuple de Gaulois,
Fier de son origine, et qu'on vit autrefois,
Dans la témérité de ses fougues guerrières,
Las d'habiter ses rocs, embraser ses chaumières,
Pour se forcer lui-même, au-delà de ces monts,
A conquérir au loin des pays plus féconds,
Et bravant des Romains la puissance suprême,
Jusqu'aux bords de la Saône attaquer César même.
Sous le joug féodal tout ce peuple abattu
A perdu dès long-temps son antique vertu,
Et de tant de vaillance à lui-même funeste,
L'opiniâtreté, voilà ce qui lui reste.
Mais loin de m'abaisser à craindre ces mutins,
J'amènerai le temps où ces esprits hautains,
Dont tu vois aujourd'hui la révolte et la haine,
Engourdis à la fin sous le poids de leur chaîne,

Ne la sentiront plus; enfin, où ces deux mots,
Patrie et liberté, l'aliment des complots,
Ne seront qu'un vain son chez ce peuple farouche,
Et ses destins passés une fable en sa bouche.

ULRIC.

Cependant ces cantons, de l'Autriche ennemis,
Lui résistent encor lorsque tout est soumis.

GESLER.

On ne peut les gagner, il faut donc les réduire.
Rodolph maintint des droits qu'il eût fallu détruire.
Ce peuple au lieu d'un maître avait un protecteur :
Ils vivaient sous l'empire, et non sous l'empereur.
Son fils, moins indulgent et meilleur politique,
N'a point laissé ployer son sceptre despotique,
Et si de ce pays il m'a fait gouverneur,
Du rang qu'il m'a donné je soutiendrai l'honneur :
Pour réprimer ce peuple et son audace extrême,
J'irai plus loin encor qu'Albert n'irait lui-même.

ULRIC.

Eh! que résolvez-vous ?

GESLER.

        D'armer, avec le temps,
Tous les autres cantons contre ces mécontens,
Et d'entraîner ainsi, dans la chaîne commune,
Tout ce qui peut encor traverser ma fortune.
Je vais, en attendant, je vais plus que jamais
Resserrer dans leurs fers ces esprits inquiets.
Plus à mes lois, Ulric, ils veulent se soustraire,
Et plus je déploirai le pouvoir arbitraire :
Vouloir les gouverner sur un plan modéré,
C'est traiter avec eux, c'est régner à leur gré;
C'est conduire leurs pas dans la route éclairée,
Qu'avant nous leur raison leur a déjà montrée;
C'est d'elle et non de nous qu'ils dépendent alors :
Que dis-je? Leur laisser l'examen des ressorts,
Nous-mêmes, c'est sur nous tourner la dépendance;
Et s'il vient un moment où leur obéissance
Doit suivre aveuglément nos ordres absolus,
Trop faits à nous juger ils n'obéiront plus.
Notre conduite ainsi serait donc incertaine,

Nos ordres limités, notre autorité vaine :
Il faut, pour s'assurer de leur soumission,
S'asservir leur pensée, éteindre leur raison ;
En leur donnant des lois bizarres, inutiles,
Ne laisser que l'instinct à ces esprits serviles.
Peuple indocile et vain, dont la témérité
Croit braver mes rigueurs comme il fit ma bonté,
Il n'est rien que Gesler n'entreprenne et n'invente
Pour vaincre en ces cantons cette humeur turbulente :
Je te gouvernerai seulement par effroi,
Le front dans la poussière, et tremblant devant moi :
Sous mon joug, quel qu'il soit, il faut que tu fléchisses,
Et respectes de moi tout, jusques aux caprices,
Et qu'enfin ton esprit, par la crainte dompté,
N'ose plus rien vouloir que par ma volonté.

SCÈNE II.

ULRIC, GESLER, UN OFFICIER.

L'OFFICIER.

Dans le peuple, seigneur, les murmures augmentent,
Et même en plus d'un lieu les révoltes fermentent,
Votre seule présence ici peut contenir
Plus d'un audacieux qu'il vous faudrait punir,
Et lorsqu'ils nous verront...

GESLER.

Qu'entends-je ?

L'OFFICIER.

Le temps presse
Le désordre s'accroît ; si vous voulez qu'il cesse,
Venez : plus d'une fois dans ses transports jaloux,
Ce canton tout à coup se calma devant vous.
Paraissez à leurs yeux.

GESLER.

Les mutins ! ma présence
Non, c'est trop honorer leur aveugle insolence.
Ce peuple croit-il donc se faire redouter ?
C'est par le mépris seul que je dois le dompter.
Tiens : de la liberté tel fut jadis l'emblème,

J'en veux faire un trophée au despotisme même.
(*il donne son chapeau à l'officier.*)
Je prétends que la Suisse asservie à ma loi,
Rende à ce signe vain le même honneur qu'à moi.
Qu'on l'attache à l'instant au milieu de la place ;
Sans fléchir le genou qu'aucun mortel n'y passe.
Prends ma garde ; parais devant ces mécontens,
Et reviens m'informer du succès que j'attends.

SCÈNE III.

GESLER, ULRIC.

CESLER.

VA, de l'autorité tout acte despotique
Est dans d'habiles mains un ressort politique ;
On a trop condamné l'affront dont au sénat
Un empereur altier couvrit le consulat,
Et tous ces autres traits de libre fantaisie
Que se permit des grands la puissance hardie.
Qu'importe le moyen ou le signe employé,
Pourvu que sous la loi le peuple soit ployé ?
Pour frapper les esprits faut-il donc tant d'étude ?
Les signes ont toujours conduit la multitude ;
Et pour être reçus, pour être respectés,
Il suffit qu'au hasard ils lui soient présentés.
Eh ! que sont dans les cours tant de signes frivoles,
Des rangs et des honneurs arbitraires symboles ?
Dis-moi, quel vrai rapport ont-ils en aucuns lieux,
Avec les dignités qu'ils annoncent aux yeux ?
On attacha l'idée, et l'on obtient l'hommage ;
Ce qu'inventa l'orgueil se soutient par l'usage.
Le signe que je donne aura plus d'un effet ;
Il façonne à mon joug tout ce peuple inquiet ;
Et portant les mutins à quelques imprudences,
Peut m'éclairer encor sur leurs intelligences :
J'ai peine à croire enfin le trouble général.
De l'audace d'un fils, quand j'ai puni Melchtal,
Je cessai de poursuivre un trop vil adversaire,
Qui lui-même, en fuyant, m'avait livré son père.

ULRIC.

Et peut-être indulgent, où sévère à demi,
Gesler méprisa trop un obscur ennemi.
L'impunité d'un seul fait plus de téméraires
Qu'on n'en peut contenir par des peines sévères.
Si c'était ce Melchtal, dont la rebellion
Eût fomenté les feux de la sédition ,
Et qui de son canton, par ses amis peut-être ,
Dans Altdorff...

GESLER.

                    Mais je vois un inconnu paraître ;
Je veux l'entretenir un moment dans ces lieux.
Ce simple vêtement me déguise à ses yeux.
Vers ces rocs écartés tu m'as dit qu'on s'assemble ;
Je saurai quel il est , si c'est l'un deux , qu'il tremble.
Toi, sans trop t'éloigner , Ulric, retire-toi ;
Sois prêt, au moindre mot, à revoler vers moi.

SCÈNE IV.

GESLER, MELCHTAL.

GESLER, *à part.*

LE hasard peut m'offrir une clarté soudaine.
Son front paraît pensif, sa démarche incertaine.

MELCHTAL , *à part.*

Quel serait ce mortel dont l'aspect importun...
S'unirait-il à nous pour l'intérêt commun ?
Aucun de mes amis ne se présente encore ;
Qui peut les arrêter ?

GESLER , *à part.*
                    Il hésite, il ignore
                              (*haut.*)
Qui je suis... Avançons. Instruisez-moi : sait-on
Quels nouveaux mouvemens ont troublé ce canton ?
Que dit-on de Gesler ?

MELCHTAL.
                    Gesler ! hé que vous dire !
On sait que sous Gesler.... Je ne puis vous instruire :
Ce peuple voit assez qu'il n'est plus de repos ,

Et sous de dures lois n'augure que des maux.

GESLER.

Le peuple aime à former des présages sinistres,
Il hait souvent la place autant que les ministres ;
Aux soupçons, de tout temps, son esprit est ouvert.
Mais enfin s'il se plaint, ce doit être d'Albert.

MELCHTAL.

Albert ne connaît pas le sort de nos provinces ;
Albert ne voit pas tout : c'est le malheur des princes.

GESLER.

C'en est un dans l'Etat qu'il soit des mécontens...
Et leur parti, dit-on, s'est formé dès long-temps.

MELCHTAL.

Il n'est point de partis, et même il n'en peut être.
Le murmure commun s'est fait assez connaître
Sont-ce des factieux, qu'un peuple d'opprimés,
Privés de tous leurs droits vainement réclamés ?
Songez quel est Gesler, et jugez-le vous-même.
Vous voyez des cantons la servitude extrême.
Partout le joug public pèse d'un poids égal ;
Mais que peut la vertu dans ce sort général ?
Le ciel qui voit nos maux, qui les permet encore,
Leur a marqué, sans doute, un terme que j'ignore.

GESLER.

Ce peuple avec rigueur, je l'avoue, est traité ;
Mais si l'on a recours à la sévérité,
Sans vouloir excuser ce rigoureux système,
Ne faut-il pas aussi qu'il s'en prenne à lui-même ?

MELCHTAL.

Comment ! quel est son crime ?

GESLER.

                Il peut s'en souvenir :
Ses maîtres le flattaient d'un plus doux avenir ;
N'a-t-il point trop bravé la faveur, les promesses ?

MELCHTAL.

Hé ! ce sont ces faveurs, ces perfides caresses,
Violence secrète et l'effet du mépris,
Qui, plus que la menace, ont aigri les esprits ;
Oser auprès d'un peuple, aussi libre que brave,
N'employer la douceur que pour le rendre esclave !

Non , en vain aux esprits on crut donner ce pli :
Ce peuple aime mieux être opprimé qu'avili.

GESLER.

Qu'il s'étonne donc moins que la rigueur agisse.

MELCHTAL.

Et Gesler de se voir si haï de la Suisse.

GESLER.

Haï !

MELCHTAL.

C'en est assez. Rompons cet entretien :
Vous servez les tyrans , je cherche un citoyen.

GESLER.

Arrête !

MELCHTAL.

Hé! de quel droit ?

GESLER.

Arrête , téméraire !

MELCHTAL.

Eh ! quoi , du gouverneur serais-tu l'émissaire ?

GESLER.

Je suis ce qu'il faut être ici pour te punir.

SCÈNE V.

ULRIC, MELCHTAL , GESLER , GARDES.

ULRIC.

Avec qui venez-vous de vous entretenir ?
C'est le fils de Melchtal.

MELCHTAL.

Ah ! fortune cruelle !

Suis-je aux mains...

GESLER.

De Gesler !

MELCHTAL.

Toi , Gesler !

GESLER.

Toi , rebel!

MELCHTAL.

Le bourreau de mon père ! Ah ! trop fatale erreur !

GESLER.

Gardes , qu'on le saisisse.

MELCHTAL.

O surprise! ô fureur !
Oui , je le reconnais ton affreux satellite ,
Qui ravissait nos biens, et que j'ai mis en fuite !
C'est toi , monstre, et mon cœur n'en a rien pressenti !
Ma haine , à ton aspect , ne m'a point averti !
Le ciel qui veut ma perte et qui voit mon outrage ,
En t'offrant à mes yeux , te cachait à ma rage ;
Privé d'un père , hélas ! jouet de ta fureur,
Si près de toi , tyran , sans te percer le cœur !
Inhabile à venger la tête la plus chère ,
Deux fois le sort jaloux m'a fait trahir mon père.

GESLER.

Ton châtiment est prêt, mortel audacieux ,
Depuis quand bravais-tu ma présence en ces lieux ?

MELCHTAL.

Tu peux juger du temps , puisque tu vis encore.

GESLER.

Qu'on l'entraîne à la tour.

MELCHTAL.

Va, monstre que j'abhorre ,
Poursuis, marque tes jours par autant d'attentats.
Je n'ai pu par ta mort prévenir mon trépas;
Epuise ta fureur à me chercher des crimes,
Dans la même famille immole deux victimes ;
Punis-moi des malheurs où je suis parvenu,
Mais surtout punis-moi de t'avoir méconnu.

SCÈNE VI.

GESLER, ULRIC.

GESLER.

Ce mutin dans Altdorff! Avoir eu l'insolence,
De paraître en ces lieux après sa résistance !
Mais le sort me le livre. Et depuis quand crois-tu
Que ce séditieux dans ce bourg ait paru ?

ULRIC.

Depuis que de son père il a su le supplice
Sans doute; mais j'ignore...

GESLER.

                    Il faut qu'il m'éclaircisse.
Gêné dans ses discours, je l'ai vu s'arrêter;
Il s'est fait violence, et n'osait éclater.
Je connais son dessein, il suffit : point de grâce.
Mais dans la place, Ulric, dis-moi ce qui se passe :
N'est-il point de tumulte? ai-je, enfin, d'un coup d'œil
De ce peuple, à mes pieds, fait tomber tout l'orgueil.

ULRIC.

Jusqu'ici, sous vos lois, on fléchit dans la place :
Nul encor de Gesler ne brave la menace,
Et leur soumission...

GESLER.

                    Je te l'avais bien dit,
Va, c'est ainsi, crois-moi, que le peuple est conduit;
C'est par sa propre main qu'on lui forge sa chaîne.
Qu'importe des esprits le murmure ou la haine?
Le coursier obéit à la plus faible main :
Il ignore sa force, et c'est son premier frein.
Va, cours interroger ce jeune téméraire;
Porte sur ses discours un examen sévère :
J'attendrai ton rapport, et cet audacieux,
S'il formait des complots, va périr à leurs yeux.
            (*Ulric et Gesler sortent.*)

SCÈNE VII.

TELL, WERNER.

TELL.

O COMBLE de l'outrage et de la tyrannie!
O jour de la bassesse et de l'ignominie!
D'un spectacle pareil il faut être témoin,
Pour croire que l'orgueil puisse aller aussi loin.
Tu l'as vu comme moi ce prodige d'audace,
Cet indigne trophée élevé dans la place;
Le peuple, à son aspect, fléchissant les genoux :

Lemierre.
                                7

Quelle audace à Gesler! mais quelle honte à nous!
Baiser si lâchement la main qui nous insulte!
L'injure a des respects, et la démence un culte!
Ah! cet opprobre insigne, et qui scelle nos fers,
Passe tous les affronts que ce peuple a soufferts!
Est-ce là ce canton, libre, exempt de faiblesses,
Qui brava les tyrans jusque dans leurs caresses?
L'offre de la faveur n'avait pu l'ébranler :
La menace l'étonne, et je le vois trembler.

SCÈNE VIII.

TELL, FURST, WERNER.

TELL.

Vous voyez, mes amis, quel est notre esclavage :
L'oppression partout. Chaque jour nous outrage.

FURST.

Ah! nous perdons Melchtal; il vient d'être arrêté.

TELL.

Lui! Melchtal! Hé comment! Quelle fatalité!...

WERNER.

De Gesler il a dû redouter la colère.
Gesler, sur les chemins, eut plus d'un émissaire,
Dont la fureur vénale et les yeux ennemis,
Après le père encore auront cherché le fils.

TELL.

Et nous pouvons souffrir un tyran si farouche!
Et sur de tels affronts que ce soleil se couche!
Ce moment nous flétrit : la perte de Melchtal
De notre liberté doit être le signal.

FURST.

Ah! tu ne peux douter que mon cœur ne partage
Ton indignation à ce nouvel outrage :
Mais dans les grands desseins où tous nous avons part,
Donner trop au courroux, c'est donner au hasard :
Devant tous les châteaux que nous devons surprendre,
Dans un moment précis quel moyen de nous rendre?
N'attaquer aujourd'hui que Sarn et Rotzemberg,
Serait donner l'éveil au cruel Landerberg,

Autre persécuteur dont les mains vengeresses
Auraient bientôt muni les autres forteresses.
Amis, pour le succès de nos communs efforts,
Il faut en même temps attaquer tous les forts.

WERNER.

L'avis est en secret donné dans les campagnes ;
Sitôt que l'on verra sur le haut des montagnes
Briller de loin en loin des fanaux allumés,
Ce sera le signal pour accourir armés ;
Mais pour premier fanal dans la Suisse avertie,
Investissons de feux cette tour ennemie,
Et que sur ses débris il s'élève un autel
Pour attester sa chute et la faveur du ciel.

TELL.

Hâtons-nous : fais marcher sous de différens guides
Vers les divers châteaux nos amis intrépides,
Tandis que sur le lac je vais avec Werner
Attaquer dans la nuit le château de Gesler ;
Et si par d'heureux coups, dignes de nos ancêtres,
Amis, de tous les forts nous nous rendons les maîtres,
Bornons là nos exploits, sachons être assez grands
Pour ne pas nous souiller du sang de nos tyrans ;
Et les traînant au loin, jusque sur nos frontières,
Marquons-leur ces rochers et ces monts pour barrières.

FIN DU SECOND ACTE.

ACTE III.

SCÈNE Ire.

GESLER, ULRIC.

ULRIC.

Tout était en ce jour à redouter pour vous,
Seigneur, on conspirait chez ce peuple jaloux :
Je viens de découvrir sous ces rochers immenses,

Un formidable amas de flèches et des lances,
Dépôt que les mutins renfermaient dans ces lieux,
Bien mieux qu'en leurs foyers et sans périls pour eux.

GESLER.

Ah! cette découverte aigrissant mes injures,
Assure d'autant plus l'effet de mes mesures.

ULRIC.

Mais c'est peu qu'en vos fers Melchtal ait été mis :
Son sort ne contient point vos autres ennemis;
Il vient d'encourager un jenne téméraire,
Qui dans le même instant bravait votre colère :
Malgré l'ordre absolu dans la place donné,
Lui seul restait debout quand tout est prosterné.

GESLER.

Signaler en public son imprudente audace!
Enseigner la révolte en bravant ma menace!...
Et par ma garde, Ulric, vient-il d'être arrêté ?

ULRIC.

Il va, chargé de fers, vous être présenté.

GESLER.

Quel est ce factieux?

ULRIC.

        Sa fortune est obscure :
Sa force est le seul bien qu'il tient de la nature.
C'est un de ces humains qui, courbés dans leurs champs,
De la terre avec peine arrachent les présens :
Mais dans son sort obscur, seigneur, dans sa bassesse,
Il s'est fait remarquer long-temps par son adresse.
Une flèche, dit-on, sous son coup d'œil certain,
Frappa toujours le but au sortir de sa main.

GESLER.

Et lorsqu'on l'a saisi, pour venger mon injure,
Tu n'as pas, dans le peuple, entendu de murmure ?

ULRIC.

D'un désir curieux tout le peuple agité
En tumulte a couru, le croyant arrêté.
Ils murmuraient, seigneur ; mais pour sa délivrance,
On n'osait rien tenter, au moins en apparence.
Nul ne s'est déclaré pour lui servir d'appui.
Au milieu de ce peuple, en foule autour de lui,

Le prisonnier marchait, sans que sur son visage
On vît du repentir le moindre témoignage.
Je ne sais quoi d'altier paraissait dans ses yeux.
C'est l'un, n'en doutez pas, de ces séditieux,
Qui troublant ce canton par leur plainte hardie,
En veulent à vos droits, peut-être à votre vie.

GESLER.

Qu'on amène Melchtal; je veux le confronter
A cet audacieux que l'on vient d'arrêter.
Un doux pressentiment qui flatte ma vengeance,
Me dit qu'avec Melchtal il est d'intelligence :
Mais n'eût-il point de part aux troubles des cantons,
M'avoir désobéi, voilà ses trahisons.
Tant d'audace à mes yeux le rend assez coupable;
Lui-même des complots il sera responsable.

(*On amène Tell enchaîné.*)

SCÈNE II.

GESLER, TELL, *enchaîné*, SUITE.

GESLER.

APPROCHE, vil mortel : quelle témérité
Révolte ton néant contre ma volonté !
Quel es-tu pour m'oser refuser ton hommage ?

TELL.

Un citoyen, Gesler, lassé de l'esclavage.

GESLER.

Frémis, audacieux ! Gesler s'est déclaré ;
Sous le signe qu'il donne il veut être honoré.

TELL, *avec un sourire d'indignation.*

Honoré !… de quel droit, parmi nous, veux-tu l'être ?
Dans toi, dans Albert même avons-nous donc un maître !
Et s'il dût t'envoyer, si tu fus revêtu
De son autorité, quel usage en fais-tu ?

GESLER.

Méconnaître mes lois et braver ma puissance !

TELL.

Te jouer jusque-là de notre obéissance !

GESLER.

Est-ce à toi d'en juger ? C'est à toi d'obéir.

TELL.

C'est à toi de tout craindre en te faisant haïr.
La Suisse est sous le joug, mais pour être asservie,
Pour être aux fers, crois-tu qu'elle y soit endormie ?

GESLER.

Tu troublais ce canton.

TELL.

           Toi seul tu l'as troublé,
En assujétissant tout ce peuple accablé,
En ajoutant aux maux que font tes injustices,
Tant de bizarres lois qu'inventent tes caprices.

GESLER.

Mortel opiniâtre, aveugle en ta hauteur,
Hé ! que t'en coûtait-il pour obéir ?

TELL.

             L'honneur.
Quelle loi peut jamais paraître indifférente,
Dès qu'on voit le dessein d'une insulte évidente ?
Quels sont les gens de cœur, au courage nourris,
Dont le sang ne s'enflamme aux marques du mépris ?
Et c'est un peuple entier né pour l'indépendance,
Dont tu peux à ce point tenter la patience ?
Qu'à tant d'indignités tu crois accoutumer ?
Est-ce trop peu pour toi, que d'oser l'opprimer ;
Songes-y bien, Gesler, rien n'est long-temps extrêm
L'arc qu'on tient trop tendu se brise de lui-même ;
Et lorsqu'à cet excès l'esclavage est monté,
L'esclavage, crois-moi, touche à la liberté.

GESLER.

Rebelle ! j'ai souffert trop long-temps ton audace ;
Au lieu de m'implorer, de demander ta grâce,
D'aller la mériter en remplissant ma loi,
En saluant l'image où j'ai voulu...

TELL.

            Qui moi !
Moi ! j'irai réparer l'outrage chimérique
Que croit avoir reçu ton orgueil tyrannique ?
J'irais me démentir, méprisable à la fois

De braver en un jour et de suivre tes lois !
Ne crois pas à ce point abaisser mon courage :
En refusant, Gesler, de te rendre l'hommage
Que tu viens d'exiger de ce peuple avili ,
J'ai soutenu nos droits qu'il mettait en oubli ;
J'ai vengé mon pays des jeux de ton caprice ,
J'ai montré que l'honneur est encor dans la Suisse.
Nous avons trop long-temps souffert de tes dédains ,
Et je perdrais ici des reproches trop vains.
Mais si ce jour eût vu commencer nos outrages ,
Je te dirais, Gesler , vois mieux tes avantages ;
Connais un autre orgueil et plus noble et plus grand :
Renonce le premier aux respects qu'on te rend ,
Et songe , en rougissant de la honte où nous sommes ,
Que ce n'est pas ainsi qu'on commande à des hommes.

SCÈNE III.

GESLER , ULRIC , TELL et MELCHTAL ,
enchaînés.

GESLER.

Hé bien , Ulric !

ULRIC.

Seigneur , amené dans ces lieux ,
Melchtal vient sur mes pas.

GESLER.

Approche , malheureux !

MELCHTAL, *voyant Tell.*

Ah ! ciel !

GESLER , *s'apercevant de la surprise de Melchtal.*
Tu le connais ?

MELCHTAL.

Pour un cœur magnanime.
Penses-tu , dussé-je être avec lui ta victime ,
Que dans ses sentimens Melchtal mal affermi ,
Lâchement devant toi reniât son ami?
Je puis être étonné , mais de son infortune ,
Mais de nous voir chargés d'une chaîne commune.

GESLER, *à Melchtal.*

Tu quittais Undervald pour le chercher ici ?
Traîtres, de vos desseins c'est m'avoir éclairci.

MELCHTAL.

Je quittais mon canton... Eh! pouvais-je, barbare,
Quand d'un père immolé ta fureur me sépare,
Pouvais-je demeurer aux lieux où ton courroux
Lui porta loin de moi de si funestes coups ?
Je viens ici répandre, en cet excès d'injure,
Au sein de l'amitié les pleurs de la nature ;
Mais je ne croyais pas, en m'approchant de lui,
Respirer avec toi le même air aujourd'hui.
Après m'avoir puni sur mon malheureux père,
Venge-toi sur moi-même, assouvis ta colère ;
Mais lorsque ton courroux se sera satisfait,
Tu perdras ta vengeance, et tu n'auras rien fait ;
Et si tu crois devoir ordonner nos supplices,
Punis les trois cantons, tous trois sont nos complices.

SCÈNE IV.

LES ACTEURS PRÉCÉDENS, CLÉOFÉ, SON FILS.

CLÉOFÉ.

Je veux voir mon époux : vous m'arrêtez en vain.
Ah! Gesler! Ah! cruel! Quel est votre dessein ?
Le refus d'un salut si vain par sa puissance,
Jusque-là de Gesler allumer la vengeance!
J'amène ici mon fils. Ah! seigneur, voulez-vous
Le séparer d'un père, et moi de mon époux ?
Si votre cœur est sourd à ma faible prière,
Que mon fils, qu'un enfant calme votre colère!
Ses pleurs et son effroi, voilà tout notre appui :
Qui peut parler pour nous plus puissamment que lui?...
Vous l'observez, seigneur : ah! sans doute à sa vue
D'une tendre pitié votre ame s'est émue!
Je vois sur votre front quelque sérénité ;
Achevez de calmer mon cœur trop agité.
Mon fils, rends grâce au ciel, il inspirait ta mère!
Elle t'amène ici pour délivrer ton père.

Si vous sentez, seigneur, le prix d'un nom si doux,
Peut-il en autrui même être étranger pour vous ?

TELL.

Arrête, Cléofé ; dans tes vives alarmes
Quelle main cherches-tu pour essuyer tes larmes ?
Melchtal est devant toi : peux-tu donc recourir
Au bourreau de son père, et croire l'attendrir ?...
Qu'ordonnes-tu, barbare ?

GESLER.

Au milieu de la place
Je devais par ta mort châtier ton audace ;
Je change de pensée... Écoute : tu te plains
Que j'asservis la Suisse à mes caprices vains ;
Mais enfin cette loi, que toi seul viens d'enfreindre,
Qu'il fallait respecter, qu'au moins il fallait craindre,
Arbitraire peut-être, absurde si tu veux,
N'avait rien de pénible et rien de dangereux ;
C'était l'ordre d'un jour, c'était la loi commune ;
Tu l'as bravée ; eh bien, je vais t'en prescrire une,
Arbitraire de même, et plus dure pour toi,
Qui fera ton supplice au moins de ton effroi.
On dit que par ta main une flèche lancée,
Vole aisément au but où tu l'as adressée ;
Pour te punir, pour mettre à la révolte un frein,
De ton adresse ici dépendra ton destin.
Voilà ton fils : je veux qu'une pomme, à ma vue,
Sur sa tête à l'instant par toi soit abattue.
Qu'on entoure son fils : gardes, répondez-m'en.

CLÉOFÉ.

Qu'entends-je ?

MELCHTAL.

O barbarie !

TELL.

Oses-tu bien, tyran ?

CLÉOFÉ.

Arrêtez : quoi ! mon fils !...

TELL.

Un enfant ta victime !

CLÉOFÉ.

Ah ! Tell !... Cruel Gesler !

GESLER.

Viens expier ton crime;
Viens aux yeux de ce peuple, autour de nous rangé,
Dans cette même place où tu m'as outragé.

MELCHTAL, *rapidement.*

Barbare! quoi! partout tu poursuis la faiblesse!
Ces deux âges sacrés, l'enfance et la vieillesse,
Tout ce qui peut fléchir même la cruauté,
N'est qu'un attrait de plus pour ta férocité!

GESLER.

Songe à remplir mon ordre.

TELL.

Ah! plutôt prends ma vie.

CLÉOFÉ.

Ta rage dans mon sang pourrait être assouvie!

TELL.

J'exposerais mon fils à périr par ma main!

GESLER.

Obéis, ou ton sang...

TELL.

Frappe donc, inhumain :
Arrache-moi ce cœur tendre, mais intrépide,
Qui se jette entre un fils et ta haine homicide;
Ce cœur que ta barbare et lâche invention
Fait tressaillir d'horreur et d'indignation.
Peux-tu bien te flatter qu'un père ici partage
Contre son propre sang tout l'excès de ta rage?
Peux-tu, lui prescrivant une exécrable loi,
Tyran, le croire encor plus féroce que toi?

GESLER.

Vainement pour ton fils ta tendresse compose;
Ne crois pas te soustraire à la loi que j'impose :
Je t'ai donné mon ordre, on ne peut l'éluder;
Je veux être obéi : mourir n'est pas céder.
En remplissant ma loi, la fortune ou l'adresse
Est la ressource encor que ma bonté te laisse :
Tu peux me satisfaire et conserver ton fils;
Mais si ton cœur s'obstine et si tu n'obéis,
Tu péris pour ton fils; mais sa mort est certaine :
Je l'immole avec toi.

TELL.

Quelle rage inhumaine !

CLÉOFÉ.

Ah ! n'impute, cher Tell, tous nos malheurs qu'à moi ;
C'est moi qui t'ai perdu par trop d'amour pour toi.
Quoi ! Gesler ! quoi j'amène un fils en ta présence ;
Je fonde en ma démarche un reste d'espérance ;
Séparé de son père, un enfant dans les pleurs,
Pour fléchir ton courroux se joint à mes douleurs ;
Je crois même te voir, en observant ses charmes,
Tout prêt à te laisser désarmer par ses larmes ;
Et c'est à son aspect, si propre à t'émouvoir,
Que tu formes, cruel, le dessein le plus noir ?
Celui de tourmenter avec tant de furie,
Dans l'objet le plus cher, ceux dont il tient la vie ?
Trois victimes pour une ?... Et c'est moi, moi, grands
     dieux !
Qui t'aurai suggéré ce projet monstrueux ?
Je suis innocemment complice de ton crime,
Et je t'aurai moi-même amené la victime ?
Il est un Dieu vengeur, il ne souffrira pas
Que du sang de mon fils je marque ici mes pas,
Ni que tant de forfaits s'amassent sur ta tête ;
Il en est qu'il permet, il en est qu'il arrête.
Prends garde, tu te fais un jeu lâche et cruel
D'enfoncer le poignard dans ce cœur maternel ;
Tu jouis, inhumain, du tourment que j'endure ;
Mais il n'est point de cœur lié par la nature,
Point de cœur généreux et fait pour la sentir,
Où mes cris douloureux ne doivent retentir ;
Chaque mère, témoin de ma rage effrénée,
Craignant de ta fureur la même destinée,
Me servant contre toi de juge et de soutien,
En t'arrachant mon fils, croira sauver le sien.

GESLER.

Allez, c'est trop tarder à punir leur audace ;
Que leur fils à l'instant soit conduit dans la place.

CLÉOFÉ, *se jetant sur son fils qu'elle arrache des*
mains des soldats.

Il n'ira point, cruels !... respectez mon effroi,

Mes larmes, mon amour, l'appui que je lui dois ;
Respectez et mon fils et sa mère enhardie.
Tant qu'un reste de sang qui lui donna la vie,
Animera ce cœur, ce cœur désespéré,
Je sauverai mon fils ou je le défendrai :
Ta menace, tyran, ta rage est inutile ;
Ce sein qui l'a nourri lui servira d'asile.

GESLER.

C'est trop de résistance : obéissez, soldats ;
Qu'elle rende son fils, ou frappez-le en ses bras.

TELL, *au désespoir.*

Eh bien ! tu me réduis par ta loi sanguinaire
Au plus horrible état où fut jamais un père.
Je ne puis éviter ton féroce courroux ;
Et même en te cédant je reste sous tes coups ;
Mais j'atteste à tes yeux, j'atteste ma patrie,
Témoin de ma douleur et de ta barbarie,
Que si mon fils périt dans un si grand danger,
Ce sang qui m'est si cher... le ciel doit le venger.
Oui, je me flatte encor que tant de violences,
Des familles partout vont armer les vengeances ;
Et qu'enfin mon pays, purgé de tes forfaits,
Du joug de tes pareils sera libre à jamais.

(*On emmène l'enfant ; Tell et Cléofé le suivent.*)

SCÈNE V.

GESLER, ULRIC, MELCHTAL.

GESLER.

Toi, dans la place, Ulric, fais garder chaque issue,
Jusque dans ses foyers, sans le perdre de vue,
Soldats, vous le suivrez : vous savez son arrêt.
Que Tell cherche une flèche, un arc ; que tout soit prêt :
Qu'on emmène Melchtal.

MELCHTAL.

Grand Dieu ! Dieu tutélaire !

Confonds cet inhumain ; venge et protège un père !

FIN DU TROISIÈME ACTE.

ACTE IV.

SCÈNE Ire.

CLÉOFÉ, *seule*.

(elle paraît livrée au plus violent désespoir.)

Que devient-il ? Où suis-je ? Où vais-je ? Les cruels !
Où porter ma douleur et mon trouble mortels ?
Pour écarter mes pas une garde est placée ;
Mes cris n'ont pu percer, et ma voix s'est glacée.
(elle tombe sur un rocher.)
Comme ils l'ont entraîné tout palpitant d'effroi,
Dans les pleurs, dans les cris, les bras tendus vers moi !
(elle se relève.)
Ah ! barbare Gesler ! ah ! mère infortunée !...
Gage trop malheureux d'un si cher hyménée !
Mon fils !... lorsque je vole à ton père opprimé,
Je vois contre ta vie un scélérat armé ;
Et le peuple le souffre ! et leur regard stupide
Se repaît à loisir des fureurs d'un perfide !
Les angoisses de Tell, les dangers d'un enfant,
Mes maux sont un spectacle !... O trop cruel instant !
L'heure avance ; ô terreur !... je crois voir dans la place,
Sous la flèche mortelle... ah ! tout mon sang se glace !
Le jour d'un voile épais se couvre devant moi ;
Je succombe à l'horreur.... je me meurs dans l'effroi !

SCÈNE II.

CLÉOFÉ, UNE AMIE DE CLÉOFÉ.

L'AMIE.

Eh quoi ! dans les tourmens de votre inquiétude,
Fuir loin de votre amie en cette solitude,
Pour vous abandonner à vos mortels ennuis ?
CLÉOFÉ, *dans un sombre égarement.*
Arrête !... écoute !... ô ciel ! n'entends-tu pas ses cris ?

Mon fils n'est plus !... il meurt !... ces momens sont
terribles !...

L'AMIE.

Je n'ai vu que des cœurs à vos malheurs sensibles ;
On pleure sur son sort; on plaint Tell.

CLÉOFÉ , *avec une ironie amère.*

On le plaint !

L'AMIE.

On déteste Gesler ; on espère et l'on craint.
Par mille vœux ardens le peuple avec instance
Demande que du ciel la suprême puissance
Daigne de votre époux guider l'œil et la main.
Ah ! si Tell !... dans ses yeux on a lu ce dessein ;
Oui, s'il pouvait lancer d'une main assurée,
Sur un monstre perfide une flèche acérée,
Sans doute avec transport on verrait Tell vengé :
Mais de trop de regards il se trouve assiégé,
Et Gesler qu'environne une garde nombreuse,
Est à l'abri des coups d'une main courageuse.
On dit que votre fils, à la frayeur livré,
En revoyant son père a paru rassuré ;
Qu'il lui tendait les bras, lui demandait sa mère ,
Vous cherchant au milieu d'une foule étrangère ;
Que Tell le consolait dans ce cruel assaut ,
Et lui donnait l'espoir de la revoir bientôt,
Le serrant dans ses bras, et malgré tant d'alarmes ,
Commandant à son cœur et retenant ses larmes.
Gesler alors d'un geste a donné le signal ;
Je n'ai pu demeurer à cet ordre fatal ;
J'ai fui loin de la place ; et pleine de mes craintes,
J'ai couru, de vos maux partageant les atteintes ,
Attendre ce qu'ici doit ordonner de vous,
Ou le ciel favorable, ou le ciel en courroux.

CLÉOFÉ.

Quel mouvement au loin !... je sens un nouveau trouble.
Quel tumulte sinistre !... il approche, il redouble,
Le peuple se disperse avec des cris confus ;
On me voit; on m'évite... Ah ! mon fils ne vit plus !
Tu n'es plus !... je suis mère , et j'ai pu te survivre !
Non , au même tombeau je jure de te suivre.

Mais on vient , je frissonne... apprenez-moi mon sort :
Ne me consolez point, mon fils sans doute est mort.

SCÈNE III.

CLÉOFÉ, L'AMIE DE CLÉOFÉ, FURST.

FURST.

Non , il vit, Cléofé ; le ciel vous le renvoie.

CLÉOFÉ.

Il vit !... Ciel !... est-il vrai ? Je succombe à ma joie.

FURST.

Dans la place d'Altdorff, près d'un arbre attaché,
Aux yeux de tout le peuple interdit et touché,
Il attendait son sort. Le gouverneur arrive ;
Il traverse avec Tell cette foule attentive.
Tell voit son fils, s'arrête, et jette vers le ciel
Un regard où se peint un désespoir mortel.
Le tyran qu'enflammait le sort de la vengeance,
Laisse voir dans ses yeux sa barbare espérance :
Sur le front de l'enfant lui-même il vient placer
Le redoutable but où Tell doit adresser :
C'est de plus de cent pas , effrayant intervalle !
Que doit être lancée une flèche fatale.
Tout le peuple en silence observe avec terreur ;
Cependant votre époux surmontant sa douleur ,
S'éloigne à la distance où le tyran l'exige :
Il tire ; et soit hasard, soit qu'un si grand prodige
A la nature seule eût été réservé ,
La pomme est abattue, et son fils est sauvé.
Soudain l'air retentit de mille cris de joie,
De Tell dans tous les cœurs le bonheur se déploie ;
Plus ils tremblaient pour lui, plus son habileté
A sortir d'un péril si grand, si redouté,
Vient d'enflammer pour lui leur âme soulagée;
En admiration la pitié s'est changée :
Et le cruel Gesler, que ce triomphe aigrit,
Ne renferme qu'à peine un farouche dépit.

CLÉOFÉ.

Ah ! je cours vers mon fils ; mon cœur vers lui s'élance.

FURST.

Le peuple le ramène, et vers vous il s'avance.
Nous, courons profiter des momens où Gesler
Devient plus odieux, et mon ami plus cher.

(*Le peuple se précipite vers le fond du théâtre ; un Suisse porte le fils de Tell dans ses bras ; Cléofé le suit.*)

SCÈNE IV.

GESLER, TELL, suite du GOUVERNEUR.

TELL.

BARBARE! près de toi quel ordre me ramène ?
Laisse-moi respirer de cette horrible scène ;
Laisse sécher les pleurs qu'elle m'a fait verser :
Te montrer à mes yeux, c'est la recommencer.

GESLER.

Tu savais de Gesler quelle était la menace ;
Tu savais à quel sort t'exposait ton audace :
J'ai fait ton châtiment seulement d'un danger :
Songe que d'autres coups auraient dû me venger ;
Et pour les jours d'un fils quand tu cesses de craindre,
Lorsque tu l'as sauvé, cesse enfin de te plaindre.

TELL.

Oui, oui, je l'ai sauvé, j'étais sûr de ma main :
Crois-tu, si du succès je n'eusse été certain,
Que je t'eusse obéi ? barbare!... ah! ciel! insulte,
Insulte à ma tendresse, à mes sens en tumulte ;
Mais ton indigne joie a retourné, cruel,
Le trait encor resté dans ce sein paternel.
Tigre, qui de mon sang brûlais de te repaître,
Assassin de mon fils autant que tu peux l'être,
Ta fureur espérait qu'un coup d'œil incertain,
Que la nature même égarerait ma main :
Le ciel n'a pas voulu que mon fils fût ta proie ;
Le ciel voulut t'ôter cette barbare joie :
Mais mon cœur s'en est-il senti moins tourmenter ?
Etait-ce moins un prix horrible à remporter?
As-tu moins mérité, par un si noir caprice,

Que tout ce qui respire avec moi te maudisse?
On a vu des tyrans, dans un premier transport,
Donner à l'innocence ou des fers, ou la mort,
Et cet emportement de leur fureur extrême
Pouvait servir d'excuse à leur cruauté même :
Mais calculer ses coups, mais porter dans un cœur
L'image du danger, pire que le malheur,
Lui faire ainsi souffrir tous les maux qu'il redoute,
De ce poison mortel l'abreuver goutte à goutte,
C'est un art d'opprimer inconnu jusqu'à toi.
J'ai fait ta volonté; quelle que fût ta loi,
Tu me l'as vu remplir : une assez rude peine,
Un supplice assez grand m'acquitte envers ta haine;
Laisse-moi m'éloigner, rends-moi la liberté.

GESLER.

A toi qui me bravais, dont la témérité...
Est-ce là ton attente? Est-ce là ma promesse?

TELL.

Quel est ce nouveau trait de ta scélératesse?
Perfide! quels sont donc ces indignes détours?
Que prétends-tu?

GESLER.

D'un fils tu conserves les jours;
Je veux bien t'épargner après ton insolence :
Tu m'outrages, tu vis, rends grâce à ma clémence.

TELL.

Ta rage me confond. O sort!... ô vœux trahis!

GESLER.

Mais quelle flèche encor vois-je sous tes habits?
Traître, tu la cachais, qu'en prétendais-tu faire?

TELL.

Ce que j'en aurais fait?

GESLER.

Oui, réponds, téméraire.

TELL.

Si mon malheureux fils eût péri de ma main,
La flèche que tu vois t'aurait percé le sein;

(*Gesler arrache la flèche.*)

Et de son meurtrier punissant la furie,
J'eusse encor d'un tyran délivré la patrie.

Lemierre.   8

GESLER.

Qu'on le charge de fers, qu'on l'ôte de mes yeux;
Allez, délivrez-moi de cet audacieux;
J'ordonnerai bientôt du châtiment du traître;
Il servira d'exemple.

TELL, à part.
Et d'époque peut-être.

SCÈNE V.

GESLER, ULRIC.

GESLER.

Un tel excès d'audace en un rang aussi bas!

ULRIC.

Il est de ces mortels dans les plus vils états,
De ces séditieux aigris par leur bassesse,
Qui pour se distinguer n'ont que la hardiesse.
Plus leur sort est obscur, plus leur rang est abject,
Plus ils osent franchir les bornes du respect.
Point de milieu pour eux, la crainte ou la licence,
L'obéissance même ou l'extrême insolence :
Ne prétendant à rien, qu'ont-ils à ménager?
Pour changer de fortune ils bravent le danger;
A leurs yeux insensés la révolte est la gloire.

GESLER.

Ah! je vais l'en punir, Ulric, et tu peux croire
Que dès ce jour... Mais, non, ne précipitons rien;
Ce téméraire ici n'était pas sans soutien.
Tu le vois, sa fureur attentait à ma vie,
Et jusqu'à s'en vanter le perfide s'oublie.
Ce n'est point tout d'un coup qu'avec sécurité
On s'élève en public contre l'autorité,
Qu'à la rebellion la plus déterminée
L'ame d'un furieux doit s'être abandonnée,
Il faut dans les esprits, à tout événement,
S'être formé de loin un secret raliment.
Tout annonce en ce traître une ame fanatique,
Une volonté forte et qui se communique;
Il est un vrai complot; mais ce dessein hardi,

Ailleurs que dans ces lieux veut être approfondi.
Avec joie ils ont vu sa désobéissance ;
Cette témérité flattait leur impuissance ;
Ils aimaient un mortel qui semblait en leur nom
Venir briser le joug où je tiens ce canton ;
Et le salut d'un fils qu'il doit à son adresse,
De leur secret triomphe a redoublé l'ivresse.
Non, ne laissons point croire aux esprits prévenus
Qu'après m'avoir bravé on osait encor plus.
Des regards de ce peuple éloignons ma victime ;
Éloignons ce Melchtal qu'un même espoir anime.
Je veux dès ce moment pour mieux m'assurer d'eux,
Qu'à la tour de Kus-Nas ils soient conduits tous deux.
Là, pour développer leurs manœuvres obscures,
Pour tirer leur aveu j'emploirai les tortures.
La vérité connue, il me suffit, Ulric :
Sans rendre dans Altdorff leur châtiment public,
Je rétablirai l'ordre ; et quant aux deux rebelles,
Quant aux autres mutins entrés dans leurs querelles,
J'étudierai les coups que je dois leur porter ;
Et le sévère arrêt que je saurai dicter
Me paîra bien du temps où mon courroux s'arrête.
Sur le lac à l'instant qu'une barque soit prête ;
De ce bord isolé qu'on la fasse approcher.
Cours, vole, cher Ulric, et reviens me chercher.

SCÈNE VI.

GESLER, ULRIC, UN OFFICIER.

L'OFFICIER.

Où vous arrêtez-vous ? D'un serviteur fidèle,
Dans vos propres périls daignez souffrir le zèle.
Seigneur, les jours de Tell à ce peuple sont chers,
On se plaint hautement qu'arrêté dans vos fers,
Après qu'il s'est soumis à vos lois vengeresses,
Il n'ait point ressenti l'effet de vos promesses.
Le passage du lac paraît plus fréquenté ;
Et depuis que du jour s'affaiblit la clarté,
Au-delà de ce lac vos surveillans fidèles

Ont cru voir s'embarquer plusieurs de ces rebelles.

GESLER.

Eh bien ! ils me verront : précipite tes pas ;
Sur le bord opposé fais passer des soldats :
Que la garde du fort soit par eux renforcée ;
Qu'autour de mon palais une autre soit placée.

(L'officier sort.)

SCÈNE VII.

GESLER, ULRIC.

GESLER.

Viens, entrons dans la barque avec mes prisonniers ;
Aux portes de la tour qu'ils meurent les premiers ;
Que le reste frémisse : ils apprendront, les traîtres,
Si c'est impunément qu'on s'attaque à ses maîtres.

FIN DU QUATRIÈME ACTE.

ACTE V.

SCENE Ire.

CLÉOFÉ, FURST.

FURST.

Où courez-vous ? O ciel ! quel transport effréné ?

CLÉOFÉ.

Mon époux dans les fers sur le lac entraîné !
Tu souffres qu'arrêté dans cet horrible piége,
Sous les coups du tyran !... Mais de quoi m'étonné-je ?
Tu viens de voir mon fils à la mort exposé ;
Tu l'as vu sous la flèche, et tu n'as rien osé !
C'était là le moment de soulever la Suisse ;
Tu l'as perdu : va, fuis, redoute le supplice ;
Crains Gesler, même absent ; tu n'éviteras pas

L'œil de la tyrannie attaché sur tes pas :
Victime sans honneur de l'amitié trahie,
Avec Tell et Melchtal crains de perdre la vie :
Fuis, dis-je, ou de leur sort encor plus effrayé,
Traître envers ton pays, comme envers l'amitié,
Sans exposer tes jours au danger de la fuite,
D'ennemi des tyrans fais-toi leur satellite,
Et va de ton pays recherchant les soutiens,
Distribuer la mort à tes concitoyens.
Je cours vers eux ; le sang qui coule dans mes veines
Est le sang généreux de ces républicaines,
Qui du haut des remparts de Zurich assiégé,
Forcèrent à la fuite Albert découragé :
Je vais de ce pas même, oui, je cours éperdue
Appeler à grands cris, dans la foule inconnue,
Des défenseurs de Tell, plus ardens mille fois
Que tous ces vains amis dont il avait fait choix.

FURST.

Arrêtez, Cléofé, déjà votre imprudence,
Digne d'excuse, hélas, en prenant sa défense,
Vient de mettre en péril les jours de votre fils ;
N'allez pas éventer nos desseins par vos cris :
La Suisse vous ferait un trop juste reproche ;
Plus que vous ne croyez, l'instant heureux approche
Où de ses oppresseurs ce peuple est délivré.

CLÉOFÉ.

Comment ? Que dites-vous ?... Quel sort inespéré !...

FURST.

Pour venger la patrie et dissiper vos craintes,
Nous n'avons attendu ni vos maux ni vos plaintes ;
Et l'infâme Gesler, par les derniers excès,
Précipite aujourd'hui l'effet de nos projets.
Tandis que sur le lac infesté par ses crimes,
Le despote lui-même entraîne ses victimes,
C'est sur le même lac, que le prudent Werner
A couru vers le fort et devancé Gesler :
Oui, Werner, avec ceux qu'en secret il commande,
Attend sur l'autre bord que ce monstre y descende :
Là, fondant tout à coup sur ce lâche mortel,
De ses barbares mains ils vont délivrer Tell ;

Ils vont plonger le fer dans le sang du perfide.

CLÉOFÉ.

Et vous ne suivez point le transport qui le guide?
Tranquille dans Altdorff, vous n'êtes point jaloux
D'aller sur un tyran porter les premiers coups?

FURST.

Regardez cette tour (1), dont l'orgueilleuse cime
Domine insolemment ce canton qu'elle opprime,
Et dont le nom gravé par la main des tyrans,
Est un outrage insigne et de tous les instans :
Là, tous encouragés à la même vengeance,
Nous devons de Gesler mettre à profit l'absence,
Et pour exécuter notre vaste dessein,
Entrer avec un fer caché dans notre sein.
Un de nous vers la nuit doit dans la forteresse
Nous introduire tous par une heureuse adresse :
La ruse contre un monstre est permise aujourd'hui,
Et si nous l'employons, le blâme en est à lui.
Une fois dans le fort notre troupe élancée,
Une fois de ces murs la garnison chassée,
Nos mains de toutes parts aux châteaux des tyrans,
Porteront et la hâche et les feux dévorans;
La fuite contre nous sera leur seul asile.
Attendez ce moment d'un esprit plus tranquille;
L'heure avance où je dois rejoindre mes amis;
Plus de retardement ne peut m'être permis :
Je vais, par les effets confirmant ma promesse,
Justifier bientôt l'espoir que je vous laisse;
Encor quelques instans je vous rends votre époux,
Et le joug de la Suisse est brisé par nos coups.

---

(1) Elle s'appelait *Bride-Uri.*

SCÈNE II (1).

CLÉOFÉ, *seule.*

Au calme de l'espoir mon âme s'est r'ouverte ;
Le hasard tient encor l'entreprise couverte ;
Par mes vœux, par mes pleurs le ciel serait fléchi,
Mon époux délivré, mon pays affranchi !
Achève, Dieu puissant, entraîne dans l'abîme
Un monstre sur lui-même aveuglé par le crime ;
Mets un terme à nos maux, et que leur souvenir
Contre de tels malheurs serve à nous prémunir :
Conserve la patrie, et s'il faut que la Suisse
Du joug d'un insensé dans l'avenir rougisse,
Ah ! du moins la vertu que fatigua long-temps
Cette sorte de gloire accordée aux tyrans,
Verra par l'oppresseur qui nous tient sous sa chaîne,
La vile tyrannie en mépris comme en haine.
Mais quel nuage affreux sur Altdorff épaissi,
A mes yeux effrayés couvre l'air obscurci ?
L'orage est sur le lac, et la foudre qui gronde,
Mêle encor ses éclats au tumulte de l'onde ;
Des vents impétueux le soufle déchaîné
Va renverser la barque où Tell est entraîné.
Tout mon cœur se remplit de mortelles alarmes.
Ah ! pour perdre un tyran, grand Dieu ! prends d'autres
　　armes ;
Et s'il doit être en proie aux vagues en courroux,
Daigne les aplanir pour sauver mon époux !...
Hélas ! l'orage augmente, et ma prière est vaine ;
Je frissonne de crainte, et je respire à peine.
Mon époux va périr... juste ciel ! confonds tu
Dans le même destin le crime et la vertu ?...
Me trompé-je !... Les vents déjà loin du rivage

____

(1) L'orage doit s'annoncer sourdement dès le com-
mencement de cette scène, et les éclairs briller au sommet
des montagnes.

Semblent chasser la foudre et porter le ravage :
Calme inutile, hélas ! l'époux qui m'est si cher
Echappe à la tempête, et non pas à Gesler :
Sans relâche frappée en ce jour trop funeste,
L'orage se dissipe, et ma terreur me reste.

SCÈNE III.

MELCHTAL, CLÉOFÉ.

CLÉOFÉ.

En croirai-je mes yeux ? Eh ! quoi ! Melchtal, c'est vous ?
Je vous vois seul ! parlez : reverrai-je un époux ?
Qu'avez-vous fait de Tell ?

MELCHTAL.
Il est libre.
CLÉOFÉ.
Qu'entends-je ?
MELCHTAL.

Au comble des revers notre fortune change :
Nos malheurs, la tempête, enfin tout ce qui dut
Servir à notre perte a fait notre salut ;
Et l'on ne vit jamais, dans un sort si funeste,
Un effet plus marqué de la faveur céleste.
Nous traversions le lac : le tyran, l'œil sur nous,
Lui-même exécutant l'arrêt de son courroux,
Vers la rive opposée, et le fort qu'il habite,
Fier de ses attentats, voguait avec sa suite :
Auprès du gouvernail sont les flèches de Tell,
Dont s'était par prudence emparé le cruel.
Mais au milieu du lac nous avancions à peine,
S'élève une tempête effroyable et soudaine :
Par les vents en fureur les flots amoncelés
Croisent sur notre esquif leurs assauts redoublés :
Tout est près de périr ; Gesler craint pour sa vie ;
Le ciel semble en effet punir sa barbarie :
Mais c'est sur son orgueil qu'avec étonnement,
Nous avons vu tomber le premier châtiment.
Admirez avec moi le ciel, dont la puissance
Abaisse des humains et confond l'insolence :

Tandis que tout s'alarme et Gesler et les siens,
Que l'orage s'accroît, que l'art est sans moyens,
On avertit Gesler que Tell, pilote habile,
Pouvait seul commander à la vague indocile :
A cet avis propice autant qu'inattendu,
Tell est comme invoqué, notre effroi suspendu.
Gesler reste incertain, pâlit, frémit de rage ;
Mais le péril pressant, mais la peur du naufrage,
De tous les passagers les cris impérieux ;
Son pouvoir éclipsé devant celui des cieux,
Tout le force à céder : il contraint donc la haine ;
De Tell avec dépit il détache la chaîne ;
Tell passe au gouvernail en ces extrémités,
Mais veut que je sois libre, et reste à ses côtés.
Quel spectacle ! un tyran que la vengeance anime,
Forcé d'avoir recours à sa propre victime,
Voyant à la merci de son fier prisonnier,
Sa fortune, ses jours, son être tout entier ;
Tell dirige la barque à travers l'onde émue,
Mais sans perdre son arc et ses flèches de vue ;
Enfin il gagne un bord moins battu par les flots,
Où d'un roc aplati le sommet sort des eaux :
L'espérance renaît ; il s'efforce, il s'approche,
Saisit son arc, s'élance avec moi sur la roche,
D'où renversant du pied la barque et nos tyrans,
Nous les avons plongés dans les flots écumans.

CLÉOFÉ.

Ce n'est donc point en vain, juste ciel ! qu'on t'implore.
Mais que fait mon époux ? Quel soin l'arrête encore ?

MELCHTAL.

Il m'envoyait vers vous en cet événement,
Pour vous instruire ici de ce grand changement.
Hors d'un pareil danger, sa première pensée
Est de bannir l'effroi de votre ame oppressée :
Au bord de ces rochers il est encor resté,
Pour s'assurer du sort d'un tyran détesté :
Cependant on accourt de loin sur son passage,
Les uns de ces rochers, les autres du rivage ;
Ils cherchent un mortel qui peut tout surmonter,

Lemierre.   9

Que le péril approche et semble respecter,
De revoler vers lui j'ai donné ma parole;
Souffrez que de ce pas...

CLÉOFÉ.

Je vous suis, et j'y vole.

Gesler dans les rochers !...

SCÈNE IV.

GESLER, MELCHTAL, CLÉOFÉ.

GESLER, *gravissant sur les rochers.*
Les perfides !

MELCHTAL.

O ciel !

Notre victime.

CLÉOFÉ.
O dieux !

MELCHTAL.
J'y cours.

CLÉOFÉ.

Malheureux Tell !

GESLER.
Cherchons Tell ; que le traître aux supplices en proie...

SCÈNE V.

TELL, MELCHTAL, GESLER, CLÉOFÉ,
PEUPLE.

TELL, *paraissant sur les rochers opposés, et tirant une flèche sur Gesler.*
Reconnais Tell, barbare, à la mort qu'il t'envoie.

GESLER, *tombant.*
Sort cruel !

CLÉOFÉ.
Cher époux !

TELL , *au milieu du peuple sur les rochers, à pleine
voix.*

Liberté, liberté !
Regardez, peuple, amis , le coup que j'ai porté ,
Sur ce rocher sanglant ma victime étendue ;
Voyez la tyrannie avec elle abattue ;

(*la tour paraît embrasée.*)

Voyez de ce château, son infâme arsenal ,
Sortir par tourbillons la flamme pour signal ,
Qui parcourant les airs sous cet heureux auspice ,
Du souffle d'un tyran semble épurer la Suisse.

MELCHTAL, *pendant que Tell descend des rochers.*

Cher et généreux Tell , ah ! tu préviens mes coups ;
Souffre que mon courage en ose être jaloux.

CLÉOFÉ.

Digne libérateur, vengeur de tant d'outrages ,
Que la mort d'un tyran doit t'assurer d'hommages !

TELL.

Albert va nous poursuivre et venger son trépas ;
Mais nés républicains , nous sommes tous soldats ;
Aisément la valeur sur le nombre l'emporte ;
Contre ses ennemis la Suisse est assez forte :
Vous voyez tous ces lacs dont ces lieux sont coupés ,
Ces chaînes de rochers et ces monts escarpés,
Boulevards des cantons, abris de nos campagnes :
Albert ne peut percer jusque dans nos montagnes ,
Que par les défilés qui serrent nos vallons ;
Avant leur arrivée emparons-nous des monts ;
De nos mains ébranlons des roches toutes prêtes ,
Qui dès qu'ils paraîtront rouleront sur leurs têtes :
Le trouble et le désordre une fois dans leurs rangs ,
Tombons, fondons sur eux ainsi que des torrens ;
Que la flèche et l'épée , étendant le ravage ,
Des bataillons rompus fasse un vaste carnage ;
Qu'il ne leur reste enfin, pour arrêter nos coups ,
Que leurs débris sanglans semés entre eux et nous.

MELCHTAL.

Brave Tell , ton discours, comme des traits de flammes ,

Tu le vois dans leurs yeux, vient d'embraser leurs ames.
La victoire ou la mort...

TELL, fièrement.

C'est un vœu trop commun,
Ce sont deux sentimens, peuple, n'en ayons qu'un :
Braver le sort n'est rien, il faut qu'on le décide ;
La fortune seconde une audace intrépide ;
Qui veut vaincre ou périr est vaincu trop souvent :
Jurons d'être vainqueurs, nous tiendrons le serment.

FIN DE GUILLAUME TELL.

LA VEUVE

DU MALABAR,

TRAGÉDIE

DE

LEMIERRE,

Représentée, pour la première fois, en 1770.

PERSONNAGES.

LANASSA, veuve du Malabar.
FATIME, confidente de la veuve.
LE GRAND BRAMINE.
LE JEUNE BRAMINE.
UN BRAMINE.
LE GÉNÉRAL FRANÇAIS.
UN OFFICIER FRANÇAIS.
UN OFFICIER INDIEN.
BRAMINES.
PEUPLE INDIEN.
OFFICIERS FRANÇAIS.
SOLDATS.

La scène est dans une ville maritime, sur la côte de Malabar.

LA VEUVE

DU MALABAR,

TRAGÉDIE.

ACTE PREMIER.

SCÈNE Ire.

LE GRAND BRAMINE, LE JEUNE BRAMINE,
UN BRAMINE.

LE GRAND BRAMINE.

Un illustre Indien a terminé sa vie :
Sachez donc si sa veuve, à l'usage asservie,
Conformant sa conduite aux mœurs de nos climats,
Dès ce jour met sa gloire à le suivre au trépas :
C'est un usage saint, inviolable, antique ;
Et la religion, jointe à la politique,
Le maintient jusqu'ici dans ces États divers
Que traverse le Gange et qu'entourent les mers.
Allez : je vous attends.

(Le bramine sort.)

SCÈNE II.

LE GRAND ET LE JEUNE BRAMINES.

LE GRAND BRAMINE.

   Oui, c'est vous dont le zèle
Conduira de sa mort la pompe solennelle.

LE JEUNE BRAMINE.

Quoi ! les Européens, accourus vers nos ports,
De leurs vaisseaux nombreux investissent ces bords,
Tant de foudres lancés sur les murs de la ville
De leurs coups redoublés ébranlent notre asile ;
Et c'est peu qu'aujourd'hui la guerre et ses fureurs
Fassent de ce rivage un théâtre d'horreurs !
Au milieu des dangers, au milieu des alarmes
Que répand dans nos murs le tumulte des armes,
Nous préparons encore un spectacle cruel,
Qui me plonge d'avance en un trouble mortel ;
Nous dressons ces bûchers, consacrés par l'usage,
Qui font du Malabar fumer au loin la plage :
Non, je dois l'avouer, je ne pourrai jamais
Accoutumer mes yeux à de pareils objets.
Eh ! ne peut-on sauver la victime nouvelle ?
Son époux dans ces lieux n'est point mort auprès d'elle ;
Elle ne l'a point vu dans ces derniers momens,
Si puissans sur notre ame et sur nos sentimens,
Où d'une épouse en pleurs l'époux qui se sépare
Exige de sa foi cette preuve barbare,
Où, dans l'illusion d'un douloureux ennui,
Elle voit comme un bien de mourir avec lui.

LE GRAND BRAMINE.

Qu'importe qu'en mourant il n'ait point reçu d'elle
Le serment de le suivre en la nuit éternelle ?
Pensez-vous que, du sang dont on sait qu'elle sort,
Elle puisse à son gré disposer de son sort ?
Au nom de son époux, sa famille inquiète
L'environne déjà pour exiger sa dette ;
L'affront dont en vivant elle se couvrirait,
Sur ses tristes parens à jamais s'étendrait ;
Et de sa propre gloire une fois dépouillée,
Que faire de la vie après l'avoir souillée ?
Où serait son espoir ? Sans honneur et sans biens,
Devenue et l'esclave et le rebut des siens,
Vile à ses propres yeux dans cet état servile,
Ou plutôt dans l'horreur de cette mort civile,
Elle ne traînerait que des jours languissans,
S'abreuverait de pleurs et mourrait plus long-temps.

LE JEUNE BRAMINE.

Il est vrai; cependant, pour peu qu'on soit sensible,
Avouez, avec moi, qu'il doit paraître horrible
Qu'on réserve à la femme un si funeste sort,
Et qu'elle n'ait de choix que l'opprobre ou la mort.
Les lois même contre elle ont pu fournir ces armes;
La femme en ces climats n'a pour dot que ses charmes,
Et l'époux s'en arroge un empire odieux
Qu'il laisse à ses enfans lorsqu'il ferme les yeux.
Il faut qu'elle périsse, ou bien leur barbarie
Ose lui reprocher d'avoir aimé la vie,
L'en punir, la priver avec indignité
Des droits toujours sacrés de la maternité.
Eh quoi! pour honorer la cendre de leur père,
Ont-ils donc oublié que sa veuve est leur mère?

LE GRAND BRAMINE.

Et vous, ignorez-vous sous quel sceptre d'airain
L'usage impérieux courbe le genre humain?
Observez le tableau des mœurs universelles,
Vous verrez le pouvoir des coutumes cruelles:
L'empereur japonais, descendant chez les morts,
Trouve encor des flatteurs pour mourir sur son corps;
Les enfans pour périr, ou vivre au choix du père,
Ailleurs sont désignés dans le sein de leur mère;
Le Massagète immole, et c'est par piété,
Son père qui languit sous la caducité;
Le sauvage vieilli, dans sa douleur stupide,
De son fils qu'il implore obtient un parricide;
Sur les bords du Niger l'homme est mis à l'encan;
En montant sur le trône, on a vu le sultan
Au lacet meurtrier abandonner ses frères;
Et dans l'Europe même, au centre des lumières,
Au reste de la terre un honneur étranger
De sang-froid, pour un mot, force à s'entr'égorger.

LE JEUNE BRAMINE.

Ainsi l'exemple affreux des coutumes barbares
Autorise et maintient des excès si bizarres;
Ainsi, quand des autels la femme ose approcher,
Les flambeaux de l'hymen sont ceux de son bûcher;
Du destin qui l'attend l'horreur anticipée

Se présente sans cesse à son ame frappée ;
Esclave de l'époux, même lorsqu'il n'est plus,
Liée encor des nœuds que la mort a rompus,
Entendez-la crier d'une voix lamentable :
Cruels, qu'avez-vous fait par un arrêt coupable ?
Hélas ! déjà le ciel nous impose en naissant
Un tribut de douleurs dont l'homme fut exempt ;
Et votre aveugle loi, votre ame injuste et dure
Ajoute encor pour nous au joug de la nature ;
Et, bien loin d'adoucir, de plaindre notre sort,
C'est vous qui nous donnez l'esclavage et la mort.

LE GRAND BRAMINE.

Quel langage inoui ! quelle erreur te domine !
N'es-tu donc dans le cœur indien ni bramine ?
La femme naît pour nous ; et, par un fol égard,
Tu veux que dans l'hymen elle ait ses droits à part !
Prends-tu les préjugés des nations profanes ?
On doit tout à l'époux, on doit tout à ses mânes.
Elle-même a senti, dans ses attachemens,
Le prix qu'elle doit mettre à ces grands dévouemens :
L'appareil des bûchers et leur magnificence
Ne peut appartenir qu'à la fière opulence ;
Mais la veuve du pauvre accompagne le mort,
Se couvre de sa terre et près de lui s'endort ;
Même dans ces cantons, où la loi moins sévère
Se relâche en faveur de l'épouse vulgaire,
Celle qui croit sortir d'un assez noble sang,
Réclame les bûchers comme un droit de son rang.
Recule dans les temps, et vois dans l'Inde antique
Combien l'on a brigué ce trépas héroïque.
Songe au fils de Porus ; remets-toi sous les yeux
Des veuves de Céteus le combat glorieux :
L'une, à qui de l'hymen aucun gage ne reste,
Tire son droit de mort d'un état si funeste ;
L'autre, du gage même enfermé dans son sein ;
Et celle que la loi force à céder enfin,
Qui se voit enlever le trépas qu'elle envie,
N'entend qu'avec horreur sa sentence de vie.
Tu les plains de mourir, toi qui connais nos lois,
Ces victoires sur nous, ces maux de notre choix !

Ici tout est extrême. Eh ! vois nos solitaires,
Des fakirs, des joghis les tourmens volontaires ;
Vois chacun d'eux dans l'Inde à souffrir assidu :
L'un, le corps renversé, dans les airs suspendu,
Sur les feux d'un brasier, pour épurer son ame,
L'attiser de ses bras balancés dans la flamme ;
Les autres, se servant eux-mêmes de bourreaux,
Se plaire à déchirer tout leur corps par lambeaux ;
L'autre habiter un antre ou des déserts stériles ;
Sous un soleil brûlant plusieurs vivre immobiles ;
Celui-ci sur sa tête entretenir les feux
Qui calcinent sont front en l'honneur de nos dieux ;
Vois sur le haut des monts le bramine en prières,
Pour vaincre le sommeil s'arracher les paupières ;
Quelques uns se jeter au passage des chars,
Ecrasés sous la roue et sur la terre épars ;
Tous abréger la vie, et souffrir sans murmure ;
Tous braver la douleur, et domter la nature.

LE JEUNE BRAMINE.

Ah ! du moins à souffrir aucun d'eux n'est contraint,
Ne gémit de ses maux, et ne veut être plaint ;
Mais ici par l'honneur la femme est poursuivie :
Il la force en tyran d'abandonner la vie.
Pardonnez, j'avais cru qu'exposés aux malheurs,
Sans appeler à nous la mort ni les douleurs,
Ce devait être assez pour la constance humaine
De supporter les maux que la nature amène.
D'inexplicables lois par de secrets liens
Sur la terre ont uni les maux avec les biens ;
Mais de l'insecte à l'homme on peut assez connaître
Que le soin de soi-même est l'instinct de chaque être ;
Les dieux comme immortels, et surtout comme heureux
A tout être sensible ont inspiré ces vœux :
L'homme, l'homme lui seul, dans la nature entière,
A porté sur lui-même une main meurtrière,
Comme s'il était né sous des dieux malfaisans
Dont il dût à jamais repousser les présens.
Ah ! la secrète voix de ces êtres augustes
Crie au fond de nos cœurs : Soyez bons, soyez justes,
Mais nous demandent-ils ces cruels abandons,

Ce mépris de nos jours, cet oubli de leurs dons?
Cette haine de soi n'est-elle point coupable?
Qui se hait trop lui-même aime peu son semblable;
Et le ciel pourrait-il nous avoir fait la loi
D'aimer tous les humains pour ne haïr que soi?

SCÈNE III.

LE GRAND BRAMINE, LE JEUNE BRAMINE, UN BRAMINE.

LE GRAND BRAMINE.

Eh bien! qu'avez-vous su? cette veuve fidèle
Aux mânes d'un époux se sacrifiera-t-elle?
A-t-elle enfin promis?

LE BRAMINE.

           Même dès aujourd'hui
Elle va s'immoler et se rejoindre à lui:
Ses parens l'entouraient et ne l'ont point quittée;
Mais leur voix ne l'a pas long-temps sollicitée;
De l'hymen qui l'engage elle sent le pouvoir;
En apprenant sa perte elle a vu son devoir.
La femme à nos bûchers, fière ou pusillanime,
Ou s'avance en triomphe, ou se traîne en victime:
Celle-ci, sans mêler par un bizarre accord
Les marques de la joie aux apprêts de sa mort,
Mais aussi sans gémir et sans être abattue,
Paraît à son trépas seulement résolue;
Quoique si jeune encor, d'un cœur ferme, dit-on,
Elle fait de sa vie un sublime abandon.

LE GRAND BRAMINE.

Je n'espérais pas moins; et je vois sans surprise,
Surtout dans ces momens, sa conduite soumise.
Le siège avance, amis: l'Européen jaloux,
Au métier des combats plus exercé que nous,
Plus habile en effet, ou plus heureux peut-être,
Dans nos remparts forcés est près d'entrer en maître;
De la loi des bûchers maintenons la rigueur,
Et qu'après la conquête elle reste en vigueur.
Cette veuve bientôt se rendra-t-elle au temple?

LE BRAMINE.

Oui, vous allez la voir donner un grand exemple :
Tout le peuple s'empresse autour de ces lieux saints.

LE JEUNE BRAMINE.

Elle va donc mourir ! hélas ! que je la plains !
Brillante encor d'attraits et dans la fleur de l'âge,
Ah ! qu'il est douloureux d'exercer ce courage,
Et d'éteindre au tombeau des jours remplis d'appas
Que la nature encor ne redemandait pas !
Des usages ainsi l'innocence est victime :
Ce n'est point seulement par la haine et le crime
Que la cruauté règne et proscrit le bonheur ;
C'est sous les noms sacrés de justice, d'honneur,
De piété, de lois : la coutume bizarre
A su légitimer l'excès le plus barbare ;
Et par un pacte affreux le préjugé hautain
A soumis l'être faible au mortel inhumain.
Pour le bonheur commun ils n'ont point su s'entendre ;
Au lieu de s'entr'aider par l'accord le plus tendre,
Aux peines de la vie ils n'ont fait qu'ajouter ;
Ils ont mis leur étude à se persécuter.
Non, les divers fléaux, tant de maux nécessaires
Dont le ciel en naissant nous rendit tributaires,
Dont l'homme ne peut fuir ni détourner les traits,
Ne sont rien près des maux que lui-même il s'est faits.

LE GRAND BRAMINE.

Entends une autre voix qui te parle et te crie :
Qu'attends-tu de ce monde ? est-ce là ta patrie ?
Nous naissons pour les maux, n'en sois point abattu ;
Apprends que sans souffrance il n'est point de vertu :
De Brama dans ce temple entends la voix terrible ;
Tu deviens sacrilége, et tu te crois sensible ?

LE JEUNE BRAMINE.

Ah ! si dans d'autres mains ici vous remettiez...

LE GRAND BRAMINE.

Vous êtes le dernier de nos initiés ;
C'est à vous au bûcher de guider la victime,
Et d'affermir encor le zèle qui l'anime ;
Cet honneur vous regarde : allez donc aux lieux saints
L'attendre, et suivre en tout mes ordres souverains.

La loi veut, il suffit; courbez-vous devant elle;
Soyez humble du moins, si vous n'êtes fidèle.

(Le jeune Bramine sort.)

SCÈNE IV.

LE GRAND BRAMINE, UN BRAMINE, un
OFFICIER DU GOUVERNEUR.

LE GRAND BRAMINE.

QUEL sujet si pressant vous amène vers nous?

L'OFFICIER.

L'ordre du gouverneur.

LE GRAND BRAMINE.

Eh bien! qu'annoncez-vous?

L'OFFICIER.

Il pense et vous prévient qu'il faut que l'on diffère
L'appareil du bûcher, pour ne pas se distraire
Du soin plus important de défendre nos murs;
Il croit que ces momens sont déjà trop peu sûrs;
D'ailleurs, vous le voyez, ce temple, votre asile,
S'élève entre le camp et les murs de la ville;
Du bûcher allumé les feux étincelans
Brilleraient de trop près aux yeux des assiégeans:
Le gouverneur craindrait une cérémonie
Qui de l'Européen révolte le génie.

LE GRAND BRAMINE.

Allez; dans un moment je vais l'entretenir.

SCÈNE V.

LE GRAND BRAMINE et LES BRAMINES.

LE GRAND BRAMINE, aux bramines.

ATTENDRE, différer ce qu'il faut maintenir!
Quel est donc son dessein? quand on craint la conquête,
A conserver nos mœurs est-ce ainsi qu'on s'apprête?
De sa fausse prudence il faut nous défier;
Lui-même à mon dessein je le vais employer.
Oui, quoi que dans ce jour le gouverneur propose,

De Brama sur ces bords soutenons mieux la cause :
Loin que le sacrifice en ces lieux attendu
Pour le siége un moment doive être suspendu,
Ah ! n'est-ce pas plutôt par de tels sacrifices
Qu'il faut à nos guerriers rendre les dieux propices ?
Cet usage établi par la nécessité,
Par la religion fut encore adopté ;
Et la loi des bûchers une fois rejetée,
Où s'arrêterait-on ? Une coutume ôtée,
L'autre tombe ; nos droits les plus saints, les plus chers,
Nos honneurs sont détruits, nos temples sont déserts :
Plus la coutume est dure et plus elle est puissante ;
Toujours devant ces lois de mort et d'épouvante
Les peuples étonnés se sont courbés plus bas :
Si ces étranges mœurs n'étaient dans nos climats,
Quel respect aurait-on pour le bramine austère ?
Des maux qu'il s'imposa la rigueur volontaire
Serait traitée alors de démence et d'erreur ;
Mais quand d'autres mortels, imitant sa rigueur,
Portent l'enthousiasme à des efforts suprêmes,
Et savent comme nous se renoncer eux-mêmes,
Alors le peuple admire, il adore, et frémit ;
L'ordre naît, l'encens fume, et l'autel s'affermit.

FIN DU PREMIER ACTE.

ACTE II.

SCÈNE Ire.

LA VEUVE, FATIME.

FATIME,
Madame, à quelle loi vous êtes-vous soumise ?
Je frémis d'y penser !
LA VEUVE.
Reviens de ta surprise :

Tu naquis dans la Perse et sous un ciel plus doux,
Tu conçois peu les mœurs que tu vois parmi nous;
Mais, Fatime, à son sort Lanassa dut s'attendre:
Dans ces tombes de feu d'autres ont su descendre:
Je n'en puis être exempte; et ces murs, ces rochers,
Sont noircis dès long-temps par les feux des bûchers.

FATIME.

Votre malheur m'accable, et vous semblez tranquille.

LA VEUVE.

Mon époux ne vit plus; de la terre il m'exile.

FATIME.

Les regrets qu'il vous laisse ont-ils pu dans ce jour
Jusque-là de la vie éteindre en vous l'amour?
Qu'importe à votre époux, à son ombre insensible,
De vos ans les plus beaux le sacrifice horrible?
Autant que vous l'aimiez s'il vous aimait, hélas,
Aurait-il exigé?...

LA VEUVE.

Tu ne m'entendais pas :
L'honneur est mon tyran, il asservit mon ame :
Ou vivre dans la honte, ou mourir dans la flamme;
Je n'ai point d'autre choix; c'est la loi qu'on nous fit.

FATIME.

Elle est injuste, affreuse.

LA VEUVE.

Elle existe, il suffit.

FATIME.

Comment a-t-on souffert cette loi meurtrière ?
Quelle femme assez faible y céda la première,
Et prit sur le bûcher de son barbare époux
Ce parti de douleur embrassé jusqu'à vous?
L'époux traîne à la mort son épouse fidèle;
Mais, lui lorsqu'il survit, s'immole-t-il pour elle?
Au-delà du tombeau lui garde-t-il sa foi?
Quel droit de vivre a-t-il que d'avoir fait la loi?
Sans peine il l'imposa sur un sexe timide,
Tandis qu'il s'affranchit de ce joug homicide.

LA VEUVE.

Je renonce à la vie, ainsi le veut l'honneur :
Hélas! j'ai renoncé dès long-temps au bonheur!

Tu vois ma destinée et ma douleur profonde ;
Lanassa n'a connu que des malheurs au monde :
Le veuvage et l'hymen, tout est affreux pour moi.

FATIME.

Qu'entends-je ? ma surprise égale mon effroi.
Eh quoi ! dans votre hymen vous n'étiez point heureuse ?

LA VEUVE.

Non; tu ne connais pas mon infortune affreuse.

FATIME.

Au fond de votre cœur quel désespoir j'ai lu !
Vous me cachez vos pleurs.

LA VEUVE.

              Le ciel n'a pas voulu...

FATIME.

Parlez : quelle douleur trop long-temps renfermée ?...

LA VEUVE.

Fatime, il est trop vrai : j'aimais, j'étais aimée.
Jour sinistre, où du Gange abandonnant les ports,
Nous partîmes d'Ongly pour habiter ces bords !
Vaisseau non moins funeste où le sort qui m'accable
M'offrit pour mon malheur un guerrier trop aimable!
Tu viens de m'arracher le secret de mes pleurs ;
Je t'ai trop découvert l'excès de mes douleurs :
Malheureuse ! pourquoi dans les mœurs malabares
Tous les Européens nous semblent-ils barbares ?
Fatime, ah ! que mon père avec un étranger
Sans violer nos lois n'a-t-il pu m'engager ?
Ou pourquoi força-t-il sa fille infortunée
A former les liens d'un cruel hyménée ?

FATIME.

Grands dieux ! Et votre époux vous immole aujourd'hui?
Quoi ! vous ne l'aimiez point, et vous mourez pour lui?
Son trépas rompt le cours de vos jeunes années ;
Il dévore en un jour toutes vos destinées :
Votre bûcher, dressé sous cet horrible ciel,
Va servir de trophée aux mânes d'un cruel !
Le sort vous en délivre et sa faveur est vaine !

LA VEUVE.

Ta plainte l'est bien plus.

Lemierre.   10

FATIME.

                    Vous redoublez ma peine :
Mais où vit votre amant ?

LA VEUVE.

                    J'ignore son destin ;
Mais je sais qu'il m'aima, qu'il désira ma main,
Qu'il me fut arraché, qu'il fallut me contraindre ;
Etouffer un amour que je ne puis éteindre ;
Que ce fatal amour, vainement combattu,
Malgré moi se réveille et trouble ma vertu.
Dans tout autre pays , hélas ! si j'étais née,
Je cessais d'être esclave et d'être infortunée :
Celui qui m'eût contrainte à passer dans ses bras
M'aurait laissée au moins libre par son trépas ;
J'aurais eu quelque espoir , fût-il imaginaire,
De retrouver un jour celui qui m'a su plaire ;
Et cette illusion , soulageant mon ennui,
M'eût encor tenu lieu du bonheur d'être à lui.
Aujourd'hui tout m'accable et tont me désespère ;
Mes vœux , mes souvenirs , une image trop chère ,
L'hymen qui m'enchaîna, le nœud qui m'était dû,
Et ce que j'ai souffert , et ce que j'ai perdu ;
Pour celui que j'aimais lorsque je n'ai pu vivre,
C'est un autre au tombeau qu'en ce jour je vais suivre :
Je meurs ; c'est peu, je meurs dans un affreux tourment
Pour rejoindre l'époux qui m'ôta mon amant.

FATIME.

Ah ! que m'apprenez-vous ?

LA VEUVE.

                    J'en ai trop dit, Fatime.
Excuse , époux cruel, excuse ta victime ;
Ce cœur toujours soumis , quoique tyrannisé,
Suit l'étrange devoir par ta mort imposé;
Je ne balance point à mourir sur ta cendre,
N'exige point de moi de sentiment plus tendre.
Si tu fis mes malheurs , qu'il te suffise, hélas !
Que je te sois fidèle au-delà du trépas.
Je t'ai fait de ma vie un premier sacrifice
Qui de ma mort peut-être égale le supplice ;
J'ai pendant mon hymen dévoré mes ennuis ,

Et la plainte est permise à l'état où je suis.
FATIME.
Après un tel hymen , quel étrange partage !
LA VEUVE.
Si tu m'aimes encor, laisse-moi mon courage ;
J'en ai besoin , Fatime , et n'ai plus d'autre bien :
Mais ne révèle point ce funeste entretien.
Ah ! j'atteste le ciel que j'aurais avec joie
Subi pour mon amant la mort où l'on m'envoie,
Et qu'on m'eût vue alors , perdant tout sans retour ,
Sans consulter l'honneur m'immoler à l'amour.
Du moins celui, Fatime , à qui je fus ravie
N'est pas témoin des maux qui terminent ma vie ;
Il ne saura jamais , je meurs dans cet espoir,
Ce que m'aura coûté mon funeste devoir.
FATIME.
Ciel ! je vois de ce temple avancer un ministre ;
Je lis la cruauté dans son regard sinistre.

SCÈNE II.

LA VEUVE, LE JEUNE BRAMINE, FATIME.

FATIME , *au jeune Bramine.*
Eh bien ! qu'annoncez-vous ? sans doute le trépas,
Le deuil, et la terreur accompagnent vos pas :
Venez-vous réclamer une affreuse promesse ?
Venez-vous de mes bras arracher ma maîtresse ?
LA VEUVE.
Laisse-nous.

SCÈNE III.

LA VEUVE, LE JEUNE BRAMINE.

LE JEUNE BRAMINE.
Je reçois ainsi des deux côtés
Des reproches cruels et si peu mérités.
Vous me croyez, madame, inhumain , inflexible ,
Tandis qu'à notre chef je parais trop sensible :

Ses regards attachés au séjour éternel
Semblent ne plus rien voir dans le séjour mortel,
Et, devant les objets que les cieux lui retracent,
Les peines de ce monde et la pitié s'effacent.
Je ne m'en défends point, je suis trop loin de lui :
Je sens que je suis né pour souffrir dans autrui ;
J'obéis à mon cœur, et, quand je le consulte,
Je ne crois point trahir mon pays ni mon culte.
Mais sur mes sentimens quel douloureux effort !
C'est moi qui dois, grands dieux ! vous conduire à la mort ;
Moi qui, rempli d'horreur pour ce barbare office,
Renverserais plutôt l'autel du sacrifice,
Cet odieux bûcher, le premier qu'en ces lieux
Une aveugle coutume aura mis sous mes yeux.
Hélas ! plus je vous vois, plus mon ame attendrie
Répugne à cet arrêt, qui vous ôte la vie.

LA VEUVE.

Quel est cet intérêt qui vous parle pour moi ?
Est-ce à vous dans ce temple à montrer tant d'effroi ?
Comment à ces autels celui qui se destine,
Prend-il l'engagement sans l'esprit du bramine ?
Ou comment, né sensible, est-on associé
A des cœurs qui font vœu d'étouffer la pitié ?

LE JEUNE BRAMINE.

Hélas ! de ses destins quel mortel est le maître ?
Je fus infortuné du jour qui me vit naître.
Faut-il que le mortel qui prévint mon trépas
M'ait ici du Bengale apporté dans ses bras ?
Faut-il avoir sitôt, pour voir votre misère,
Perdu l'infortuné qui m'a servi de père ?
Orphelin par sa mort, à moi-même livré,
Dans ces murs, dans ce temple à peine suis-je entré,
Je trouve donc partout un usage sinistre ;
J'échappe à l'un : de l'autre on me fait le ministre.

LA VEUVE

Eh ! qui vous poursuivait ?

LE JEUNE BRAMINE.

      L'usage meurtrier
Qui trois jours fait suspendre aux branches d'un palmier
Tout enfant nouveau-né dont la lèvre indocile

Fuit le premier soutien de son être fragile :
Qu'il refuse le sein , par trois fois présenté ,
Dans les ondes du Gange il est précipité :
J'allais périr ! Où vont mes plaintes importunes ?
Je ne dois m'attendrir que sur vos infortunes ,
Et c'est de mes malheurs que je vous entretiens.

LA VEUVE.

Le récit de vos maux vient d'ajouter aux miens.
De ma famille , ô ciel ! quelle est la destinée !
Loin de ces tristes bords , aux lieux où je suis née ,
Au temps dont vous parlez un des miens, moins heureux,
Fut proscrit sans pitié, par cet usage affreux.
Je vais être à mon tour , d'un autre usage étrange ,
Victime au Malabar , comme lui sur le Gange ;
Et nous aurons péri , dans des lieux différens ,
Mon frère à son aurore, et moi dans mon printemps.

LE JEUNE BRAMINE.

Votre frère , madame, il périt au Bengale !
Telle était dans Ougly mon étoile fatale.

LA VEUVE.

Dans Ougly, quel rapport !

LE JEUNE BRAMINE.

C'est là que je suis né,

LA VEUVE.

C'est là que pour souffrir le jour me fut donné.

LE JEUNE BRAMINE.

Eh ! qui donc êtes-vous ?

LA VEUVE.

Lanassa fut mon père.

LE JEUNE BRAMINE.

Ah ! ma sœur !

LA VEUVE.

Dieux !

LE JEUNE BRAMINE.

Embrasse et reconnais ton frère !

LA VEUVE.

Toi mon frère ! ô surcroît de rigueur dans mon sort !
Je t'ai donc reconnu quand je vais à la mort !
Où sommes-nous ? ah ! dieux !

LE JEUNE BRAMINE.
                    Le ciel se manifeste.
          LA VEUVE.
En quel jour nous rejoint la colère céleste !
Ah ! cruel, dont le sort vient de m'être éclairci,
Rends-moi cet inconnu qui me plaignait ici !
          LE JEUNE BRAMINE.
Que me dis-tu?
          LA VEUVE.
                    Vois donc, vois quelle est ma misère !
Tu dois vouloir ma mort, si tu naquis mon frère.
          LE JEUNE BRAMINE.
Moi, vouloir ton tréps ? quel délire ! ah ! ma sœur !
          LA VEUVE.
Si je le suis, commence à me fermer ton cœur :
Le frère exhorte ici la sœur au sacrifice,
Mon honneur et le tien veulent qu'il s'accomplisse :
Ma famille t'attend autour de mon bûcher ;
Il ne t'est plus permis de te laisser toucher :
Le droit du sang n'est rien, tu dois être barbare :
Ce qui rapproche ailleurs est ce qui nous sépare ;
L'ordre de la nature est renversé pour nous ;
Et de frère et de sœur les noms toujours si doux
Perdent entre nous deux leur charme, leur empire,
Se tournent contre nous, et veulent que j'expire.
          LE JEUNE BRAMINE.
Mes yeux sont désillés : je te dois mon secours ;
Je ne connais plus rien que le soin de tes jours.
Que m'importent vos lois ? que me fait votre usage ?
De tout braver pour toi je me sens le courage.
Tu m'opposes en vain l'exemple des cruels
Qui, pour hâter ta mort, t'assiégent aux autels ;
Tu l'as vu, de ta fin la douloureuse attente,
Quoique étranger pour toi, me glaçait d'épouvante ;
Et cette humanité, dont j'écoutais la voix
Mêlée au cri du sang, aurait perdu ses droits !
Si l'homme a sur ces bords renversé la nature ;
Rétablissons pour nous la loi qu'il défigure.
Non, ce n'est pas à moi, sans doute après mon sort,
A devoir respecter des coutumes de mort :

Si j'ai pensé jadis périr loin de ces plages,
Victime comme toi des barbares usages,
De malheurs entre nous cette conformité,
Va, ne me permet point l'insensibilité :
Je ne suis point ce frère inflexible et barbare,
Qu'endurcissent nos mœurs, que la démence égare ;
Je suis par la nature un cœur simple entraîné,
Je suis le frère enfin que le ciel t'a donné.

LA VEUVE.

Ta sensible amitié me rend, ô mon cher frère !
Le jour plus desirable, et ma fin plus amère :
Crois qu'il m'en coûte assez, dans mes vives douleurs,
Pour combattre le sang, ma tendresse et tes pleurs ;
Mais que sert en ce jour qu'une sœur te revoie ?
J'appartiens à la mort qui réclame sa proie.
De ton cœur attendri vois mieux l'illusion ;
Changeras-tu l'usage, ou bien l'opinion ?
Si j'évite la mort, la honte est mon partage,
Et de ma lâcheté ton opprobre est l'ouvrage ;
Plus je te suis, et moins tu te dois attendrir,
Moins tu dois balancer à me laisser mourir :
Les miens vont te forcer à te mettre à leur tête.

LE JEUNE BRAMINE.

Qu'oses-tu m'annoncer ?

LA VEUVE.

Viens, suis mes pas.

LE JEUNE BRAMINE.

Arrête

LA VEUVE.

De ta douleur sans fruit veux-tu donc m'accabler ?

LE JEUNE BRAMINE.

Quoi ! tant de fanatisme a-t-il pu t'aveugler ?

LA VEUVE.

La honte que je crains peut-elle être bravée ?

LE JEUNE BRAMINE.

Dois-je me plaindre au ciel de t'avoir retrouvée ?

LA VEUVE.

Sois aujourd'hui mon frère, en me laissant mon sort.

LE JEUNE BRAMINE

Cesse d'être ma sœur si ce nom veut ta mort.

Attends du moins, attends d'un esprit plus tranquille
Que la guerre ait fixé le sort de notre ville,
Et que ce droit qu'ici tu crois avoir perdu,
Ce droit de vivre enfin te puisse être rendu.

LA VEUVE.

Et si l'Européen succombe sous nos armes,
J'aurai donc laissé voir ma faiblesse et mes larmes?
Et pour en avoir cru ta douleur au hasard
Je n'en mourrais pas moins, et je mourrais trop tard!
Si je tarde d'un jour, je perds mon sacrifice;
Au lieu d'un dévouement ma mort n'est qu'un supplice.
J'ai promis en un mot; je ne puis désormais
Sans me déshonorer recourir aux délais,
Et d'une mort enfin que la gloire eût suivie,
Je paraîtrais indigne autant que de la vie.

LE JEUNE BRAMINE.

Eh bien! ma sœur, eh bien! terminons ce débat:
Change de destinée en changeant de climat.
Ces effroyables mœurs, parmi nous consacrées,
Ce devoir que tu suis ne tient qu'à nos contrées:
Fuyons l'Inde; et si loin que de féroces lois
Ne puissent jusqu'à nous faire entendre leur voix:
Nous n'avons de tes jours pour ne rendre aucun compte
Qu'à mettre l'Océan entre nous et la honte;
Contre l'opinion dans des climats plus doux
Il est, si tu le veux, des asiles pour nous;
Là, nous suivrons ces mœurs à jamais conservées
Que chez tous les humains la nature a gravées;
Ces vrais devoirs sentis, et non pas convenus,
Immuables partout, et partout reconnus,
Lois que le ciel, non l'homme, à la terre a prescrites,
Et qui n'ont ni le temps, ni les mers pour limites.

LA VEUVE.

De quel frivole espoir ton cœur est animé!
Comment quitter ces bords? l'univers m'est fermé:
Si tu veux m'arracher à ce climat funeste,
Empêche donc qu'aussi ma mémoire n'y reste,
Qu'elle n'y reste infâme; empêche sur ce bord
Que ma famille entière à qui je dois ma mort,
N'osant lever les yeux, et jamais consolée,

Dans son propre pays ne se trouve exilée ;
Que vengeant mon époux, un peuple furieux
Ne me laisse, en partant, ses clameurs pour adieux,
Et qu'une telle image attachée à ma fuite,
Ne me suive partout où tu m'aurais conduite.

LE JEUNE BRAMINE.

Poursuis, respecte encore une homicide loi,
Crains l'époux comme un dieu prêt à tonner sur toi :
Hélas ! moi seul des tiens je t'aime, et je te reste ;
Je ne te suis connu que de ce jour funeste ;
De l'horreur de ton sort ton frère a beau souffrir,
Non, cruelle ! il n'a pas le droit de t'attendrir ;
Mais j'ai celui du moins, dans ce péril extrême,
D'oser te secourir contre ton aveu même.
Tu me parles d'honneur, le mien est de quitter
Ces profanes autels que je dois détester :
J'y vais rester encor pour te sauver la vie ;
Mais une fois ici mon attente remplie,
Il n'est mer, ni désert, ni climat si lointain
Qui me sépare assez de ce temple inhumain.

SCÈNE IV.

LA VEUVE, *seule.*

Quel est donc son projet ? que va-t-il entreprendre ?
Des soins de sa tendresse aurai-je à me défendre ?

SCÈNE V.

LA VEUVE, FATIME.

FATIME.

Ah ! madame, une trève avec ces étrangers
Arrête le carnage, et suspend les dangers :
Il est vrai qu'on la borne au cours d'une journée ;
Mais j'en ai plus d'espoir plus la trève est bornée :
Dans nos murs la terreur et le trouble est partout,
Et sans doute à céder l'Indien se résout.
Le général français sans dépouiller l'audace

Lemierre.   11

Avec le gouverneur traite devant la place,
Et le ton dont il parle annonce qu'au plus tôt
La ville doit se rendre, ou s'attendre à l'assaut.
Et prête à voir changer la loi qui vous accable
Vous précipiteriez votre fin déplorable!
Vous n'en pouvez douter, madame, vous vivrez
Du moment qu'aux Français ces murs seront livrés.
Mais quel trouble nouveau vous presse et vous domine?
Sans doute l'entretien de ce jeune bramine
Qui dans la fleur des ans porte un cœur si cruel,
Jette dans votre esprit ce désespoir mortel?

LA VEUVE.

Ah! tu ne connais pas.... cache bien ce mystère;
Fatime, qui l'eût cru? ce bramine est mon frère,
Oui, je l'ai retrouvé dans ce temple de mort;
Il vit pour s'opposer aux rigueurs de mon sort.

FATIME.

Et vous voulez mourir dans d'horribles souffrances?
De vos autres parens les barbares instances
L'emportent dans ce cœur tristement affermi,
Un frère en vain vous aime!

LA VEUVE.

     Hélas! j'aurais gémi
De marcher au bûcher, conduite par un frère,
Et je gémis de voir qu'il cherche à m'y soustraire:
Dénaturé, Fatime, il m'eût percé le cœur;
Sensible, il me déchire, il veut mon déshonneur:
Telle est ici ma gloire et cruelle et bizarre
Qu'il en est l'ennemi pour n'être point barbare.
N'était-ce point assez qu'il me fallût bannir
De mon ame attendrie un trop cher souvenir,
Sans avoir à combattre encor dans ma misère
La voix de la nature et les secours d'un frère?

FATIME.

Eh! pourquoi vous tracer sous de noires couleurs
Ce qui peut au contraire abréger vos malheurs?
Pourquoi désespérer? tout vous presse de vivre,
La trève qu'en ces lieux la conquête peut suivre,
Un frère retrouvé, le dirai-je? un espoir
Plus cher à votre cœur et qu'il peut concevoir.

Eh ! qui sait dans le camp s'ils n'ont pas connaissance
De cet Européen dont vous pleurez l'absence ?

LA VEUVE.

Je saurais son destin !... Dieux ! quel espoir m'a lui !
Heureuse Lanassa ! tu pourrais aujourd'hui !...
Mon ame en ces momens ouverte à l'espérance
Chancelle en son dessein, et perd de sa constance :
Moi, je m'immolerais quand pouvant être à moi
Il me conserverait son amour et sa foi ?
Moi, libre désormais d'un funeste hyménée,
Maîtresse de ma vie et de ma destinée ?...
Fatime, où m'égaré-je, ai-je donc oublié ?...
Quel songe vient m'offrir ton aveugle amitié !
A quel espoir trompeur ton zèle me rappelle !
Tu veux me consoler, tu m'accables, cruelle !
L'inexorable honneur tient mon cœur engagé,
Pour être suspendu mon sort n'est point changé.
Respecte en ces momens ma constance, ma gloire,
Ma résolution ; enfin laisse-moi croire,
Assure-moi plutôt que ce jeune Français
A mon amour, à moi, fut ravi pour jamais,
Épargne-moi le trouble où son seul nom me jette,
Qu'il ignore mon sort, et je meurs satisfaite.

FIN DU SECOND ACTE.

ACTE III.

SCÈNE Iʳᵉ.

LE GÉNÉRAL FRANÇAIS, UN OFFICIER FRANÇAIS.

LE GÉNÉRAL.

La trève que je viens d'accorder à la ville
A nos guerriers ici laisse un accès facile ;
Hors des murs ce parvis et ce temple bâtis

Sont un lieu de franchise ouvert aux deux partis :
La foi de l'Indien ne peut m'être suspecte,
Et la guerre a des lois que partout on respecte.

L'OFFICIER.

Je sais que de ce temple à Brama consacré
L'honneur a fait pour nous un asile assuré;
Mais par le gouverneur la trêve demandée
Seulement pour un jour lui vient d'être accordée...
Un jour suffira-t-il pour enlever les corps
Des guerriers malheureux qu'ont vu périr ces bords,
Indiens ou Français, victimes du carnage,
Sans sépulture encor sur ce triste rigage ?

LE GÉNÉRAL.

En mettant à la trêve un terme aussi prochain,
En menaçant ces murs de l'assaut pour demain,
Je sers les assiégés, et pour eux je profite
Des extrémités même où la ville est réduite :
Déjà de trop de sang ce rivage est baigné;
Sauvons celui du moins qui peut être épargné.
Quelque avantage, ami, qu'on cherche dans la guerre,
Compense-t-il les maux qu'elle apporte à la terre ?
A regret cependant je vois ce peuple entier
En esclave asservi par le bramine altier;
Son art est d'échauffer les esprits en tumulte,
Et de les alarmer sur les mœurs, sur le culte :
Je les ai rassurés, ils ont su que mon roi,
En m'envoyant vers eux, n'exige que leur foi;
Qu'il n'est rien dans leurs lois qu'il veuille qu'on renverse;
Qu'il ne veut seulement, pour les soins du commerce,
Qu'un port où ses vaisseaux partis pour l'Indostan
Puissent se reposer sur le vaste Océan.
Mais apprends sur ces bords quel autre soin m'amène;
Que j'aime, que j'adore une jeune Indienne;
Que trois ans sont passés depuis qu'en ces climats
Un voyage entrepris me fit voir tant d'appas;
Que dans ces mêmes murs, malgré l'usage austère,
Je la vis quelquefois de l'aveu de son père;
Que je lui plus; qu'épris du plus ardent amour,
Je conçus le projet de l'épouser un jour;
Que je vis vers moi seul sa jeune ame entraînée,

Du moins avec tout autre éluder l'hyménée ;
Qu'en France rappelé par les lettres des miens ,
Je partis éperdu, j'emportai mes liens ;
Et que si j'ai brigué l'honneur de l'entreprise
Par qui cette cité nous doit être soumise ,
Ce fut encore, ami, pour revoir un séjour
Où j'étais en secret rappelé par l'amour.
Mais c'est trop t'arrêter ; cours, informe-toi d'elle :
Son nom est Lanassa ; j'attends tout de ton zèle.

L'OFFICIER.

Mais au sein de ces murs il faudrait pénétrer ;
Par les lois de la guerre on n'y saurait entrer :
Comment puis-je savoir?...

LE GÉNÉRAL.

                    Même hors de la ville
Tu peux t'en informer, et c'est un soin facile ;
Va , ne perds point de temps pour en être éclairci :
Il suffira pour toi de la nommer ici ;
La caste dont elle est dans l'Inde est la première,
Et met avec son nom ses destins en lumière.

(*L'officier sort.*)

SCÈNE II.

LE GÉNÉRAL FRANÇAIS.

Toi , que le ciel dérobe encore à mes regards ,
Ma chère Lanassa ! vis-tu dans ces remparts ?
As-tu pu rester libre ? un cruel hyménée
Sous son joug malgré toi t'aurait-il enchaînée?
Pardonne , ô mon pays ! si je donne en ce jour
Parmi les soins guerriers un moment à l'amour ;
Pardonne , Lanassa , si, troublant ton asile,
Je viens porter la flamme et le fer dans ta ville !
Plains-moi sans me haïr ; les ordres de mon roi,
L'honneur même aujourd'hui me fait voler vers toi.

SCÈNE III.

LE GÉNÉRAL FRANÇAIS, UN OFFICIER FRANÇAIS.

LE GÉNÉRAL.

Hé bien ! quel est son sort , et que viens-tu me dire ?
Sais-tu si Lanassa ?...

L'OFFICIER.

Je n'ai pu m'en instruire.

LE GÉNÉRAL.

Qui peut donc t'arrêter ?

L'OFFICIER.

Un spectacle d'horreur ,
Que du cruel bramine apprête la fureur ;
Le peuple dont la foule inonde ce rivage ,
De tout autre chemin m'a fermé le passage.

LE GÉNÉRAL.

Comment? Explique-toi , parle.

L'OFFICIER.

En ces mêmes lieux,
Seigneur , le croirez-vous? dans une heure, à nos yeux
Ciel ! une veuve, au gré de leur féroce attente,
Dans des feux dévorans va se plonger vivante ;
La coutume l'ordonne et soutient sa vertu,
Elle suit son époux...

LE GÉNÉRAL.

Ah dieu ! que me dis-tu ?

L'OFFICIER.

Dans le temple déjà la victime est entrée :
Cette cérémonie effroyable et sacrée
Est une fête aux yeux de ce peuple insensé
Qui croit voir un autel dans le bûcher dressé ;
Les riches ornemens dont la veuve se pare
Avant que de marcher à cette mort barbare,
L'or et les diamans, les perles, les rubis
Dont le pompeux éclat relève ses habits,
Offrande à ces autels, et butin du bramine,
N'entretiennent que trop la soif qui le domine :

C'est le triomphe ici de la cupidité,
Celui du fanatisme et de la cruauté.
LE GÉNÉRAL.
Et la religion consacre leur furie!
Nous pourrions, nous Français, souffrir leur barbarie ?
Elle irait à la mort, et j'en serais témoin ?
L'OFFICIER.
Pardonnez, si par vous chargé d'un autre soin...
LE GÉNÉRAL.
Oublions mon amour, l'humanité m'appelle ;
Ces momens sont trop chers, sont trop sacrés pour elle
De ma défense, ami, l'infortune a besoin :
Voler à son secours, voilà mon premier soin ;
Et j'atteste le ciel et ce cœur qui m'anime
Que je vais tout tenter pour sauver la victime :
Viens, courons, suis mes pas.
L'OFFICIER.
                 Eh ! que prétendez-vous ?
Que pouvons-nous pour elle, et quels droits avons-nous ?
Comment du fanatisme écarter les injures ?

SCÈNE IV.

LE GRAND BRAMINE *suivi de ses bramines*,
LE GÉNÉRAL FRANÇAIS, UN OFFICIER
FRANÇAIS.

LE GRAND BRAMINE.

Superbe Européen, quels sont donc ces murmures ?
De l'époux qui n'est plus cet hommage attendu,
Ce digne sacrifice est presque suspendu !
Au mépris de la trève on répand des alarmes ;
Les tiens même ont parlé de courir à leurs armes !
Sans respect pour le temple, en ce parvis sacré
En tumulte par eux je viens d'être entouré.
LE GÉNÉRAL.
Ah ! je les reconnais au vœu qui les enflamme !
LE GRAND BRAMINE.
Tu leur donnais cet ordre ?

LE GÉNÉRAL.

              Il était dans leur ame.

       (à l'officier.)

Cours , suspends en mon nom les transports des Français :
Qu'ils n'entreprennent rien , ils seront satisfaits.

SCÈNE V.

LE GÉNÉRAL FRANÇAIS, LE GRAND BRAMINE.

LE GÉNÉRAL.

Barbare ! il est donc vrai ? ces mœurs abominables
Que les Européens traitent encor de fables ,
Tant ils ont peine à croire à leur férocité !
C'est toi qui les maintiens par ton autorité !
Des temples protecteurs les enceintes tranquilles
Aux malheureux mortels doivent servir d'asiles ;
Les ministres des cieux sont des anges de paix ,
Il ne doit de leurs mains sortir que des bienfaits ;
C'est par l'heureux emploi de consoler la terre
Qu'ils honorent le temple et leur saint ministère,
Et que le sacerdoce auguste et respecté
Sans crime avec le trône entre en rivalité :
Et toi, honte des dieux qu'ici tu représentes,
Ne levant vers le ciel que des mains malfaisantes,
Tu fais des cruautés une loi de l'État,
Et l'apanage affreux de ton pontificat !
C'est au pied des autels que les bûchers s'allument ,
Qu'on livre la victime aux feux qui la consument :
Des prêtres ont ouvert ces horribles tombeaux !
L'encensoir est ici dans la main des bourreaux !
Ainsi donc d'un œil sec tu verras une femme
S'élancer à ta voix dans des gouffres de flamme ;
Ton oreille entendra les cris de sa douleur !
Je ne la connais point, je connais son malheur ,
Je connais la pitié ; mon cœur est né sensible
Autant qu'on voit le tien se montrer inflexible :
Dans l'excès des tourmens elle est prête à périr ;

Contre vos mœurs et toi je viens la secourir,
Déchirer le bandeau de cette erreur stupide
Qui force en ces climats la femme au suicide,
Et faire dire un jour à la postérité :
Montalban sur ces bords fonda l'humanité.

LE GRAND BRAMINE.

Quelle est donc ton audace ?

LE GÉNÉRAL.

                    Apprends à nous connaître.

LE GRAND BRAMINE.

Es-tu vainqueur ici pour nous parler en maître ?

LE GÉNÉRAL.

Je parle en homme.

LE GRAND BRAMINE.

                    Et moi, comme organe des cieux,
Comme un prêtre, un mortel inspiré par ses dieux.

LE GÉNÉRAL.

Tes dieux t'exciteraient à tant de barbarie !

LE GRAND BRAMINE.

Quel es-tu pour juger des mœurs de ma patrie ?
Pour vouloir renverser et plonger dans l'oubli
Sur des siècles sans nombre un usage établi ?
Crois-tu déraciner de ta main faible et fière
Cet antique cyprès qui couvre l'Inde entière ?

LE GÉNÉRAL.

J'y porterai la hache.

LE GRAND BRAMINE.

                    Et l'effort sera vain ;
Le temps autour de l'arbre a mis un triple airain.

LE GÉNÉRAL.

Dis autour de ton cœur : plus l'usage est antique,
Plus il est temps qu'il cesse, et plus, cœur fanatique,
Tu devrais commencer à sentir les remords
Qu'avant toi tes pareils n'ont point eus sur ces bords.
Barbare ! de quel nom faut-il que je te nomme ?
Toi prêtre ! toi bramine ! et tu n'es pas même homme !
La douce humanité, plus instinct que vertu,
Ce premier sentiment qui ne s'est jamais tu :
Né dans nous, avec nous, et l'ame de notre être,
Ce qui fait l'homme enfin, tu peux le méconnaître !

De quel souffle en naissant fus-tu donc animé?
Quel monstre ou quel rocher dans ses flancs t'a formé!
Tu n'as donc, malheureux, jamais versé de larmes!
De l'attendrissement jamais senti les charmes!
Il m'a fallu venir sur ces bords révoltans
Pour t'apprendre qu'il est des cœurs compatissans.
Je te rends grace, ô ciel! dont la voix tutélaire,
M'appelait dans ce temple ou plutôt ce repaire!
Tigres, j'arrêterai vos excès inhumains,
Vos infâmes bûchers par moi seront éteints!

LE GRAND BRAMINE.

Eteindras-tu l'amour? éteindras-tu le zèle,
Le courage fondé sur la base immortelle
De la religion qui confond dans ces lieux
Le respect de l'époux, et le respect des dieux?
Un généreux amour, conservé dans les ames,
De la mort parmi nous fait triompher les femmes;
Si de ce dévoûment leur grand cœur est jaloux,
Crois-tu que nous soyons plus indulgens pour nous?
Sais-tu pourquoi je suis le premier des bramines?
Je parvins à ce rang par des chemins d'épines;
J'ai déchiré ce sein de blessures couvert;
Sans courir à la mort, j'ai fait plus, j'ai souffert.
Quant à la loi cruelle où la veuve est soumise,
Autant que la raison l'équité l'autorise:
Les femmes autrefois, ne l'as-tu point appris?
Hâtaient par le poison la mort de leurs maris.

LE GÉNÉRAL.

Non, je ne te crois pas; ces éponses fatales
L'enfer ne les vomit qu'à de longs intervalles;
Le crime sur la terre est toujours étranger;
Comme tous les fléaux, il n'est que passager;
C'est le premier bourreau des cœurs dont il s'empare:
La femme est moins cruelle et toi seul es barbare.
Ecoute: vos bûchers, vos spectacles d'horreur
N'ont que trop justement excité ma fureur;
Je marche dans ces lieux sur des monceaux de cendre,
De l'indignation je n'ai pu me défendre;
Mais songe que demain, ces remparts sous nos coups
Peut-être vont tomber, et la ville être à nous:

Prends un peu de nos mœurs. Si tu n'es pas sensible
Ne sois pas inhumain, l'effort n'est pas pénible ;
Trop sûr que tu dois l'être en ces funestes lieux,
Qu'on n'y souffrira plus un usage odieux :
De celles qu'opprimait votre loi meurtrière
Souffre au moins qu'aujourd'hui je sauve la dernière :
Que dis-je ? applaudis-toi quand je lui tends la main :
Laisse là ta coutume , il s'agit d'être humain.

LE GRAND BRAMINE.

Tu te flattes en vain que ton bras la délivre ,
Qu'assez lâche aujourd'hui pour consentir à vivre ,
Elle aille sous ses pieds disperser sans remords
La cendre de l'époux qui l'attend chez les morts.
A-t-elle un père , un frère ? Eh bien ! de la nature
Leur juste fermeté fait taire le murmure ,
A leur exemple ici sois donc moins effrayé ;
Ils domtent la nature , étouffe la pitié.

LE GÉNÉRAL.

Oui , tyran ! je vois trop que ton ame inflexible
A toute émotion veut être inaccessible :
Je vois trop dans ce temple , ouvert au préjugé,
Ton endurcissement en système érigé ;
Puisque rien ne fléchit ton cruel caractère ,
Ce que ma voix n'a pu , nos armes le vont faire ;
Et l'Inde, malgré toi , verra marquer mes pas
Par cette humanité que tu ne connais pas.
Je jure sur ce fer , ce fer que mon courage
Ne saurait employer pour un plus digne usage ;
Je jure dans ce temple , où tu répands l'effroi,
De sauver la victime et d'abolir ta loi.

SCÈNE VI.

LE GÉNÉRAL FRANÇAIS, LE GRAND BRA-
MINE , UN BRAMINE.

UN BRAMINE.

LA veuve a dépouillé dans l'enceinte sacrée
Les pompeux ornemens dont elle était parée ;
On vous attend , on veut remettre entre vos mains

Les offrandes.

LE GRAND BRAMINE.

Sortons.

LE GÉNÉRAL.

  Arrêtez, inhumains !
Il n'est point de moyens qu'en ces lieux je n'emploie ;
Oui, dès ce moment même il faut que je la voie.

LE GRAND BRAMINE.

Modère ce transport et quitte cet espoir,
Se soustraire aux regards est pour elle un devoir :
Jamais un étranger ne peut approcher d'elle,
Et, dans la solitude où ce moment l'appelle,
Des expiations, des soins religieux
Dérobent même encor sa présence à nos yeux.

LE GÉNÉRAL.

Elle ne mourra point : malgré ton artifice,
Je saurai la soustraire aux horreurs du supplice.
Tyran d'un sexe faible, ah ! tu ne sais donc pas
Combien il nous est cher et dans tous les climats !
Nos chevaliers français, remplis du même zèle,
Mille fois en champ clos vengèrent sa querelle ;
Même sans le lien des amoureux penchans,
Nous sauvâmes sa vie ou sa gloire en tout temps.

LE GRAND BRAMINE.

Et c'est où je t'arrête ; oui, c'est sa gloire même
Qui de mourir ici lui fait la loi suprême :
Penses-tu qu'oubliant tout ce qu'elle se doit,
Pour l'intérêt de vivre elle en perde le droit ?
Elle a promis sa mort ; la pitié qui te presse
Ne peut rien sur son ame et rien sur sa promesse :
Loin de plaindre son sort, admire son grand cœur ;
Ne le soupçonne point de faiblesse ou d'erreur :
L'honneur engage enfin cette épouse fidèle ;
Quand je te céderais, tu n'obtiendrais rien d'elle.

SCÈNE VII.

LE GÉNÉRAL FRANÇAIS, UN OFFICIER FRANÇAIS.

L'OFFICIER.

J'ACCOURS vers vous, seigneur ; ah ! savez-vous les vœux,
Les soins du gouverneur et ses complots affreux ?

LE GÉNÉRAL.

Précipiterait-on cet appareil tragique ?

L'OFFICIER.

O superstition ! l'Indien fanatique
Ne demandait la trève, en ces funestes lieux,
Que pour favoriser un spectacle odieux,
Pour laisser au bramine, impunément barbare,
Le loisir d'attiser le bûcher qu'il prépare.

LE GÉNÉRAL.

J'apprêtais ce triomphe au bramine endurci !
Pour la faire périr on me jouait ainsi !
Ah ! d'indignation tout mon cœur se soulève.
Retournons vers mon camp, et que la guerre achève
De purger ces climats d'un peuple aussi pervers ;
Allons : le perdres, amis, c'est servir l'univers...
Mais la trève subsiste, et ma foi n'est point vaine ;
L'honneur me tient aussi dans sa funeste chaîne,
Et sa loi tyrannique accable en même temps
L'innocence qui souffre, et moi qui la défends.
Que je tienne à l'honneur, l'humanité murmure ;
Que je veuille être humain, il faut être parjure ;
Que dis-je ? exterminer cette triste cité,
Tout un peuple ; est-ce là servir l'humanité ;
Non : du lâche bramine et de son artifice
J'ai peine à croire encor le gouverneur complice ;
De tant de perfidie il n'a pu se noircir.
Près de lui sans tarder courons nous éclaircir ;
J'attends un autre soin de l'honneur qui l'anime :
Le nôtre est de défendre un sexe qu'on opprime.
Viens donc, et prévenant de féroces excès,
Servons les malheureux, et montrons-nous Français.

FIN DU TROISIÈME ACTE.

ACTE IV.

SCENE Ire.

LA VEUVE, *seule, vêtue de lin.*

Voila donc mon destin! voilà donc mon partage!
J'acheverai de vivre à la fleur de mon âge!
Le ciel me rend un frère, et c'est dans ces momens
Qu'il faut que je m'arrache à ses embrassemens,
Et je n'en puis goûter l'émotion si douce,
La nature m'attire et l'honneur me repousse.
Une autre voix me charme, et m'accable à son tour;
Victime de l'hymen, victime de l'amour,
Il me faut renfermer cette secrète flamme,
Ce profond sentiment qui maîtrise mon ame,
Et, la mort dans le cœur, marcher le front serein
Au bûcher où m'entraîne un époux inhumain.
Il semble à mes douleurs que sa rigueur extrême
Une seconde fois m'arrache à ce que j'aime;
Il a fait tous mes maux, et je dois aujourd'hui
Paraître heureuse encor de m'immoler pour lui.
Ma destinée entière est-elle assez cruelle?
O toi que j'adorai, toi qu'en vain je rappelle,
Toi, dont le souvenir si cher à mon amour
M'aida dans mes ennuis à supporter le jour,
De tout ce que j'aimais sans retour séparée,
Par ta fatale absence au désespoir livrée,
Aide-moi maintenant à quitter sans effroi
Ce jour que Lanassa n'eût aimé que pour toi!

SCÈNE II.

LA VEUVE, LE GRAND BRAMINE.

LE GRAND BRAMINE.

La parole, madame, à vos parens donnée
Ne laisse aucun retour à votre ame enchaînée;
Au sang dont vous sortez votre vertu répond;

Et, si j'en crois la paix qu'on voit sur votre front,
Vous chérissez sans doute une promesse austère
Qui ne vous permet plus un regard vers la terre :
Votre ame a déjà pris, dans ces devoirs pressans,
Un courage au-dessus des révoltes des sens ;
Elle s'élance aux cieux où, pure et sans mélange,
Sa source fut cachée avec celle du Gange.
Si vous quittez la vie et ses vaines douceurs,
Vous honorez nos lois, vous consacrez nos mœurs,
Vous en raffermissez les profondes racines,
Vous transmettez l'exemple à d'autres héroïnes,
Vous conservez l'honneur de ceux qui vous sont chers,
Du bûcher vous régnez jusque sur les enfers ;
Et si, pour expier jusqu'aux moindres souillures,
Votre époux est tombé dans ces lieux de tortures,
Votre mort le rachète, et votre dévouement
En un bonheur sans fin va changer son tourment.
C'est peu de joindre ici votre image aux statues
De celles que l'effroi ni la mort n'ont vaincues ;
Tandis que votre nom sur la terre vivra,
Du pays Malabare aux sommets d'Eswara,
Dans des astres sereins vous rejoindrez ces veuves
Qui de la foi promise ont su donner ces preuves,
Et qui pour leurs époux n'ont pas cru dans le ciel
Trop payer de leur mort un repos éternel.

LA VEUVE.

Sans savoir par quels biens un dieu juste répare
Les horreurs de la mort que la loi me prépare,
Et sans vouloir chercher, par un soin superflu,
Quel sera mon destin dans un monde inconnu,
Je me sacrifierai, puisqu'enfin tout l'exige,
La loi, l'honneur des miens, mon propre honneur ; que dis-je ?
Le dégoût de la vie est au fond de mon cœur :
Je ne reproche aux dieux que leur trop de rigueur.
Hélas ! en prononçant ma sentence mortelle,
Ils pouvaient m'accorder une fin moins cruelle,
Et s'ils voulaient ma mort, à l'âge où je me vois,
En charger la nature et non pas votre loi.
J'aurais pu différer d'un an mon sacrifice ;
Mais j'ai craint des soupçons l'ordinaire injustice ;

J'ai craint que l'on osât , sur ce retardement ,
Du refus de mourir m'accuser un moment :
Et puisque dans mon cœur j'étais déterminée
A subir cette mort où je suis condamnée,
J'ai mieux aimé courir au-devant du trépas,
Que de le voir vers moi s'avancer pas à pas.
Je ne fais qu'un seul vœu du fond de cet abîme,
C'est d'être de l'honneur la dernière victime,
Et que l'humanité, dont il blesse les lois,
Reprenne en ces climats son empire et ses droits.

LE GRAND BRAMINE.

Qu'osez-vous souhaiter? Qu'avez-vous dit, madame ?
Étouffez un tel vœu dans le fond de votre ame :
L'humanité ! faiblesse , impuissance du bien,
Des mortels corrompus chimérique lien !
Ce vœu trop indiscret , dont votre ame est séduite ,
De votre sacrifice affaiblit le mérite :
Mais je vous connais mieux ; de vous-même jamais
Vous n'auriez pu former ces aveugles souhaits ;
Ces fiers Européens , jusqu'en nos esprits même ,
Ont soufflé le poison de leur lâche système.
Mais plus ces étrangers , nous infectant d'erreurs ,
Veulent nous inspirer leur doctrine et leurs mœurs ,
Plus il faut par l'éclat des exemples sublimes
Combattre et repousser de funestes maximes :
D'une ame haute et ferme au-dessus de son sort ,
Telle enfin que la vôtre , on attend cet effort.
Songez en ces momens que l'Inde vous contemple ,
Et de votre courage exige un grand exemple.

SCÈNE III.

LA VEUVE, *seule*.

Ou fuir? Où me sauver d'un horrible trépas?
Le flamme me poursuit : je la vois sous mes pas,
Je la sens… Que de maux avant de cesser d'être !
Dans quels affreux climats j'eus le malheur de naître !

SCÈNE IV.

LA VEUVE, LE JEUNE BRAMINE.

LE JEUNE BRAMINE.

J'accours vers toi, ma sœur ; tu vas changer de sort :
Connais mon espérance et renonce à la mort.
Du chef des assiégeans la généreuse envie
Auprès du gouverneur hautement t'a servie :
Tu vivras, il l'exige ; un dieu consolateur
De ce vaillant guerrier fait ton libérateur.

LA VEUVE.

Il ne s'informait point quelle était la victime ?

LE JEUNE BRAMINE.

Non ; l'humanité seule et l'inspire et l'anime :
Avec quelle chaleur sa pitié, son courroux,
Son indignation éclatait devant nous !
Il n'aurait point montré d'ardeur plus véhémente
Pour défendre une sœur, ou sauver une amante.
A de si beaux transports je brûlais d'applaudir ;
Mais aux yeux du Bramine à ce point m'enhardir,
C'était faire à des cœurs, dont le mien se défie,
Soupçonner l'intérêt que je prends à ta vie.
Qu'il est dur de cacher la pitié dans son sein,
Et de dissimuler pour paraître inhumain !
Hélas ! l'Européen, ne pouvant me connaître,
Me voyait du même œil qu'il voyait le grand-prêtre !
Ah ! combien j'en souffrais ! Il court au gouverneur ;
A te sauver la vie il a mis son honneur ;
Et, sans tes surveillans, dans sa fureur extrême,
Il viendrait en ces lieux t'en arracher lui-même.

LA VEUVE.

Ah ! détourne ses pas : tu connais trop la loi,
Il ne peut en ces lieux paraître devant moi ;
Les yeux d'un étranger souilleraient la victime,
De sa seule présence on me ferait un crime.
Mais peut-être en ce jour, quoiqu'il soit mon soutien,
Ton intérêt pour moi t'exagère le sien :
Il a pris ma défense ; il suivait dans son zèle,

Un premier mouvement de pitié naturelle ;
Mais cet Européen, envoyé par son roi,
N'a-t-il pas d'autres soins que de penser à moi ?
Peut-il prendre ma cause et ne pas me connaître ?
(à part.)
D'ailleurs puis-je accepter ? Un seul mortel peut-être....

LE JEUNE BRAMINE.

J'ai vu l'instant, te dis-je, où pour l'humanité
Des lois de l'honneur même il se fût écarté ;
Oui, prêt à tout oser, prêt à rompre la trêve,
Plutôt que de souffrir que ton bûcher s'élève :
Aux transports vertueux de sa noble fureur,
Je prenais l'Inde entière et nos lois en horreur.

SCÈNE V.

LA VEUVE, LE JEUNE BRAMINE, FATIME.

FATIME.

Vous n'avez point, madame, à craindre la présence
Du chef des assiégeans qui prend votre défense ;
Et n'ayant pu vous voir ni même l'espérer,
Il ne vous cherchera que pour vous délivrer.
Mais contre la rigueur d'un usage barbare
Trop hautement pour vous ce guerrier se déclare.
Ce héros dans ces lieux n'est point en sûreté :
J'ai vu le fanatisme et ce peuple irrité ;
Le Bramine, jaloux de garder sa victime,
Contre cet étranger lui-même les anime ;
Il le peint dans nos murs comme un monstre odieux,
L'ennemi de nos lois, l'ennemi de nos dieux :
Je crains de ces clameurs quelque suite sanglante.
(au jeune Bramine.)
Engagez-le à cacher l'appui qu'il vous présente ;
Ou les soins du guerrier qui vous sert aujourd'hui,
Peut-être, vains pour vous, vont tourner contre lui.

LA VEUVE.

Eh quoi ! malgré la trêve, il périrait, Fatime !
J'ai trop tardé sans doute à livrer la victime ;
Je cours de mon bûcher ordonner les apprêts.

FATIME.

O ciel, qu'allez-vous faire?

LE JEUNE BRAMINE.

                  Et je le souffrirais !

LA VEUVE.

Voyez à quels périls mon intérêt l'expose;
Il peut perdre la vie, et j'en serais la cause;
Je crains pour moi l'appui qu'il daigne me prêter :
Quel que soit son secours, je n'en puis profiter.
Mais si je me dérobe aux soins de son courage,
Je dois le garantir d'un peuple qui l'outrage,
De tous ces furieux détourner le poignard,
Et mettre entre eux et lui mon bûcher pour rempart.

LE JEUNE BRAMINE.

Ton danger fait le sien : ma sœur, consens à vivre,
Et ce peuple aujourd'hui cesse de le poursuivre.

LA VEUVE.

Mon trépas le sert mieux, et je cours à la mort,
Autant pour le sauver que pour remplir mon sort;
On ne me verra point, en prolongeant ma vie,
Favoriser moi-même une aveugle furie,
Oui, mon cœur va répondre à la grandeur du sien :
Je vole à son secours comme il volait au mien.

SCÈNE VI.

LE JEUNE BRAMINE, FATIME.

LE JEUNE BRAMINE.

Ne l'abandonnez pas. Pour chercher le grand-prêtre,
Le général français ici va reparaître :
J'attendrai ce guerrier, j'obtiendrai qu'aujourd'hui
Il dissimule encor pour ma sœur et pour lui.

                      (Fatime sort.)

SCÈNE VII.

LE JEUNE BRAMINE.

Ainsi le fanatisme aveugle ses victimes !
Héroïque mortel, plein de transports sublimes,

Faut-il donc pour toi-même avoir à redouter
Le généreux appui que tu veux nous prêter ?

SCÈNE VIII.

LE GÉNÉRAL FRANÇAIS, LE JEUNE BRAMINE.

LE JEUNE BRAMINE.
Seigneur, où courez-vous ? Je mérite peut-être...
LE GÉNÉRAL.
Que me veux-tu ?

LE JEUNE BRAMINE.
Qu'au moins vous daigniez me connaître.
LE GÉNÉRAL.
J'ai vu le chef des tiens, c'est te connaître assez.
LE JEUNE BRAMINE.
Ah ! je diffère d'eux plus que vous ne pensez.
LE GÉNÉRAL.
Que m'importe ?

LE JEUNE BRAMINE.
Je plains le destin déplorable
De celle qu'en ces lieux notre coutume accable.
LE GÉNÉRAL.
Au-devant de mes pas t'aurait-on envoyé ?
De toi, tout m'est suspect, et jusqu'à la pitié ;
Laisse-moi.

LE JEUNE BRAMINE.
Non, seigneur, que mon cœur vous révèle
Quel puissant intérêt m'est inspiré par elle ;
A la mort qui l'attend vous voulez la ravir :
Je le veux plus que vous, et puis vous y servir.
Connaissez-en un mot toute ma destinée :
J'ai retrouvé ma sœur dans cette infortunée.
LE GÉNÉRAL.
Ta sœur ! elle ?

LE JEUNE BRMINE.
Elle-même.
LE GÉNÉRAL.
Ah ! dieu ! s'il est ainsi,

Barbare , ses dangers en sont plus grands ici.
LE JEUNE BRAMINE.
Ils le sont moins , seigneur.
LE GÉNÉRAL.
Je sais trop votre rage ,
A quelle cruauté le nom de frère engage.
LE JEUNE BRAMINE.
Ne me confondez point, par grace, avec les miens ;
Non, je sais mieux du sang respecter les liens :
Ma sœur prête à périr par des lois inhumaines...
Sur un bûcher ! ah dieux ! son sang crie en mes veines !
Pour un objet si cher je pourrai tout braver :
Je suis Européen dès qu'il faut la sauver ;
Attendez tout de moi, seigneur.
LE GÉNÉRAL.
Vous l'avez vue ;
Est-il vrai qu'à la mort elle soit résolue ?
LE JEUNE BRAMINE.
Vous en seriez surpris, vous en seriez touché,
A son cruel devoir son cœur est attaché ;
Devoir d'autant plus dur à son ame asservie
Qu'on croit que cet hymen, qui lui coûte la vie,
N'était point le lien que son cœur eût choisi.
LE GÉNÉRAL.
Et celui qu'elle aimait, d'un lâche effroi saisi,
Souffrira sous ses yeux cet horrible spectacle ?
A la mort d'une amante il n'ose mettre obstacle ?
Son sort me touche, moi qui lui suis étranger,
Comme homme seulement je viens la protéger :
Le lâche ! que fait-il ? Qu'est-ce qu'il appréhende ?
Comment peut-il souffrir qu'un autre la défende ?
LE JEUNE BRAMINE.
Sans doute en d'autres lieux le ciel l'a retenu ;
Mais qu'avec mes destins mon cœur vous soit connu ;
Autant que je le puis, je répare l'injure
Qu'en ce climat barbare on fait à la nature,
Loin d'exhorter ma sœur à subir le trépas,
C'est moi qui vous cherchais, c'est moi qui , sur vos pas ,
Venais me joindre à vous pour lui sauver la vie :
J'ai tout tenté près d'elle , et ne l'ai point fléchie ;

Mais je suis trop heureux, dans ces momens d'effroi,
Puisqu'elle trouve en vous même intérêt qu'en moi;
Vous êtes né sensible, et le ciel nous ordonne
De sauver, s'il se peut, des jours qu'elle abandonne :
Arrachons Lanassa...

LE GÉNÉRAL.
La foudre m'a frappé !

Quel nom !

LE JEUNE BRAMINE.
Quel cri, seigneur, vous est donc échappé?
LE GÉNÉRAL.

Lanassa, la victime !

LE JEUNE BRAMINE.
Elle vous est connue?
LE GÉNÉRAL.

Lanassa pour mourir dans ces lieux retenue !
Et j'ignorais mes maux, et je venais si loin
Pour être de sa mort l'infortuné témoin !
Je veux la voir.

LE JEUNE BRAMINE.
Seigneur...
LE GÉNÉRAL.
J'y vole à l'instant même :

Veux-tu donc que je laisse immoler ce que j'aime ?

LE JEUNE BRAMINE.

Vous l'aimeriez ! qui ? vous !

LE GÉNÉRAL.
N'arrête point mes pas.

LE JEUNE BRAMINE.

D'impénétrables murs ne vous permettront pas...
Et la trève interdit, seigneur, la force ouverte;
Oui, ce serait courir vous-même à votre perte :
N'allons point rendre vains, par d'aveugles transports,
Les prodiges qu'un Dieu fait pour nous sur ces bords.

LE GÉNÉRAL.

Eh ! que peux-tu pour elle en ce péril extrême ?

LE JEUNE BRAMINE.

Il est un souterrain caché dans ces murs même,
Et par où l'on m'a dit qu'une femme autrefois
Fut soustraite à prix d'or à la rigueur des lois.

Il répond dans ces lieux à cette fosse ardente
Où doit s'ensevelir la victime innocente,
Et par d'autres détours à la mer il conduit.
Bientôt la trève expire, et le meurtre la suit :
Si le Bramine altier presse le sacrifice,
Au défaut de la force employons l'artifice ;
Moi du sein de ce temple, avec vous au dehors,
Le ciel, c'est mon espoir, va servir nos efforts.

LE GÉNÉRAL.

Si près et si loin d'elle ! ah ! chaque instant me tue !
Je frissonne d'horreur ; mon oreille éperdue
Dans des feux dévorans croit entendre ses cris !

LE JEUNE BRAMINE.

Ah ! seigneur, commandez encore à vos esprits :
Redoutez aujourd'hui ce zèle fanatique
D'où sortirait bientôt la révolte publique,
Avec nous dans ce temple on sait votre entretien ;
Les esprits soulevés n'écouteraient plus rien,
Pour sauver Lanassa, quelque soin que je prisse,
Vous-même vous feriez presser le sacrifice ;
Regagnez votre camp pour Lanassa, pour vous ;
Dérobez-vous surtout à de perfides coups.

LE GÉNÉRAL.

Eh bien ! je veux t'en croire, et suis sans défiance ;
Mais de ton zèle ici, pour première assurance,
Viens donc chez le grand-prêtre abjurer devant moi
Le ministère affreux qu'il n'a commis qu'à toi.

LE JEUNE BRAMINE.

Que dites-vous ? Non, non ; il me faut au contraire
Feindre encor de garder ce fatal ministère ;
Il serait aussitôt remis en d'autres mains :
Le délai nous sert mieux contre des inhumains.

LE GÉNÉRAL.

Je cède à tes raisons ; ton zèle me rassure :
Je servirai l'amour ; cours servir la nature.

LE JEUNE BRAMINE.

Ma sœur me résistait ; mais je vais l'informer
Quel bras en sa faveur aujourd'hui va s'armer.

Le grand-prêtre s'avance ; adieu, seigneur : je tremble
Que le barbare ici ne nous surprenne ensemble ;
Adieu : comptez sur moi.

SCÈNE IX.

LE GÉNÉRAL FRANÇAIS , LE GRAND BRAMINE.

LE GÉNÉRAL.

       Vas-tu donc la chercher ?
Vas-tu , dans ta fureur, la traîner au bûcher ?

LE GRAND BRAMINE.

Profane ! crois-tu donc que sa vertu constante...

LE GÉNÉRAL.

Je n'aurai point en vain retardé ton attente.

LE GRAND BRAMINE.

Quand tu vois que son sort et même ses souhaits...

LE GÉNÉRAL.

Son sort d'elle et de toi dépend moins que jamais.
Le dessein que j'ai pris n'est que trop légitime :
Tu ne connaissais pas le prix de la victime,
Cruel ! tu l'apprendras. Engagé par ma foi,
De la trève en ces lieux je respecte la loi ;
Mais si dans ma fureur je cherche à me contraindre ,
Épargne la victime, ou je vais tout enfreindre ;
Aux transports violens où tu me vois livré ,
Crois que tout est possible et que rien n'est sacré.
J'aurai les yeux partout ; avant que tu l'immoles ,
Toi , cruel ! tous les tiens , tes autels, tes idoles ,
Je n'épargnerai rien ; mon bras , pour elle armé ,
Sauvera tout son sexe avec elle opprimé ;
Parmi les flots de sang qu'on m'aura fait répandre ,
Je l'enlève au travers de cette ville en cendre ,
Et vengeant les malheurs que ta rage enfanta ,
On cherchera la place où ton temple exista.

SCÈNE X.

LE GRAND BRAMINE, LES BRAMINES.

LE GRAND BRAMINE.

Quel est donc cet excès de démence et de rage ?
Jusqu'au pied des autels l'insolent nous outrage :
De la religion il attaque les droits ;
Pour sauver la victime il veut changer nos lois !
Ne perdons point de temps, écartons la tempête ;
Que dis-je ? l'écarter : tournons-la sur sa tête ;
Et par sa perte, amis, vengeons avec éclat
Nos usages, nos lois, et ce temple, et l'État.

FIN DU QUATRIÈME ACTE.

ACTE V.

Le théâtre représente le parvis de la pagode des Bra-
mines, entouré de rochers ; un bûcher est dressé au
milieu de la place : on voit au loin la mer.

SCÈNE Iʳᵉ.

LE JEUNE BRAMINE, FATIME.

FATIME.

Où portez-vous vos pas, et quel soin vous anime ?

LE JEUNE BRAMINE.

Ma sœur n'a plus d'appui : tout est perdu, Fatime !
Vous avez, cette nuit, entendu vers le fort
Quels éclats ont soudain retenti sur le port ;
Des traîtres, corrompus par les dons du Bramine,
Sur la flotte ont porté la flamme et la ruine,
Et du camp aux vaisseaux volant à leur secours,
Leur chef dans ce désastre a terminé ses jours ;

Lemierre.   13

L'escadre européenne à demi-consumée
De ses tristes débris laisse la mer semée,
Et sur quelques vaisseaux tout le camp remonté
D'une fuite rapide au loin s'est écarté.

FATIME.

Ainsi toute espérance est pour jamais détruite.

LE JEUNE BRAMINE.

De cet événement voyez déjà la suite ;
Le bûcher est dressé.

FATIME.

       Quel spectacle d'horreur !

LE JEUNE BRAMINE.

On va me commander d'y conduire ma sœur ;
Mais, avant d'obéir, de me séparer d'elle,
Dût fondre sur ma tête une foule cruelle,
Loin d'être de sa mort le ministre odieux,
Il faudra que moi-même on m'immole en ces lieux.

FATIME.

Et loin d'elle au moment...

LE JEUNE BRAMINE.

      Sa prudence inquiète
M'interdit avec soin l'accès de sa retraite :
Tant elle a craint mon zèle, et surtout les secours
De cet Européen qui protégeait ses jours.
Courez vers elle encor ; portez-lui la prière,
La résolution, le désespoir d'un frère ;
Fatime, assurez-la que, de tout mon effort,
Aux yeux du peuple entier j'empêcherai sa mort.

SCÈNE II.

LE JEUNE BRAMINE.

Dans un si beau dessein cet étranger succombe !
Ma déplorable sœur dans l'abîme retombe !
J'espérais que son cœur, qui me brave aujourd'hui,
Balancerait au moins entre la mort et lui.
Cruelle ! avec transport je courais pour t'apprendre
Que le bras d'un amant s'armait pour te défendre :
Heureuse maintenant d'ignorer quelle main
Te prêtait un secours que le ciel rend si vain !

SCÈNE III.

LE GRAND BRAMINE, LE JEUNE BRAMINE
PEUPLE INDIEN.

LE GRAND BRAMINE.

PEUPLES, soyez en paix, c'est moi qui vous délivre
De ces Européens ardens à vous poursuivre
Une fois dans la ville entrés victorieux,
Ils y changeaient nos mœurs, ils en chassaient nos dieux.
Pour mieux exécuter le dessein que j'achève,
J'ai devancé l'instant qui terminait la trève;
Mais si j'étais réduit à cette extrêmité,
J'accordais la justice et la nécessité.
Voyez nos citoyens immolés sur ces rives :
C'est du pied de ces murs que tant d'ombres plaintives
Semblent en se levant m'avouer, de concert,
Du coup inattendu qui les venge et vous sert.
J'ai vu de vos esprits la révolte soudaine,
Au premier bruit semé que d'une main hautaine
Le chef des assiégeans prétendait arracher
Une fidèle veuve aux bonneurs du bûcher ;
Brama, qui la protège et dont l'Inde est chérie,
Raffermit la coutume en sauvant la patrie ;
Il repousse par moi d'audacieux mortels :
Il conserve vos murs, et venge vos autels.
        (au jeune Bramine.)
C'est vous que j'ai chargé d'amener la victime ;
Allez, ne tardez pas.

LE JEUNE BRAMINE.

                Qui? moi? qu'après ton crime,
Soumis à tes fureurs, je coure la chercher?
Que je traîne une femme à ce fatal bûcher?
Tu violes la trève et ces lois mutuelles,
Ce droit des nations au fort de leurs querelles,
Et, lâche incendiaire, odieux destructeur,
Tu voudrais me paraître un dieu libérateur !
Ah! lorsque ta fureur et ta haine couverte
Du chef de ces Français précipite la perte,

Connais-moi tout entier, et sache qu'aujourd'hui
Pour sauver Lanassa je me joignais à lui.

LE GRAND BRAMINE.

Qu'entends-je ? Tu formais une trame si noire,
Et m'oses insulter ? toi, traître !

LE JEUNE BRAMINE.

Et j'en fais gloire :

Je l'étais envers toi, non comme toi, cruel,
Pour commettre le crime à l'ombre de l'autel ;
Je l'étais pour sauver d'une mort effroyable
Un sexe infortuné que ta coutume accable.

LE GRAND BRAMINE.

Vois donc où t'a conduit une folle pitié ;
Tu livrais ton pays !

LE JEUNE BRAMINÉ.

J'en sauvais la moitié,

La moitié la plus faible et la plus malheureuse ;
Celle que poursuivait une loi monstrueuse ;
Celle qu'en tous les temps d'un si cruel accord
Notre sexe opprima par le droit du plus fort ;
Celle pourtant qu'on voit, à nos destins unie,
Nous aider à porter les peines de la vie,
Et dont le charme inné, toujours victorieux,
Partout adoucit l'homme, excepté dans ces lieux.

LE GRAND BRAMINE.

Effroyable blasphème ! outrage inconcevable !
Brama ne tonne point sur ta tête coupable ?

LE JEUNE BRAMINE.

Tu ne sais pas encor ce que j'osais ici,
De quel crime à tes yeux je suis encor noirci ;
En sauvant Lanassa je servais la nature :
La victime est ma sœur.

LE GRAND BRAMINE.

O comble de l'injure !

LE JEUNE BRAMINE.

Sur la férocité d'un usage odieux,
Sur d'affreux préjugés que n'ai-je ouvert ses yeux !

LE GRAND BRAMINE.

De nos lois, de nos mœurs tu te faisais le juge ;
Tu veux sa honte ! un frère !

LE JEUNE BRAMINE.
                        Un vertueux transfuge,
Qui brûle de sortir et pour jamais d'un lieu
Où d'une loi de sang il fait le désaveu.
Oui, barbare, à la mort j'ai voulu la soustraire :
Pour la sacrifier je ne suis point son frère ;
Je le suis pour l'aimer, pour être son soutien :
Le ciel me fit un cœur bien différent du tien.
Périsse sur ces bords ta coutume cruelle !
Je connais la nature, et je ne connais qu'elle.

LE GRAND BRAMINE.
    (à un Bramine.) (au jeune Bramine.)
Amenez la victime ; un autre plus soumis
Va remplir cet emploi que je t'avais commis.

LE JEUNE BRAMINE.
Va, si j'ai dans ce jour un reproche à me faire,
C'est d'avoir accepté ce fatal ministère,
De t'avoir obéi, de t'avoir écouté :
Je rougis du respect que je t'avais porté,
De mon humble réserve, et des doutes timides
Dont j'avais combattu tes leçons homicides.
Peuples, c'est devant vous que j'abjure à jamais
Vos coutumes, vos lois, vos solennels forfaits.
Ma raison par vos mœurs ne peut être obscurcie,
Ni mon instinct changé, ni mon âme endurcie ;
Malgré l'opinion, malgré sa cruauté,
Le sentiment l'emporte, et mon cœur m'est resté.

LE GRAND BRAMINE.
Impie! Ah! Lanassa condamnant ton audace,
A la mort d'elle-même avance dans la place.

LE JEUNE BRAMINE.
Oui, par les droits du sang, méconnus sur ce bord,
J'empêcherai ma sœur de courir à la mort.
Arrêtez, inhumains qui formez son cortége !
Et par ma faible voix quand le ciel la protége,
Aux horreurs de son sort ne l'abandonnez pas :
Devez-vous plus qu'un frère exiger son trépas?

SCÈNE IV.

LA VEUVE, *suivie de ses parens*, LE GRAND BRAMINE, LE JEUNE BRAMINE, PEUPLE INDIEN.

LA VEUVE, *égarée.*
Ou suis-je? où vais-je? Dieux! autour de moi tout change !
Qui m'a pu transporter sur les rives du Gange?
Quel fantôme voilé, ciel! je vois s'approcher!...
Fuyons ! Il me saisit, il m'entraîne au bûcher;
Il se découvre : arrête, époux impitoyable !

LE JEUNE BRAMINE.
Ne meurs plus pour sauver un guerrier secourable,
Ton appui, ce héros...

LE GRAND BRAMINE.
      Est tombé sous mes coups.

LE JEUNE BRAMINE.
Il venait t'arracher...

LA VEUVE.
      De qui me parlez-vous ?

LE GRAND BRAMINE.
D'un chef audacieux, aujourd'hui ma victime.

LE JEUNE BRAMINE.
De ton fier défenseur, d'un guerrier magnanime.

LA VEUVE.
D'un guerrier! eh! pourquoi m'offrait-il son secours ?
Pour qui s'empressait-il de conserver mes jours ?
Quel est-il ce héros si généreux, si tendre,
Qui ne me connaît pas et qui m'ose défendre,
Que mes malheurs ici touchent si puissamment?
Les Français ont-ils tous le cœur de mon amant ?

LE GRAND BRAMINE.
Quel mot prononcez-vous ? Qu'avez-vous osé dire ?
Ne sortirez-vous point de ce honteux délire ?
D'un indigne secours j'ai su vous délivrer :
Oubliez un profane.

LE JEUNE BRAMINE.
      Ah ! tu dois le pleurer !

LA VEUVE.

Le pleurer ! eh , qui donc ? ô douleur qui me tue !

LE JEUNE BRAMINE.

Il est mort pour toi seule et presque sous ta vue.

LA VEUVE, *allant vers le bûcher.*

Qu'on allume les feux , je ne sens plus d'effroi :
Le trépas maintenant est un bonheur pour moi ;
A l'aspect du bûcher dont je serai la proie ,
Le désespoir me donne une sorte de joie :
Mourons.

LE JEUNE BRAMINE.

Peux-tu , cruelle ! Ah ! quel horrible instant !
Ton frère est à tes pieds.

LE GRAND BRAMINE.

Votre époux vous attend.

LE JEUNE BRAMINE.

Ma sœur !

LA VEUVE.

Laisse-moi , dis-je.

LE GRAND BRAMINE.

Arrêtez cet impie.

LE JEUNE BRAMINE.

Qui de vous deux , cruels , a plus de barbarie ?
(*les Bramines la séparent de son frère , et elle
monte sur le bûcher.*)

LE GRAND BRAMINE.

Quel bruit se fait entendre ?

LE JEUNE BRAMINE.

On pénètre en ces lieux.

LE GRAND BRAMINE.

Ai-je perdu mes soins ?

LE JEUNE BRAMINE.

M'exaucez-vous , grands dieux ?

LE GRAND BRAMINE.

O revers !

LE JEUNE BRAMINE.

O bonheur !

SCÈNE V.

LE GÉNÉRAL FRANÇAIS, *à la tête de ses troupes*, **LA VEUVE**, *suivie de ses parens*, **LE GRAND BRAMINE, LE JEUNE BRAMINE,** PEUPLE INDIEN.

LE GÉNÉRAL, *montant sur le bûcher.*
Lanassa dans la flamme !

LE GRAND BRAMINE.

Notre ennemi vivant !

LE GÉNÉRAL, *enlevant Lanassa.*
Courons ! Vivez, madame.

LA VEUVE.

Qui m'arrache à la mort ?

LE GÉNÉRAL.
Idole de mon cœur !

Lanassa !

LA VEUVE, *jetant un cri de surprise et de joie dans les bras du général français, avant de le nommer.*
Montalban ! toi, mon libérateur ?

LE GÉNÉRAL.

Oui, c'est moi qui t'arrache à cette mort funeste.

LE JEUNE BRAMINE.

C'est vous, seigneur, c'est vous, double faveur céleste !
Vous vivez, je vous vois, grands dieux ! qui l'aurait cru ?

LE GÉNÉRAL.

Le bruit de mon trépas par mon ordre a couru :
Un golfe abandonné nous a servi d'asile ;
Et par le souterrain nous entrons dans la ville,
Tandis qu'une autre troupe est maîtresse du fort.
Ciel ! un moment plus tard quel eût été mon sort ?
Ainsi l'obscur sentier que, dit-on, l'avarice
Ouvrit pour dérober une femme au supplice,
En un même dessein, ici plus noblement
Sert mon roi, les Français, ton frère et ton amant.
Trop heureux sur ces bords d'employer la surprise
Pour épargner le sang dans la place soumise !

(au grand Bramine.)
Toi, dont le ciel confond les complots et les vœux,
J'ai su de ta fureur l'emportement honteux :
Ton crime était d'un lâche, et n'a rien qui m'étonne,
Mais, Français, je l'oublie, et vainqueur, je pardonne :
Je te laisse le jour, même après tes forfaits.
Soldats, que de ces lieux on l'éloigne à jamais.

SCÈNE VI.

LE GÉNÉRAL FRANÇAIS, LA VEUVE, FATIME, LE JEUNE BRAMINE, OFFICIERS FRANÇAIS, LE PEUPLE INDIEN, SOLDATS, PARENS DE LA VEUVE.

LA VEUVE.

C'ÉTAIT vous, Montalban, qui preniez ma défense !
C'était vous dont j'ai craint, dont j'ai fui la présence !
Pour sauver Lanassa quel dieu vous a sauvé ?
Ah ! le jour m'est plus cher par vos mains conservé !
De quel prix me doit être et ma vie et la vôtre !
Je vivrais moins heureuse à vivre par un autre.

LE JEUNE BRAMINE.

Digne prix de vos soins, vous ne croyiez d'abord
Ravir qu'une inconnue aux horreurs de la mort,
Et le ciel vous devait la faveur éclatante
De retrouver en elle et sauver une amante.

LA VEUVE.

Cher Montalban !

LE GÉNÉRAL.

Partage, après tout notre effroi,
Tant de reconnaissance entre ton frère et moi.
Vous, peuples, respirez sous de meilleurs auspices :
Des faveurs de mon roi recevez pour prémices
L'entière extinction d'un usage inhumain ;
Louis, pour l'abolir, s'est servi de ma main :
En se montrant sensible autant qu'il est né juste,
La splendeur de son règne en devient plus auguste.
D'autres chez les vaincus portent la cruauté,
L'orgueil, la violence ; et lui l'humanité.

FIN DE LA VEUVE DU MALABAR.

TABLE DES MATIÈRES.

FIN DE LEMIERRE.

THÉATRE

DE

POINSINET DE SIVRY.

Edition = Touquet.

PARIS,

Chez l'Éditeur, rue de la Huchette, n°. 18.
1822.

BRISÉIS,

OU

LA COLÈRE D'ACHILLE,

TRAGÉDIE

DE

POINSINET DE SIVRY,

Représentée, pour la première fois, en 1759.

PERSONNAGES.

ACHILLE.
BRISÉIS.
PRIAM.
BRISÈS.
PATROCLE.
ULYSSE.
AJAX.
ADRASTE.
EUPHANOR.
SUITE.

La scène est devant Troie, dans le camp d'Achille,
séparé de celui des Grecs.

BRISÉIS,

ou

LA COLÈRE D'ACHILLE,

TRAGÉDIE.

ACTE PREMIER.

SCÈNE Ire.

PATROCLE, ADRASTE.

PATROCLE.

Adraste, que dis-tu ? que viens-tu m'annoncer ?
Atride à cette honte aurait pu s'abaisser !

ADRASTE.

Les dieux à votre ami réservaient cette gloire.

PATROCLE.

Ah ! dois-je le penser ?

ADRASTE.

       Patrocle peut m'en croire.
J'ai vu le camp des Grecs, au désespoir livré,
Regretter le soutien dont il est séparé.
Nos soldats, ranimant leur audace expirante,
Maudissaient de leurs chefs la querelle sanglante ;
Comptaient en frémissant les triomphes d'Hector,
Et tous ceux qu'à son bras le ciel réserve encor.
Ils s'armaient à regret d'un courage inutile,
Ou dédaignaient de vaincre en l'absence d'Achille.

Atride est effrayé de leurs cris menaçans ;
Il demande une trève aux Troyens triomphans :
Il l'obtient ; cependant sa politique habile
Veut réparer sa faute, et ramener Achille.

PATROCLE.

Adraste, il n'est plus temps. Demain Achille part :
Le fier Agamemnon s'est repenti trop tard.
Que dis-je ? de ce lieu tu connais l'importance ;
Voisin des murs troyens, il en fut la défense ;
Calchas avait prédit qu'à moins de le forcer,
A surprendre Ilion il fallait renoncer :
Tu sais aussi combien de travaux, de carnage,
Nous coûta du terrain le sanglant avantage ;
Ce fort, l'espoir des Grecs, et leur plus ferme appui,
Achille aux Phrygiens l'abandonne aujourd'hui.

ADRASTE.

Ciel ! qu'entends-je ?

PATROCLE.

                    Il fait plus : une paix solennelle
D'Achille et des Troyens termine la querelle ;
Et Priam, et lui-même, ardens à la jurer,
Aux portes d'Ilion ont dû se rencontrer.
Une commune haine en ce jour les rassemble,
Et, dans ce même lieu, tu vas les voir ensemble.

ADRASTE.

O ciel ! quel est, seigneur, mon juste étonnement !
Je ne crois qu'à regret ce triste événement.
Quel malheur en ce jour menace la patrie,
Si l'ami de Patrocle aux Phrygiens s'allie !
Je vois Patrocle même avec eux conspirer !

PATROCLE.

Ami, peux-tu le croire, et me le déclarer ?
Qui, moi ! que je renonce à l'amour de la Grèce !
Que je sois insensible au danger qui la presse !
Que, sans être arrêté par de secrets liens,
Je l'abandonne, Adraste, en faveur des Troyens !
Va, ses maux m'ont touché, ma pitié les partage,
Et les succès d'Hector irritent mon courage.
Elevé près de toi sur les pas des héros,
Je languis à regret dans un obscur repos.

Ah ! devais-je prévoir qu'une aveugle tendresse
Rendrait un jour Achille ennemi de la Grèce ?
Funeste Briséis, source de nos regrets ,
Que de maux ont causés vos coupables attraits !
Pourquoi , dieux irrités, qui détruisez la terre,
Livrez-vous à l'amour des cœurs faits pour la guerre ?
Mais Achille et Priam s'avancent vers ces lieux.

ADRASTE.

Pourrez-vous contempler ces traités odieux ?
Quel charme aura pour vous un entretien funeste ?

PATROCLE.

Les dieux le troubleront ; c'est l'espoir qui me reste.
Demeurons.

SCÈNE II.

ACHILLE, PRIAM, PATROCLE, ADRASTE,
SUITE.

ACHILLE.

Puissant roi des peuples Phrygiens ,
Compagnons généreux, héros Thessaliens,
Vous, sujets de Priam , troupe illustre et captive,
Prêtez tous à ma voix une oreille attentive.
Avant que le soleil, sorti du sein des eaux ,
Demain, loin d'un perfide ait vu fuir mes vaisseaux ,
J'ai voulu de ce lieu lui ravir l'avantage.
J'abandonne à Priam ce prix de mon courage.
Reçois, roi des Troyens , ce gage glorieux
De l'amitié d'Achille et du secours des dieux.
Toi, Patrocle , des Grecs va trahir l'espérance ;
Aux captifs Phrygiens porte la délivrance.

PATROCLE.

Sortons : je cède, Adraste , à ma juste douleur.

SCÈNE III.

ACHILLE, PRIAM, suite.

ACHILLE.

Reprends, triste Ilion, ton antique splendeur !
Puisse Hector des Troyens venger les funérailles,
Voir la Grèce expirante au pied de tes murailles ;
Et, la flamme à la main, la cherchant sur les flots,
Renverser les remparts de Mycène et d'Argos !

PRIAM.

Achille ! Achille ! ô ciel ! ne dois-je plus te craindre ?
Ta fureur dans mon sang semblait vouloir s'éteindre.
Pour le répandre, hélas ! tu traversas les mers :
Ta gloire et mes malheurs remplissent l'univers.
Comment s'est pu calmer ta colère inhumaine ?
Quel dieu, superbe Achille, a désarmé ta haine?

ACHILLE.

Le destin l'a voulu ; le destin dont les lois
Au milieu de leur cours suspendent mes exploits,
Et me font immoler, par un dépit funeste,
Aux Troyens ennemis les Grecs que je déteste.
Ma haine la plus forte est mon guide aujourd'hui ;
Ilion dut la craindre, et j'en deviens l'appui.
Ainsi, de mes travaux foulant aux pieds la gloire,
Et de la Grèce ingrate oubliant la mémoire,
De ma seule vengeance aveuglément épris,
Je veux la satisfaire, il n'importe à quel prix.
Par l'affront qui m'est fait, par ma haine implacable,
J'en renouvelle ici le serment redoutable ;
Je jure à cet autel, à la face des dieux,
D'abandonner ces bords et les Grecs odieux,
Afin qu'Agamemnon, qui lâchement m'offense,
Quelque jour, mais trop tard, m'appelle à leur défense.
Seul, je les sauvai tous; seul, je le puis encor.
Un jour, un jour viendra que la fureur d'Hector
Portera dans leurs rangs l'horreur et le carnage;
Mes yeux verront les Grecs fuyant sur ce rivage.
Les Grecs m'appelleront au bord du Simoïs ;

Mais Achille irrité sera sourd à leurs cris.

PRIAM.

A nos communs affronts Jupiter s'intéresse,
Hector te vengera du crime de la Grèce.

SCÈNE IV.

ACHILLE, PRIAM, EUPHANOR, SUITE.

EUPHANOR, *à Achille.*

SEIGNEUR, des dieux enfin vos vœux sont écoutés;
Des Grecs en ce moment j'ai vu les députés;
J'ai vu le fier Ajax, et le prudent Ulysse.

PRIAM.

Où suis-je, Ulysse? ô ciel! ô revers!

ACHILLE.

O justice!
Le croirai-je, grands dieux! l'ai-je bien entendu?
L'orgueil d'Agamemnon serait-il confondu?
Atride, à la pitié me crois-tu si facile?
Par des soumissions crois-tu fléchir Achille?
C'est du sang qu'il fallait; et le tien eût coulé,
Si, rougissant mon bras, il ne l'eût point souillé.
Je puis, je puis du moins t'abandonner sans honte.
Ma vengeance, il est vrai, me semblera moins prompte.
Comme celle des dieux elle marche à pas lents :
Mais j'aurai la douceur de la goûter long-temps...
Cette fière beauté dont j'adorai les charmes,
Que je n'ai pu quitter sans répandre des larmes,
N'offre plus à mon cœur qu'un don injurieux
Du plus lâche des Grecs et du plus odieux,
Qu'un affront à ma gloire, un objet de faiblesse...
Dont Atride, peut-être, a surpris la tendresse!
Son prix ajoute même à mon ressentiment.
Sera-t-il dit qu'Achille ait pleuré vainement?
Non, non; bravons l'amour, et perdons sa mémoire.
Contentons à la fois et ma haine et ma gloire.
N'en doute point, Priam, je sécherai tes pleurs,
Je vengerai tes fils, qu'ont perdus mes fureurs.
D'un transport orgueilleux je ne puis me défendre;

Il faut le partager pour le pouvoir comprendre;
Ce jour va devenir le plus beau de mes jours :
Je veux de mes succès borner ici le cours.
De quelle joie, ô ciel ! je vais goûter l'ivresse !
Je vais voir à mes pieds les héros de la Grèce,
Et, confondant l'espoir des peuples éperdus,
Je vais leur annoncer mes superbes refus.

PRIAM.

Va, cours, et garde-toi d'oublier ton offense.

SCÈNE V.

PRIAM, BRISÈS, SUITE.

PRIAM.

ULYSSE va venir ! Que je crains sa présence !
Sans doute il vient remplir un sinistre dessein.
Inexorables dieux ! me flattez-vous en vain ?
Pourquoi de vos faveurs corrompez-vous la source ?
Que dis-je ? Quels traités font ici ma ressource ?
Et ce bienfait du sort, qui me permet l'espoir,
De quelle main, grands dieux ! faut-il le recevoir ?
Une main de mon sang encor toute fumante,
Sous qui j'ai vu tomber ma famille expirante !
Oui, ta clémence, Achille, irrite mes douleurs;
Quels dons peuvent jamais réparer tes fureurs ?
Mais, parmi les captifs qu'on promit de me rendre,
O ciel ! par quel bonheur que je ne puis comprendre...
Mes yeux, me trompez-vous ? ô Brisès !

BRISÈS.

O mon roi !

Souffrez qu'à vos genoux...

PRIAM.

O Brisès ! est-ce toi ?

Quel mélange inouï de douleur et de joie !
Quoi ! Brisès, se peut-il qu'enfin je te revoie ?
Objet de mes regrets, comment m'es-tu rendu ?
Comment te retrouvé-je après t'avoir perdu ?

BRISÈS.

Quand Lyrnesse, ô grand roi ! vit triompher Achille,

Je défendais pour vous les murs de cette ville.
Achille sur nos tours plaça ses étendards ,
Et, la flamme à la main , foudroya nos remparts.
Il volait ; et la mort prévenait son passage.
J'attaquai ce vainqueur tout fumant de carnage ,
Trois fois je repoussai son bras victorieux :
Mais qui peut résister contre Achille et les dieux ?
Je vins mordre à ses pieds la sanglante poussière ;
Mes yeux long-temps fermés revirent la lumière...
Trop barbares destins ! me la rendîtes-vous
Pour me faire éprouver de plus sensibles coups ?
Je vis Lyrnesse entière en proie à mille flammes,
Les vainqueurs mettre aux fers nos enfans et nos femmes,
Nos murs réduits en cendre ; et le fils de Thétis,
A mes yeux éperdus, enlever Briséis.

PRIAM.

Ta fille !

BRISÈS.

Elle, seigneur... Ah ! dois-je encor me taire ?

PRIAM.

Que dis-tu? Briséis...

BRISÈS.

Je n'étais point son père.
De ses jours malheureux un autre fut l'auteur.

PRIAM.

O ciel ! par quel destin !...

BRISÈS.

Apprenez tout, seigneur.
Sans doute, il vous souvient de cette Hippodamie...

PRIAM.

Cette fille, en naissant, que le sort m'a ravie ?
Eh ! pourrais-je, Brisès, ne me souvenir pas
Des larmes qu'à son père a coûtés son trépas ?
Hélas ! un sort fatal a proscrit ma famille.
Le ciel dans son courroux s'expliqua sur ma fille :
Un oracle secret prédit, dès son berceau,
Qu'Hector par elle un jour descendrait au tombeau.
Je redoutais ces mots: quand la mort moins sévère,
Hélas ! presqu'en naissant, la ravit à son père ;
Trahit mes tendres soins, et trahit même encor

Cet oracle des dieux prononcé contre Hector.
BRISÈS.
Vous vous trompiez, seigneur, et la reine elle-même.
Cet enfant voit le jour.

PRIAM.
Qu'entends-je? O trouble extrême!
BRISÈS.
Votre fille respire...

PRIAM.
Achève. Justes cieux !
Quoi? cette Hippodamie...
BRISÈS.
Est Briséis.
PRIAM.
Grands dieux !
BRISÈS.
Oui, c'est elle qu'Achille enleva dans Lyrnesse ;
C'est elle que vingt ans pleura votre tendresse.
Sachez par quels destins votre fille, ô mon roi !
Du vainqueur de Lyrnesse a pu subir la loi :
Votre épouse, d'Hector, mère faible et sensible,
Voulut tromper du ciel la menace terrible,
M'ordonna d'exposer cet enfant malheureux,
Victime de sa crainte et d'un sort rigoureux.
Mais moi, plus faible, hélas, et touché de tendresse,
J'osai secrètement la conduire à Lyrnesse.
Elle a porté depuis le nom de Briséis :
C'est sous ce nom, seigneur, que le fils de Thétis
Fit passer dans les fers la triste Hippodamie.
Mais soudain son amour égala sa furie.
Cette ardeur éclata, lorsqu'Atride en courroux
Enleva votre fille à son vainqueur jaloux.
Achille furieux n'écouta que sa rage;
Il s'éloigna des Grecs après un tel outrage;
Pour laver cet affront, mit sa gloire en danger,
Et trahit sa querelle afin de la venger.
Briséis cependant ignore sa naissance;
Elle croit qu'en ces lieux, séjour de son enfance,
Par un Grec fugitif exposée au berceau,
Je daignai de ses jours rallumer le flambeau,

Pour mieux d'un triste oracle écarter la menace,
Je crus devoir, seigneur, lui cacher sa disgrace.
Elle est loin de penser que d'Hécube autrefois
Ilion la vit naître au palais de ses rois ;
Et que l'illustre éclat du sang dont elle est née
L'avait, presque en naissant, à périr condamnée.
Elle croit, dans l'erreur qui flatte son amour,
Que d'un Grec, dans Argos, elle a reçu le jour.

PRIAM.

Je sens, à chaque mot, un tendre et doux murmure
Réveiller dans mon cœur la voix de la nature.
Ma fille, la douleur de ne plus te revoir
Fait passer dans mon ame un affreux désespoir.
Mais, que dis-je? le ciel, en ce moment terrible,
Dans mon cœur agité porte un présage horrible :
Il me dit que mes yeux te reverront encor ;
Mais hélas! ce bonheur va me coûter Hector.
Le lâche Agamemnon, généreux par faiblesse,
A son fier ennemi va rendre la princesse.
Ma fille va bientôt l'exciter aux combats ;
Elle trahit son sang qu'elle ne connaît pas ;
Et si ce jour pour nous ne produit un miracle,
Brisès, voici l'instant annoncé par l'oracle.
Que résoudre?... Ah! comment prévenir Briséis?
Dieux ! rendez-moi ma fille, et conservez mon fils !

FIN DU PREMIER ACTE.

ACTE II.

SCÈNE Ire.

PATROCLE, ULYSSE, AJAX.

ULYSSE, *à Patrocle.*

ACHILLE est irrité, vous pouvez tout sur lui,
La Grèce attend de vous un généreux appui.
Que peut vous refuser un héros qui vous aime?

PATROCLE.

Croyez pour vous servir que mon zèle est extrême.
Si l'on m'a vu d'Achille accompagner les pas,
C'était, n'en doutez point, pour le rendre aux combats.
Votre intérêt rendit ma fuite nécessaire :
Il fallait d'un ami désarmer la colère.
Pour fléchir sa rigueur que n'ai-je point tenté?
Prière, instances, pleurs, il a tout rejeté.
Cependant, j'ose encor former quelque espérance.
Oui, j'attends tout du ciel, et de votre assistance.
Achille va bientôt se montrer à vos yeux.

(Il sort.)

SCÈNE II.

ULYSSE, AJAX.

AJAX.

PRÉVENONS d'un refus l'éclat injurieux.
Eh ! ne voyez-vous pas l'affront qu'on nous prépare ?
Nous venons implorer la pitié d'un barbare.
Qui, moi ! j'irais d'Achille essuyer les refus?
Non. Retournons au camp ; soyons plutôt vaincus.

ULYSSE.

Oubliez-vous ainsi l'intérêt de la Grèce ?

AJAX.

Ne puis-je la servir que par une faiblesse ?
Nous conviendrait-il bien de descendre si bas ?
Et vous-même avec moi n'en rougiriez-vous pas ?

ULYSSE.

Ramenons à la Grèce un héros indocile ;
Rendons-nous immortels en fléchissant Achille.
Achille, d'Ilion avançant les destins,
Va dans un champ d'exploits vous ouvrir les chemins.
Je crois déjà vous voir au sentier de la gloire,
Suivre d'un pas égal sa rapide victoire.

AJAX.

Ulysse, ah ! si le sort, de mes lauriers jaloux,
Ne m'eût point envié l'honneur des premiers coups,
On ne me verrait pas, pour remplir ma carrière,
Attendre qu'un rival vînt m'ouvrir la barrière.
Mais puisque ainsi le veut la fortune, ou Calchas,
Consentons d'implorer l'appui d'un autre bras.
Faut-il vaincre à ce prix ? Je veux encor vous croire.

ULYSSE.

Nul chemin n'est honteux quand il mène à la gloire.

AJAX.

Mais me répondez-vous, Ulysse, du succès ?

ULYSSE.

Instruit de mon projet, comptez sur les effets.
Un des guerriers d'Achille, à la Grèce fidèle,
M'a cette nuit, Ajax, secouru de son zèle.
Ce Grec, pour me servir abusant tous les yeux,
A conduit en secret Briséis en ces lieux.
Ignorez le dessein que je vous fais connaître :
Quand il en sera temps je la ferai paraître.
Ses regards vont produire un heureux changement ;
Ils n'épargneront rien pour fléchir un amant.
Achille par ce charme est facile à surprendre ;
Briséis fera plus qu'Ajax n'en ose attendre.

AJAX.

Briséis ! une esclave !... Ah ! faut-il que ses yeux
Décident du destin d'un peuple glorieux ?

ULYSSE.

De cette Briséis connaissez le génie.
Les fers qu'elle a portés ne l'ont point asservie :
C'est dans ces mêmes fers, et dans l'adversité
Qu'elle a fait éclater une mâle fierté.
Cessez de voir en elle une esclave vulgaire ;

Les plus nobles vertus forment son caractère.
J'ai su l'environner des oracles trompeurs
Dont Calchas à mon gré sème ici les erreurs ;
Et j'ai vu dans son cœur s'accroître avec ivresse
Le désir de la gloire, et l'amour de la Grèce.
Vous le dirai-je enfin ? L'altière Briséis
Voudrait voir ses destins à ceux d'Achille unis...
Mais on entre. C'est lui ; secondez ma prudence ;
Et forçons, s'il se peut, ce tigre à la clémence.

SCÈNE III.

ULYSSE, AJAX, ACHILLE.

ACHILLE.

Amis, qui vous amène aux pieds de ces remparts ?
Quel sujet, quel dessein vous offre à mes regards ?
Êtes-vous en ces lieux par les ordres d'Atride ?
Que vous a commandé cet ennemi perfide ?
Venez-vous de sa part, une seconde fois,
M'enlever dans mon camp le prix de mes exploits ?

ULYSSE.

Nous venons pour ce roi désarmer ta vengeance.
Connais l'excès des maux qu'à produits ton absence.
Le sort te venge, Achille ; et tu vois aujourd'hui
Les princes de la Grèce implorer ton appui.

ACHILLE.

Cet honneur, je l'avoue, a droit de me surprendre ;
Jamais le sort si bas ne vous eût fait descendre,
Si la Grèce assemblée avait élu pour roi,
Au lieu d'Agamemnon, Patrocle, Ajax, ou moi.

ULYSSE.

Ainsi donc ton courroux, fomenté par l'absence,
Toujours d'Agamemnon te retrace l'offense !
Mais quelle offense, enfin ? Tu l'osas outrager ;
Il se devait justice...

ACHILLE.

      Et j'ai dû me venger.
Quoi ! j'aurai soutenu le fardeau de la guerre,
Du bruit de mes exploits j'aurai rempli la terre,

Afin qu'un ravisseur, par un ordre odieux ,
Du fruit de mes travaux me dépouille à mes yeux !
Atride éprouve enfin les malheurs qu'il dut craindre.
Il a voulu se perdre : est-ce à moi de le plaindre ?
Non, non ; suivons le cours de notre inimitié :
Qu'il n'attende de moi ni secours, ni pitié.
Il n'écoute, il ne suit qu'une aveugle furie :
Portez-lui mes refus ; et s'il voit sa patrie
Expirer sans défense aux remparts phrygiens ,
Qu'il n'accuse que lui de vos maux et des siens.

ULYSSE.

Oses-tu t'applaudir de notre ignominie ?
Ta honte à nos malheurs n'est-elle pas unie ?
Peux-tu bénir le ciel qui s'arme contre nous ?
Et ne rougis-tu pas lorsqu'il sert ton courroux ?

ACHILLE.

Achille en rougirait, s'il avait, par faiblesse,
Remis aux Immortels sa fureur vengeresse ;
Ou si le ciel, trop lent à servir ses transports,
N'eût fait, pour le venger, que d'impuissans efforts.

ULYSSE.

Garde-toi d'abuser du succès qu'il te donne :
A l'exemple des dieux, le vrai héros pardonne.
La vengeance souvent nous mène au repentir ;
Il est doux d'y penser, dangereux d'en jouir.
Vois ce roi si superbe, Agamemnon lui-même,
Descendre, après dix ans, de sa grandeur suprême,
Contraint de redouter la honte ou le trépas,
Et d'implorer enfin le secours de ton bras.
Qui l'eût dit qu'un héros, si grand par sa naissance,
Que le chef de vingt rois, si fier de sa puissance,
Et qui de tous les Grecs osa seul t'offenser ,
Jusques à la prière un jour pût s'abaisser ?

ACHILLE.

En vain à l'excuser ta prudence s'applique :
Va, je connais sa haine , et mieux sa politique ;
J'entrevois sa fierté dans sa soumission ;
Il fait ce sacrifice à son ambition.
Les autels sont fumans du sang de sa famille ;
A ce dieu dans l'Aulide il immola sa fille.

Poinsinet de Sivry.   2

ULYSSE.

Que lui reproches-tu ! Quel crime a-t-il commis ?
N'accuse point Atride, il aima son pays.
C'est lui, c'est par ma voix la Grèce qui t'implore :
« Achille, te dit-elle, eh ! qui t'arrête encore ?
» Quoi ! cet amour de gloire est-il donc étouffé ?
» Hector, en ton absence, Hector a triomphé.
» Troie insulte à Cassandre ; et Pâris, qui t'affronte,
» Impute à ta frayeur ta retraite et ma honte.
» La mort vient dans mon camp moissonner mes héros,
» Et ton bras cependant languit dans le repos.
» Accours, vole, mon fils ; mets Ilion en cendre ;
» Viens venger ta patrie, ou du moins la défendre. »
Tu détournes les yeux !... au nom de Briséis !

ACHILLE.

Quittons cet entretien.

AJAX.

                Ah ! c'est trop de mépris.
Retournons vers l'armée ; éloignons-nous, Ulysse :
C'est trop attendre ici que sa fierté fléchisse.
Sans plus presser Achille, et sans l'implorer plus,
De ce jeune orgueilleux annonçons le refus.
Il n'en rougira point : son implacable rage
S'applaudit de nos maux ; il y voit son ouvrage.
Achille est né féroce ; il n'a jamais changé.
On veut le satisfaire ; il veut être vengé.
Qu'attends-tu donc, cruel ? Qu'est-ce que tu regrettes ?
Quoi ! tes fureurs encor ne sont point satisfaites ?
Ni la Grèce expirante aux rivages troyens,
Ni les exploits d'Hector, qui surpassent les tiens,
Rien ne peut assouvir ta barbare furie !
Puisque tu mets ta gloire à trahir ta patrie,
Adieu ! c'est trop tarder. Garde ta haine, et croi
Qu'Ajax saura mourir ou triompher sans toi.

SCÈNE IV.

ACHILLE, ULYSSE.

ACHILLE.

Ah ! c'est ainsi du moins que j'aime qu'on me prie ;
Et non que l'on s'abaisse, et non qu'on s'humilie.
Ulysse ! qu'attends-tu ? Que ne suis-tu ses pas ?
Peux-tu laisser Ajax aller seul aux combats ?

ULYSSE.

Ajax n'ira pas seul ; j'y serai... mais écoute :
Il faut parler, Achille, et m'éclaircir un doute.
Cette beauté qui seule irrita ton courroux,
Et que tu veux venger sur Atride et sur nous,
Briséis...

ACHILLE.

Briséis !...

ULYSSE.

Quel souvenir te blesse ?
Ne serait-elle plus l'objet de ta tendresse ?
Quel est le terme enfin d'un désespoir fatal ?
Prétends-tu la laisser aux mains de ton rival ?
Tu te troubles, cruel !

ACHILLE.

Ah ! dangereux Ulysse,
Quel fruit espères-tu d'un indigne artifice ?
Attaque-moi du moins avec plus de grandeur.

ULYSSE.

Oui ; mes traits les plus sûrs sont au fond de ton cœur.
Nous voulions te fléchir sans obscurcir ta gloire ;
Ta défaite eût paru ta plus belle victoire ;
Et la Grèce aurait mis au rang des plus grands jours
Celui qui t'aurait vu voler à son secours.
Mais tu veux qu'indignés du vengeur qui nous brave,
Nous devions en ce jour Achille à son esclave !
Tu soupires, barbare, et tu baisses les yeux !
Va, je veux te punir et te confondre mieux.
Amant de Briséis ! l'instant fatal arrive
Où ces lieux vont te voir aux pieds de ta captive.

Ton trouble te trahit; je l'ai vu : c'est assez.

ACHILLE.

Quelle honte! ah! plutôt...

ULYSSE.

Madame, paraissez.

SCÈNE V.

ACHILLE, ULYSSE, BRISÉIS.

ACHILLE.

Qu'entends-je ? Je frémis. Ah! rigoureux supplice!
Que vois-je ? Briséis!

ULYSSE. *à part.*

Suivons notre artifice.

ACHILLE.

O revers! ô bonheur, que je n'ai point prévus!
O tendresse! ô fureur!... je ne me connais plus!

BRISÉIS.

Seigneur...

ACHILLE.

Quel parti prendre en ce moment funeste?
Fuyons.

BRISÉIS.

Vous? me quitter!

ACHILLE.

C'est le seul qui me reste.

(*Il sort.*)

SCÈNE VI.

BRISÉIS, ULYSSE.

BRISÉIS.

Il fuit. De mes attraits tel est donc le pouvoir!
O trop sensible affront que j'aurais dû prévoir!
A cette honte, ô ciel! comment puis-je survivre?

ULYSSE.

La victoire est à vous, si vous daignez la suivre.
Son trouble, ses combats, sa fuite, tout enfin,

Prouve qu'il vous adore et qu'il s'échappe en vain.
Achille soupirait... Ah! croyez...

BRISÉIS.

                              Mais vous-même,
Vous l'avez vu, seigneur; il me fuit.

ULYSSE.

                              Il vous aime;
Il craint de succomber en voyant tant d'appas :
Vous craindrait-il, enfin, s'il ne vous aimait pas ?
Montrez-vous, triomphez du courroux qui l'enflamme.

BRISÉIS.

Non, non ; je connais trop la fierté de son ame.
La vengeance est son dieu ; lui seul est écouté.

ULYSSE.

Eh ! connaissez-vous moins le prix de la beauté ?
Est-ce à vous d'ignorer son empire et ses charmes ?
Quel âge a mieux prouvé le pouvoir de ses armes ?
Où n'ont point pénétré ses triomphes divers ?
Un seul regard d'Hélène a troublé l'univers.
Mais ce que n'a point fait cette Hélène si belle,
Et ce qui rend surtout votre gloire immortelle,
Vous-même oubliez-vous que vos yeux ont soumis
Le fils d'Atrée ensemble et celui de Thétis ?
Poursuivez ; couronnez cette double conquête,
Et goûtez la douceur que ce jour vous apprête,
De voir deux demi-dieux de vous plaire jaloux,
Et par vous désunis, et réunis par vous.

BRISÉIS.

Eh bien ! à vos conseils je m'abandonne encore :
Fléchissons ce cruel, qui craint qu'on ne l'implore ;
A ce fier ennemi courons nous faire voir,
Et de mes yeux encore essayons le pouvoir.

ULYSSE.

Le succès vous attend ; faites parler la gloire.
Aux yeux de votre amant présentez la victoire ;
Échauffez, ranimez par vos nobles discours
Cette ardeur des combats suspendue en son cours.
Que d'exploits les suivront ! Ils seront votre ouvrage.
Aux flambeaux de l'amour allumez son courage.
C'est à vous, Briséis, de contraindre son bras

A venger sur ces bords l'affront de Ménélas.
Que l'Europe par vous triomphe de l'Asie.
De l'aurore au couchant, que l'univers s'écrie :
« Achille allait languir dans un honteux repos ;
» Il aima Briséis : elle en fit un héros. »

FIN DU SECOND ACTE.

ACTE III.

SCÈNE Ire.

PRIAM, *seul.*

Où courir ? Où porter ma douleur et mon trouble ?
Mon espoir se détruit, et ma crainte redouble.
O chère Hippodamie, ô triste sœur d'Hector !
Tendre objet de mes pleurs, te reverrai-je encor ?
Brisès m'avait promis… espérance fragile !
Brisès ne revient point. Dieux, j'aperçois Achille !
Que va-t-il m'annoncer ?

SCÈNE II.

PRIAM, ACHILLE.

ACHILLE.
              LE sort prouve en ce jour
Sa haine pour Atride, et pour nous son amour.
C'est en vain qu'à mes pieds j'ai vû tomber la Grèce ;
Je la livre avec joie au péril qui la presse.
L'espoir qui la flattait ne doit plus t'alarmer ;
J'ai prévu tes terreurs, et je viens les calmer.
Achille quitte enfin le rivage de Troie,
Et les Grecs de ton fils vont tous être la proie.
PRIAM.
Ulysse, ainsi des dieux triomphent les décrets !

Leur prudence immortelle a trompé tes projets.
Destins, qui confondez les ruses du perfide,
Daignez au gré d'Achille humilier Atride;
Et puisqu'un doux espoir aujourd'hui m'est rendu,
Dieux puissans! rendez-moi... tout ce que j'ai perdu.

ACHILLE.

Je pars; qu'aucun effroi ne trouble plus ton ame.

(*Priam se retire.*)

SCÈNE III.

ACHILLE, *seul.*

Je puis donc assouvir le courroux qui m'enflamme.
Je vais aux yeux des Grecs confus, désespérés,
Monter sur mes vaisseaux déjà tout préparés;
Tandis que le Troyen va, de carnage avide,
Fondre, la foudre en main, sur les guerriers d'Atride.
Superbe Agamemnon, sous qui tremblent vingt rois,
Sur ces bords désolés, qui défendra tes droits?
Comment de ces combats soutiendras-tu l'image?
Ton courage se borne à flétrir le courage,
A vaincre sans péril, à régner sans honneur,
A dérober aux Grecs le prix de la valeur.
Pleure, pleure à loisir ta fatale imprudence.
Hector, à mes fureurs égale ta vengeance;
Fais tomber à tes pieds ce fier tyran d'Argos.
Partons: qu'il juge enfin de moi par mon repos.
Que ma fuite l'accable, et lui fasse comprendre
Que celui qu'il bravait pouvait seul le défendre.
Contentons cependant mes désirs les plus doux:
Emmenons Briséis.

SCÈNE IV.

ACHILLE, BRISÉIS, ULYSSE.

ULYSSE, *à Briséis.*

FLÉCHISSEZ son courroux.

De vous seule dépend le salut de la Grèce.
Tout est perdu s'il part.

BRISÉIS.

Il suffit. Le temps presse :
Allez d'Achille aux Grecs annoncer le retour.

SCÈNE V.

ACHILLE, BRISÉIS.

ACHILLE.

O ciel ! que dites-vous ?

BRISÉIS.

Ai-je encor votre amour ,
Vous suis-je chère , Achille ?

ACHILLE.

Ah ! si je vous adore !
Atride, espères-tu me la ravir encore ?
Que plutôt, à ses yeux, de tes perfides jours,
Ce fer, ce fer vengeur tranche l'indigne cours !

BRISÉIS.

Que parlez-vous d'Atride ? Oubliez son injure.
Quand je vous suis rendue, étouffez ce murmure.
Achille me revoit : qu'a-t-il à regretter ?
Sont-ce là les transports qu'il doit faire éclater ?

ACHILLE.

Oui, madame , je cède au dépit qui m'entraîne.
Ainsi que mon amour, je sens croître ma haine ;
Et l'affront trop sensible à mon cœur outragé...

BRISÉIS.

C'est dans le sang troyen qu'il doit être vengé.
Armez-vous, descendez aux rives du Scamandre ;
Venez braver les Grecs dans Ilion en cendre.
Que ce grand jour apprenne à vos fiers ennemis
Tout ce que peut Achille, aimé de Briséis.
Hector en votre absence usurpe votre gloire ;
De ses bras tout sanglans arrachez la victoire :
Qu'au bruit de vos exploits, moins vengé que jaloux ,
Atride, en frémissant, applaudisse à vos coups.
Venez.

ACHILLE.

Il n'est plus temps : j'ai donné ma parole ;

Je dois même aujourd'hui l'accomplir, et j'y vole.
Il faut partir, madame, et remplir mes sermens,
Tout m'appelle à Larisse, et mon père et les vents.
J'ai remis à Priam ce fort dont j'étais maître :
Achille à ses regards ne doit plus reparaître.
Je viens en ce moment de lui jurer encor
De livrer tous les Grecs à la fureur d'Hector.
Déjà de mes vaisseaux la voile se déploie ;
Déjà les matelots poussent des cris de joie :
Allons, et de ces bords éloignés à jamais,
De la perfide Grèce emportons les regrets.

BRISÉIS.

Moi ? seigneur ! qu'écoutant un sentiment servile,
Je trahisse la gloire ; et l'intérêt d'Achille !
Que je vous abandonne à ce repos honteux !

ACHILLE.

Ce repos fait ma gloire ; il nous venge tous deux.
Par lui d'Agamemnon la ruine est certaine ;
Si vous aimez Achille, il faut servir sa haine.
En faveur d'un rival vous armeriez son bras !
Partons. Qu'attendez-vous ?

BRISÉIS.

   Non, ne l'espérez pas...
  (*elle aperçoit Patrocle.*)

SCÈNE VI.

ACHILLE, BRISÉIS, PATROCLE.

BRISÉIS, à Patrocle.

Seigneur, c'est donc à vous qu'il faut que je m'adresse.
Souffrirez-vous qu'Achille abandonne la Grèce ?
Ne l'aurez-vous suivi sur ces bords étrangers,
Que pour mettre ses jours à l'abri des dangers ?
Jusqu'à quand verra-t-on, dans cette honte extrême,
Dégénérer Achille, et Patrocle lui-même ?
C'est en vain qu'on vous place au nombre des héros :
Ce grand titre n'est dû qu'aux illustres travaux.
Ramenez à la Grèce Achille et la victoire ;
Fléchissez un ami ; retracez-lui sa gloire.

Poinsinet de Sivry.   3

Faites sur les Troyens retomber son courroux :
Voilà, seigneur, voilà des traits dignes de vous.

PATROCLE.

Achille ! tu l'entends ; quoi ! ton ame insensible
Résiste à cette atteinte, et demeure inflexible !
Ton barbare courroux veut braver tour à tour
La Grèce qui t'implore, et la gloire et l'amour !
Rougis, rougis, cruel, de ta fierté sauvage ;
Tourne contre Ilion ce superbe courage,
Toujours un vain dépit sera-t-il écouté ?...
Non, ton cœur n'est point fait pour tant de cruauté.
Tu n'as point oublié que se vaincre soi-même,
Est le plus noble effort de la vertu suprême.
Elle t'inspire, ami : cède à son mouvement.

ACHILLE.

Ote-moi donc ma haine et mon ressentiment ;
Efface, s'il se peut, de mon ame blessée
L'affront toujours présent à ma triste pensée.
Abolissez tous deux l'outrage et le mépris,
Qui de mes longs travaux furent l'indigne prix.
Eh ! comment oublier ma honteuse disgrace,
Et d'Atride en courroux l'insupportable audace ?...
Mais quand je l'oublierais, vingt rois en sont témoins...
Les Grecs qui l'ont souffert, s'en souviendraient-ils moins ?
De mon horreur pour eux n'accusez que vous-même.
Je les hais, Briséis, puisque enfin je vous aime,
Et puisqu'ils ont permis que leur chef odieux
Me privât du trésor le plus cher à mes yeux.

BRISÉIS.

Mettez cet attentat au rang des plus grands crimes ;
Mais pardonnez aux Grecs : ils en sont les victimes.
Le ciel les a punis ; Hector vous venge assez :
Quels crimes par le sang ne sont point effacés ?

PATROCLE.

Non ; l'affront qu'ils t'ont fait mérite ta colère.
Il est d'autant plus grand, que Briséis t'est chère.
L'effort de les servir, après qu'ils t'ont trahi,
Est pénible sans doute, et peut-être inouï.
Mais enfin la patrie à son secours t'appelle ;
Ton devoir, en tout temps, est de t'armer pour elle.

L'honneur et la vertu t'en imposent la loi;
Si l'effort est sublime, il est digne de toi.
Consulte bien ton cœur, consulte ta tendresse ;
Tout, jusqu'à ton amour, te ramène à la Grèce.
Tout te dit de chérir, de venger ton pays ;
Pour apprendre à l'aimer, contemple Briséis.
Dès l'enfance exposée aux rives étrangères,
C'est peu qu'elle ignorât jusqu'au nom de ses pères;
Argos de ses vaisseaux couvre bientôt les mers,
L'assiége dans Lyrnesse, et lui donne des fers.
A nos seuls intérêts Briséis dévouée
Chérit pourtant ces Grecs qui l'ont désavouée.
Malgré son infortune, et l'injure du sort,
Le zèle qui l'anime est toujours le plus fort.
Fidèle à sa patrie, il lui suffit pour l'être,
De savoir qu'elle est Grecque, et qu'Argos l'a vu naître.
Tant ces droits sont puissans ! et tant on doit d'amour
Aux climats, quels qu'ils soient, où l'on reçut le jour !
Tout ton cœur s'est ému ! ce reproche te blesse...
Oui, ton ame est sensible aux dangers de la Grèce.
La gloire t'a parlé, tu reconnais sa voix.
Ton courage t'appelle à de nouveaux exploits.
Est-il vrai ? Le sens-tu ce regret magnanime,
Ce remords des héros, cette honte sublime ?
Quels nouveaux sentimens t'animent aujourd'hui ?
Achille enfin, Achille est-il digne de lui ?

ACHILLE.

Patrocle ! Briséis ! ami ! gloire ! tendresse !
Qu'attendez-vous de moi ?

PATROCLE.

     Le salut de la Grèce.

BRISÉIS.

Au nom de votre amour.

PATROCLE.

     Au nom de l'amitié,
Ouvre ton cœur, Achille, aux traits de la pitié.

ACHILLE.

Non. Ne me parle point de secourir Atride.
Ma bouche a fait serment, même aux yeux du perfide,
Que jamais contre Hector Mars n'armerait mon bras,

Qu'Hector au dernier Grec n'eût donné le trépas.
Tu sais à quels devoirs un serment nous engage.

PATROCLE.

Périsse ton serment! périsse ton outrage!
Veux-tu me voir, cruel, embrasser tes genoux?
Eh bien! c'est à tes pieds...

BRISÉIS.

Seigneur! que faites-vous?
N'espérez plus fléchir ce courage indocile;
Cessez d'humilier la Grèce aux pieds d'Achille.
Un tel abaissement sied mal à vos pareils...
Mais quoi! ne savez-vous que donner des conseils?
Puisque l'ame d'Achille, à sa haine fidèle,
Ainsi qu'à ma prière, à la vôtre est rebelle,
Que tardez-vous encore? allez dans les combats
Vous couvrir des lauriers qu'eût moissonnés son bras.
Remplissez la carrière à vos yeux présentée;
Et ne faites plus dire à la Grèce irritée:
« Le compagnon d'Achille était né sans vertu,
» Et peut-être sans lui n'eût jamais combattu. »

PATROCLE.

Oui. Je l'ai mérité cet odieux murmure.
Il faut, il faut dans Troie en effacer l'injure.
Dieux! où suis-je en effet? n'est-il pas temps d'agir?
Sortons du vil repos dont j'eus trop à rougir.
Lorsque la terre au loin frémit au bruit des armes,
Quel indigne loisir aurait pour moi des charmes?
Vengeons les Grecs, vengeons leur courage abattu.
Pour la dernière fois, Achille!... me suis-tu?

ACHILLE.

Eh! quoi! pour des ingrats dont le nom seul m'offense,
Tu peux m'abandonner et trahir ma vengeance!
Dans ma querelle, ami, j'espérais mieux de toi.
Quoi! tout, jusqu'à Patrocle, est-il donc contre moi?
N'était-ce pas assez, Briséis, de vos charmes?
Ah! cessez dans mon cœur de vous chercher des armes.
Qu'exigez-vous d'Achille, et que prétendez-vous?
Est-ce à vous de vouloir apaiser mon courroux?
Eh! pour qui de vingt rois ai-je cherché la haine?
Loin de ces bords enfin quel intérêt m'entraîne?

Faut-il donc que les Grecs vous deviennent plus chers
Quand je veux vous venger de leurs indignes fers?
Cessez en leur faveur une plainte inutile ;
Montrez-vous désormais la compagne d'Achille.
D'un rival que j'abhorre, et qui m'osa trahir ,
Ne vous ressouvenez que pour le mieux haïr.
Je vous offre ma main. D'un pompeux hyménée
Je veux sur mes vaisseaux consacrer la journée,
Et du crime d'Atride attestant tous les dieux,
Vous couronner, madame, et partir à ses yeux.

BRISÉIS.

Partez, mais loin de moi. Courez en Thessalie
Oublier les lauriers qui croissent en Phrygie.
Briséis aujourd'hui ne prétend point s'unir
A vos destins, seigneur, afin de les ternir.
Périssent ces beautés aux empires fatales,
Qui, des nobles vertus indignement rivales,
Plongent les jours des rois dans l'oubli flétrissant ,
Et n'osent s'illustrer qu'en les avilissant !
Reprenez tous les dons que vous vouliez me faire.
Pensiez-vous qu'à ce prix un trône pût me plaire ?
Que m'importe ce sceptre et mille autres encor ?
J'aimais Achille seul et le vainqueur d'Hector.
Puisque vous renoncez à cette gloire insigne ,
Sans doute qu'en effet vous n'en êtes plus digne.
Allez loin des périls honteusement régner ;
Mais ne me pressez plus de vous accompagner.
Ne me contraignez pas de partager sans cesse
L'affront de votre fuite et de votre faiblesse.
Non. Je ne vous suivrais que pour vous reprocher
La honte et le repos que vous allez chercher.
Partez ; abandonnez Briséis et la gloire ;
Retournez à Larisse , et perdez ma mémoire.
Ulysse et Diomède , Ajax et Mérion ,
S'illustreront sans vous sous les murs d'Ilion.

ACHILLE.

Patrocle, où sommes-nous ? Que venons-nous d'entendre?
Ah ! de vous adorer qui pourrait se défendre ?
Par quel charme nouveau je me sens attirer !
C'est peu de vous chérir, il faut vous admirer.

Atride, mon courroux s'accroît par cette estime.
Ce n'est que d'aujourd'hui que je sens tout ton crime.
Ta politique en vain crut triompher de moi :
Tu me livres ici des armes contre toi.
Et toi, cruel ami, qui déchires mon ame,
Rends-toi ; viens seconder le désir qui m'enflamme.
Viens ; je prétends qu'heureux entre tous les mortels,
Achille de tes mains la reçoive aux autels ;
Et qu'à tes yeux la foi que ma bouche lui jure,
Couronne dans Larisse une vertu si pure.

PATROCLE.

Non, non. C'est aux remparts que je prétends aller.
L'honneur, l'honneur m'appelle, et m'y verra voler.
Achille, trop long-temps j'ai servi ta colère ;
J'ai partagé l'affront qu'Atride osa te faire ;
De son camp, comme toi, je me suis séparé :
Mais Atride est soumis ; son crime est réparé.
La patrie, à son tour, me demande vengeance.
Je ne balance plus, je cours à sa défense.
Je vais parmi le fer, la flamme et les combats,
Chercher, en le servant, la gloire ou le trépas.
Illustre Briséis, que l'honneur seul anime,
C'est à vous que j'en fais le serment magnanime.
Adieu.

ACHILLE.

   Qui, toi ! me fuir ? tu l'aurais projeté ?
Quitte un fatal dessein.

PATROCLE.

        Le sort en est jeté.
Je ne te presse plus : je sais quelle est ta haine ;
Je connais ta valeur, et quel serment l'enchaîne :
Mais moi, qu'un tel lien n'arrête point encor,
Pour rendre Achille aux Grecs, je vais combattre Hector ;
Peut-être est-il resté sur la rive troyenne
Quelques débris de gloire échappée à la tienne.
La carrière est ouverte, et m'invite à rentrer ;
Patrocle, à ton défaut, la doit seul illustrer.
Le compagnon d'Achille en aura le courage ;
Suivi de ce grand titre, et d'un si beau présage,
Mes cris vont rappeler aux bords du Simoïs

Nos guerriers trop long-temps dans l'opprobre assoupis.
Osons sur tous les noms célèbres dans l'histoire,
Osons sur le tien même élever ma mémoire !
Vous, qui montrez la gloire à mes yeux éblouis,
Vous, dont j'entends la voix, dieux puissans, je vous suis !

SCÈNE VII.

ACHILLE, BRISÉIS.

ACHILLE.

Arrête !..... Il fuit, madame, ah ! c'est vous que j'im-
    plore :
Rappelez mon ami, s'il en est temps encore.
Sans Patrocle et sans vous je ne puis être heureux ;
Mon destin désormais dépendra de vous deux.
Unissons nos efforts ; courons à sa poursuite.

BRISÉIS.

Allons plutôt hâter sa généreuse fuite.

FIN DU TROISIÈME ACTE.

ACTE IV.

SCÈNE Ire.

PRIAM, BRISÈS.

BRISÈS.

Vous verrez Briséis.

PRIAM.

Qu'elle tarde à venir !
Je la verrai, dis-tu ? Qui peut la retenir ?
Que fait Achille ?

BRISÈS.

En proie au trouble qui le presse,
Il accuse les dieux, son ami, sa tendresse ,

Et ce cruel départ qu'il n'a pu retarder.
La seule Briséis ose encor l'aborder.
Elle étale à ses yeux le prix de la victoire ;
L'imprudente lui montre Hector couvert de gloire,
Les Troyens dans son camp tout prêts à l'outrager,
Ses guerriers murmurant, et Patrocle en danger.
Je m'approche, et cachant le dessein qui m'amène,
« Rendez-vous, ai-je dit, vers la tente prochaine. »
Elle vient. Laissez-moi sonder ses sentimens.

PRIAM.

Va, prépare son cœur à ces grands changemens.

(Priam sort.)

SCÈNE II.

BRISÈS, BRISÉIS.

BRISÈS.

O vous, à qui long-temps j'ai tenu lieu de père,
Approchez, Briséis, vous m'êtes toujours chère :
Objet infortuné de mes plus tendres soins,
Je puis donc en ce jour vous parler sans témoins.
Les dieux changent le cours de votre destinée;
De grands événemens marquent cette journée :
Sur vos projets présens, comme sur l'avenir,
Ma fille, il me tardait de vous entretenir.

BRISÉIS.

Parmi les soins divers, le trouble, les alarmes,
La rupture et la paix, les traités et les armes,
Mon père, car ce nom toujours me sera doux,
Trop long-temps Briséis a gémi loin de vous.
Mes parens, que jamais ne connut mon enfance,
Et dont seul dans mon cœur vous remplacez l'absence ;
Mes parens, s'il en est que je dusse implorer,
Ignoraient mon malheur, ou voulaient l'ignorer.
Errante et sans soutien, captive et sans patrie,
A mon premier vainqueur indignement ravie,
Passant des fers d'Achille en ceux d'Agamemnon,
Sans changer de destin, je changeai de prison.
Le ciel en ce grand jour semble oublier sa haine,

Comme votre esclavage, il a brisé ma chaîne ;
Il venge de nos fers l'affront injurieux :
Achille enfin m'épouse à la face des dieux.
Ainsi, quittant bientôt les rives du Scamandre,
Aux bords thessaliens nos vaisseaux vont descendre ;
Je vais bientôt régner sur vingt peuples divers,
Et, fille de Thétis, franchir les vastes mers.
Seul, de tous les Troyens, ne craignez plus Achille :
Si Pergame est détruit, Larisse est votre asile.
Vivez pour voir finir vos malheurs et les miens,
Et présidez vous-même à de si beaux liens.
Vous gémissez, seigneur, et malgré tant de gloire...

BRISÈS.

Ces liens sont affreux ; perdez-en la mémoire.
Rompez, rompez des nœuds que le crime a tissus.

BRISÉIS.

Qu'entends-je ? Je frémis !

BRISÈS.

Vous frémirez bien plus.
Cet hymen n'est qu'horreur, impiété, parjure.

BRISÉIS.

Qui peut-il offenser ?

BRISÈS.

Les dieux et la nature.
Vous outragez enfin par ces nœuds criminels
Les droits sacrés du sang, et tous ceux des mortels.

BRISÉIS.

Qui, moi ? les droits du sang ! Eh ! les puis-je connaître ?
En serait-il pour moi ? Sais-je qui m'a fait naître ?
Quoi ! vous-même, seigneur, ne me disiez-vous pas
Que, victime en naissant, dévouée au trépas,
Triste jouet de l'onde, et rebut du naufrage,
J'allais périr, sans vous, sur un rocher sauvage ?
Sais-je enfin rien de plus des auteurs de mes jours,
Que leurs vœux pour ma mort trompés par vos secours ?
Le sang n'a point de droits dont mon cœur ne s'offense :
Je ne connais que ceux de la reconnaissance.
Croirai-je les trahir, quand, libre de mes fers,
Et vengeant nos affronts aux yeux de l'univers,
Du plus grand des héros épouse couronnée,

Je relève mon sort et votre destinée ?
Quels dieux par Briséis sont alors offensés ?

BRISÈS.

Ces liens sont affreux, vous dis-je : frémissez !
Il est temps de lever le voile impénétrable
Qui couvrit de vos jours la source déplorable.
Victime du destin, jouet de ses rigueurs ,
Hélas! vous ignorez vos plus cruels malheurs.
Ils avaient précédé l'instant qui vous vit naître.
Sans horreur aujourd'hui pourrez-vous les connaître ?
Comment en soutenir le récit accablant?
Quels secrets! je frissonne en vous les révélant.
Même avant le berceau, proscrite, infortunée,
A trahir votre sang vous fûtes destinée.
Le premier de vos jours fut un jour de douleur ;
Un oracle cruel en consacra l'horreur.
D'un frère glorieux sœur et sujette impie ,
Vous dûtes ou périr, ou menacer sa vie.
De la vôtre la Parque allait trancher le cours ;
Vous fûtes exposée... et si, par mon secours ,
Vous jouissez encor du ciel qui nous éclaire,
Tremblez ! il vous forma pour servir sa colère.
Instrument malheureux de ses desseins secrets ,
Vous n'avez point trahi ses barbares arrêts.
Eh bien! de ses rigueurs accomplissez le reste ,
Allez justifier son oracle funeste.
Mais , que dis-je ? Quel coup n'avez-vous point porté ?
Que manque-t-il encore à votre impiété ,
Quand , poursuivant le cours de vos destins contraires,
Vous acceptez la main qui massacra vos frères ?
Vous soupirez. Des pleurs obscurcissent vos yeux.
Pleurez, fille des rois !

BRISÉIS.

Où suis-je? justes Dieux!

BRISÈS.

Les temps sont arrivés. Commencez à connaître
Ces rois , ces demi-dieux qui vous ont donné l'être.
O fille des héros de l'antique Ilion ,
Reste du sang de Tros et de Laomédon,

Rejeton malheureux d'une auguste famille,
Embrassez votre père.

SCÈNE III.

PRIAM, BRISÉIS, BRISÈS.

PRIAM.

O mon sang ! ô ma fille !

BRISÉIS.

O mon père ! ô mon roi !... Frappez, qu'attendez-vous ?
Frappez la sœur d'Hector tremblante à vos genoux.
Daignez rendre à la mort une triste victime.
Elle a trahi son sang : elle expîra son crime.

PRIAM.

O chère Hippodamie ! épargne mes douleurs.
Perdons le souvenir de nos premiers malheurs.
Mon ame s'ouvre entière aux transports que j'éprouve :
Le ciel est apaisé, puisque je te retrouve.
Les dieux daignent enfin suspendre mes regrets ,
J'oublie en ce moment tous les maux qu'ils m'ont faits.
O triste sœur d'Hector ! ô fille toujours chère !
Sais-tu combien de pleurs tu coûtas à ton père ?
Je n'en verserai plus. Le ciel finit leurs cours :
Et tu vas rendre heureux ces derniers de mes jours.
Seule tu vas changer ma fortune cruelle ,
Et calmer sa rigueur... qui dut être éternelle !
Briséis, conçois-tu le juste étonnement ,
Les plaisirs qui suivront ce grand événement ,
Quand aux premiers Troyens que m'offrira leur zèle ,
Ma bouche annoncera cette heureuse nouvelle?
Peins-toi leur allégresse ; et peins-toi , même encor ,
Les transports de la reine, et ceux de mon Hector.
Hâtons-nous , cher Brisès ; allons porter dans Troie
La joie et les plaisirs où mon ame est en proie.
Suis-moi, ne tardons plus.

BRISÈS.

Seigneur, où courez-vous ?
Quel trouble vous égare en des momens si doux ?
Infortuné monarque, et plus malheureux père ,

Vous retrouvez à peine une fille si chère ;
A peine le destin la remet sous vos lois ,
Et vous allez la perdre une seconde fois !
Déguisez, réprimez cet excès de tendresse.
Trompez également les Troyens et la Grèce :
Et d'Ulysse et des siens craignez les trahisons ;
Surtout du fier Atride écartez les soupçons.
Eh ! de quel prix alors racheter votre fille ?
Quels efforts la rendraient aux pleurs de sa famille ,
Si ce fatal secret qu'on ne peut trop céler ,
Aux Grecs, avant la nuit, allait se dévoiler ?

PRIAM.

Les dieux , qui m'ont rendu cet objet de mes larmes ,
Sans doute , cher Brisès, t'inspirent ces alarmes.
Ils ont parlé, ma fille , et leur ordre sacré
A votre oreille en vain ne s'est pas déclaré.
Renfermez ces secrets ; et quand la nuit propice
Va couvrir et les Grecs et les ruses d'Ulysse ,
Nous vous ferons sans peine échapper de ces lieux ,
Et rentrer dans les murs élevés par les dieux.
Si ces dieux bienfaisans , secondant notre audace ,
A ma triste vieillesse accordent cette grace ,
J'atteste leurs autels aux sermens consacrés ,
De rendre Hélène aux Grecs , contre elle conjurés.
Cessez , guerre funeste, et d'une paix durable
Resserrons à jamais le lien désirable.
Grèce , reprends le bien que j'ai trop défendu ,
Et rends-moi seulement celui que j'ai perdu.
Oui , je vais tout tenter pour enlever ma fille
Aux mains du meurtrier de toute ma famille :
Car je ne pense pas qu'un tigre furieux ,
Tout couvert de ton sang , puisse plaire à tes yeux.
Non, ton cœur envers moi ne sera point perfide.
Jure donc de quitter ce vainqueur homicide,
De rejeter ses feux , de détester son nom ,
De lui taire le tien , de revoir Ilion.
Parle. Le promets-tu , ma chère Hippodamie ?

BRISÉIS.

Seigneur... je promets tout ; disposez de ma vie.

BRISÈS.

Achille va venir ; il faut vous séparer.

PRIAM.

Adieu : songe aux sermens que tu viens de jurer.

BRISÉIS.

Vous me quittez, mon père !

SCÈNE IV.

BRISÉIS, *seule.*

HÉLAS ! tout m'abandonne.
Que vais-je devenir ? Quelle horreur m'environne !
Qui suis-je ? Qu'ai-je appris ? Quelle affreuse clarté !
Grands Dieux ! replongez-moi dans mon obscurité...
Ou de mon ame au moins bannissez la mémoire
Des instans plus heureux, et marqués par la gloire,
Où le fils de Thétis, au bord thessalien,
Dut pour jamais unir et son sort et le mien.
Hélas ! de quel espoir mon ame possédée
Formait de cet hymen la douce et frêle idée !
Ne reviendrez-vous plus pour calmer ma douleur,
Temps heureux, où du moins j'ignorais mon malheur ?
Mais où t'égares-tu, sœur et fille parjure ?
Tous les vœux que tu fais outragent la nature.
Mon trouble et ma terreur croissent à chaque pas.
Que vois-je ? Achille armé ! Que lui dirai-je, hélas !

SCÈNE V.

BRISÉIS, ACHILLE.

ACHILLE, *en habit de combat.*

MADAME, triomphez du pouvoir de vos charmes ;
Ils ont contraint Achille à reprendre les armes.
Ce fer du sang troyen va se rougir encor ;
Adraste, par mon ordre, est allé vers Hector.
Dans la plaine avec lui je vais bientôt descendre ;
Dans une heure il m'attend aux rives du Scamandre.
Nos traités sont rompus, je les ai violés ;

Il faut combattre Hector, puisque vous le voulez.
Pardonnez si tantôt je tardais à vous croire;
La résistance même ajoute à votre gloire.
Je vais... mais quel ennui vous trouble en ce moment?
Quel triste adieu, madame, emporte votre amant?
Eh quoi! vos yeux sur moi ne se tournent qu'à peine.
Au nom de cet hymen dont l'attente est prochaine,
Au nom de cet espoir dont j'aime à me remplir,
Qu'un regard...

BRIÉSIS.

Cet hymen est loin de s'accomplir,
Seigneur.

ACHILLE.

Que dites-vous?

BRISÉIS.

L'injuste destinée
Des plus cruels revers marqua cette journée.
Mon malheur me condamne à d'éternels ennuis.

ACHILLE.

Qu'entends-je?

BRISÉIS.

Jour funeste!

ACHILLE.

Achevez.

BRISÉIS.

Je ne puis.

ACHILLE.

J'entends; j'ai mérité votre juste colère;
Je devais n'aspirer, ne songer qu'à vous plaire :
J'ai dû, mettant ma gloire et ma haine à vos pieds,
Verser soudain le sang que vous me demandiez;
Il fallait à l'instant combler votre espérance.
Eh bien! je vais, je cours réparer cette offense.
Adieu!

BRISÉIS.

C'en est donc fait... quoi! seigneur, vous partez?

ACHILLE.

Vous le voulez, madame, et j'y vole...

BRISÉIS.

Arrêtez.

Ah! seigneur, épargnez mes mortelles alarmes.

ACHILLE.

Achille va combattre, et vous versez des larmes!
Ah! bientôt à vos yeux cet Achille vainqueur,
Couvert du sang d'Hector...

BRISÉIS.

          Vous me percez le cœur.

ACHILLE.

Veillé-je? n'est-ce point un songe qui m'abuse?
O ciel! est-ce bien moi que votre bouche accuse,
Moi qui, pour satisfaire à votre volonté,
Ai brisé des sermens le lien redouté?
De quel crime envers vous soupçonnez-vous mon ame?

BRISÉIS.

Que ne puis-je parler!

ACHILLE.

      Hector m'attend, madame.

BRISÉIS.

Seigneur... hélas! du moins, différez un moment.

ACHILLE.

Que penserait Hector de mon retardement?
J'ai déjà trop long-temps différé pour ma gloire.
Cependant vous voulez... grands dieux puis-je le croire?
Briséis, savez-vous ce que vous proposez?

BRISÉIS.

Ah! je sais que je meurs si vous me refusez.
Périssent les combats qu'à jamais je déteste!
Apprenez qu'en ce jour un oracle funeste,
Un oracle pour moi plus cruel que la mort,
M'a rendu mes parens, m'a révélé mon sort.
Mais un ordre sacré qu'il faut que je révère,
Me force à tous les yeux d'en voiler le mystère.
Seigneur, qu'il vous suffise aujourd'hui de savoir
Que chérir cet Hector est mon premier devoir;
Que pour sa vie enfin je donnerais la mienne;
Que mon sang est à lui, que je naquis Troyenne.

ACHILLE.

Vous Troyenne! et c'est vous qui vouliez son trépas!
Contre Hector aujourd'hui vous seule armez mon bras!

BRISÉIS.

Puissé-je chez les morts descendre la première !
Tournez, tournez sur moi cette arme meurtrière.
Qu'elle épuise mon sang comme elle a commencé...
Ce n'est pas d'aujourd'hui que vous l'aurez versé.
Mes frères généreux, dont Troie arma le zèle,
Ont péri sous vos coups en combattant pour elle.
Briséis plus long-temps ne saurait les trahir...
Elle a même promis, seigneur, de vous haïr.
Mais dussé-je paraître offenser la nature,
Dût une mort soudaine expier mon parjure,
C'est le seul des sermens que je veux violer ;
Et c'est ce qu'en tremblant j'ose vous révéler.
A ma prière, hélas ! serez-vous inflexible ?
Votre cœur à ma voix sera-t-il insensible ?
Songez qu'Achille un jour dut être mon époux.
Vous ne répondez rien !... Je tombe à vos genoux :
Je veux les arroser, les baigner de mes larmes ;
Et si mon désespoir a pour vous quelques charmes,
S'il faut, cruel, enfin, que vous me refusiez,
Cet instant va me voir expirer à vos pieds.

ACHILLE.

(à part.)
Grands dieux ! souffrirez-vous que ma gloire trahie...
(à Briséis.)
Ah ! que demandez-vous ?

BRISÉIS.

Je demande la vie.
Que vois-je ? Dans vos yeux un doux espoir me luit.
Mais soudain, quel nuage... ah ! tout mon bonheur fuit.

ACHILLE.

Briséis, il faut donc... O ciel ! que dois-je faire ?

BRISÉIS.

Eh bien ! c'est trop cacher un funeste mystère.
Apprenez des secrets trop long-temps inconnus...

SCÈNE VI.

ACHILLE, BRISÉIS, ULYSSE.

ULYSSE.

Achille, Hector triomphe, et Patrocle n'est plus.

ACHILLE.

Dieux !

BRISÉIS.

Qu'entends-je ?

ULYSSE, *à Achille.*

La mort a fermé sa paupière ;
La gloire a terminé sa brillante carrière.
A peine ce héros avait quitté ces lieux,
Hector s'avance à lui la fureur dans les yeux.
Hector croit voir Achille ; et d'un ton de menace :
« Viens, dit-il, recevoir le prix de ton audace. »
Patrocle ne répond que par un trait lancé,
Qui dans l'air... Mais lui-même il tombe terrassé ;
Et par le fier Hector immolé sans défense,
Il s'écriait : Achille ! et demandait vengeance.
Il l'obtiendra sans doute ; et je vais de ce pas
Exciter tous les Grecs à venger son trépas.

SCÈNE VII.

ACHILLE, BRISÉIS.

ACHILLE.

Il n'est plus ! ô destin ! ô fortune ennemie !
Mais je verse des pleurs, et Patrocle est sans vie !
Etendu sur l'arène, il attend un vengeur.
Ami, je le serai : j'en jure ma fureur.
Je dois une victime en tribut à ta cendre ;
Tu demandes son sang, et je vais le répandre.

BRISÉIS.

Ah ! plutôt qu'en mon sein votre fer soit plongé.
Vous ne m'écoutez plus !

ACHILLE.

Patrocle, sois vengé !

FIN DU QUATRIÈME ACTE.

Poinsinet de Sivry. 4

ACTE V.

SCÈNE Ire.

PRIAM, BRISÉIS.

PRIAM.

Est-ce toi , Briséis? Viens rassurer ton père.
Qu'en ces cruels momens ta présence m'est chère !
Aux portes de ce camp , des soldats furieux
Ont présenté leurs dards et la mort à mes yeux.
Qui leur fait violer tous les droits qu'on révère?
Suis-je libre ou captif? Que faut-il que j'espère?
Tout en ces lieux conspire à me remplir d'effroi.
Achille des sermens trahirait-il la foi?
On dit qu'il s'est couvert de ces fatales armes
Qui cent fois dans nos rangs ont semé les alarmes.
Par ton silence, hélas! ce bruit trop confirmé...

BRISÉIS.

Il est trop vrai, seigneur ; Achille s'est armé.

PRIAM.

Dieux cruels ! ôtez-moi ce reste de lumière ;
Précipitez le cours de ma triste carrière.
Pourquoi me réserver à de nouveaux malheurs?
O sort n'avais-je point épuisé tes rigueurs?
Ainsi de nos traités Achille rompt la chaîne!
Les dieux de ce cruel ont ranimé la haine!
Ah! ma fille! tes yeux ont su toucher son cœur :
C'est à toi de fléchir sa barbare fureur.
Fais-lui voir à ses pieds sa captive tremblante ;
Emprunte l'éloquence et les pleurs d'une amante;
Implore pour un frère un vainqueur généreux.
Je ne te parle plus de détester ses feux.
Sauve Hector et tes murs de sa rage funeste ,
De ton sang malheureux conserve ce qui reste.
Oublions le passé , ma haine s'y résout;
Qu'Hector vive : à ce prix je veux pardonner tout.
Tu ne me réponds point , je te vois interdite.

Parle, qui peut causer le trouble qui t'agite?
Instruis-moi , je le veux.

BRISÉIS.

(à part)   (haut.)
Que lui dire?... Ah! tremblez !

PRIAM.

N'importe. Apprends-moi tout.

BRISÉIS.

Nos malheurs sont comblés.

PRIAM.

Que dis-tu? Satisfais ma triste inquiétude.
De quels nouveaux revers ?...

BRISÉIS.

Apprenez le plus rude :
Patrocle est mort , seigneur; l'oracle est accompli ,
Achille va combattre; et mon sort est rempli.

PRIAM.

Ah! c'est trop en un jour essuyer de disgraces.
Non ; je n'attendrai point l'effet de vos menaces ,
Présages effrayans d'un sinistre avenir.
Par une prompte mort il faut vous prévenir.

BRISÉIS.

C'est moi qui de vos maux ai rempli la mesure.
Punissez votre fille et vengez la nature.
De l'antique Ilion et la gloire et l'appui,
Le magnanime Hector va périr aujourd'hui.
Votre fils va périr ; et sa sœur criminelle ,
Indigne rejeton d'une tige si belle,
Des plus affreux destins accomplissant le cours ,
A suscité le bras qui va trancher ses jours.
Qu'attendez-vous? Frappez !

PRIAM.

Va , tu m'es toujours chère.

RISÉIS.

Hector est votre fils.

PRIAM.

Ne suis-je pas ton père ?
Cesse de déchirer tous mes sens attendris,
Hector et Briséis me sont d'un même prix.
J'excuse tes erreurs : ton remords les efface

N'accusons que le ciel du coup qui nous menace.

BRISÉIS.

Dieux ! que n'ai-je prévu ma honte et mes regrets !
Mais il fallait remplir vos injustes décrets....
Non ; de cette rigueur le ciel n'est point capable.
Que dis-je ? A mes désirs il se rend favorable.
Je ne m'abuse point ; vous m'inspirez, grands dieux !
Vous remplissez mon cœur, vous éclairez mes yeux.
C'est vous qui m'appelez aux rives du Scamandre,
Aux lieux où tant de sang est près de se répandre.
J'y cours ; et par mes cris, mes sanglots et mes pleurs,
Je vais de ces cruels suspendre les fureurs.
Leurs cœurs ne seront point fermés à ma prière ;
Des mains de mon amant je sauverai mon frère.
Retenus en secret par de tendres liens,
Leurs homicides bras rencontreront les miens...
Ou, s'ils m'osent braver, leur barbare furie
Ne pourra s'assouvir qu'en m'arrachant la vie.

(*Elle sort.*)

SCÈNE II.

PRIAM, *seul.*

Ma fille !... elle me fuit. O crainte ! ô faible espoir !
Qui m'apprendra les maux que je n'ose prévoir ?
Hélas ! tout m'abandonne au trouble qui me presse ;
Un noir pressentiment alarme ma tendresse.
Ce présage cruel, que je ne puis bannir,
Egare mes esprits dans un triste avenir.
Briséis ! cher Hector ! malheureuse famille !
Que deviendra mon fils ? Reverrai-je ma fille ?

SCÈNE III.

PRIAM, BRISÈS.

PRIAM.

Mais j'aperçois Brisès. Est-ce fait de ton roi ?...

BRISÈS.

Vivez, vivez, seigneur, et calmez votre effroi.

Tous les dieux à la fois protègent votre empire.

PRIAM.

O ciel ! qu'entends-je ? Achève ; Hector ?

BRISÈS.

Hector respire.

PRIAM.

Les dieux me le rendraient !

BRISÈS.

Achille furieux
Courait à la vengeance au sortir de ces lieux.
Les éclairs sont moins prompts, la foudre est moins sou-
daine.
Déjà de la Troade il a vu fuir la plaine.
Il se présente aux bords à jamais révérés,
Où le Xante immortel roule ses flots sacrés.
Hector au même instant paraît sur l'autre rive.
Achille, en frémissant, voit sa rage captive ;
Et redoublant sa haine à l'aspect du héros,
Terrible et tout armé, se plonge dans les flots.
De cette audace altière Hector même s'étonne.
Achille disparaît ; l'onde écume et bouillonne.
Bientôt il se remontre, et paraît à nos yeux
Tel qu'on peint les Titans armés contre les dieux.
Tous ces dieux conjurés pour venger leur rivage,
D'accord avec les flots combattaient son passage.
Achille, loin de lui par l'orage entraîné,
Repousse, mais en vain, le torrent mutiné :
Un choc nouveau le presse ; il chancelle, il succombe ;
Il rappelle sa force, il résiste, il retombe.
Il voit encor briser ses efforts superflus ;
Un bruit même s'élève : « Achille ne vit plus ! »
Mais tandis qu'à l'envi les défenseurs de Troie
Se livrent aux transports d'une indiscrète joie,
O surprise ! ô prodige ! Achille audacieux
Surmonte la tempête et le fleuve et les dieux.
Ce n'est plus un mortel échappé du naufrage,
C'est Achille vainqueur qui s'élance au rivage.

PRIAM.

Ciel ! et mon fils ?

BRISÈS.

Hector, en ce moment fatal,
Avec moins de fureur, montre un courage égal.
L'un par l'autre excités, ces rivaux intrépides
Mesurent fièrement leurs glaives homicides.
Une même valeur semble guider leurs bras.
Tous deux cherchent la gloire, et courent au trépas.
La victoire hésitait ; la déesse inhumaine
Allait enfin pencher sa balance incertaine ;
Mais un dieu plus propice en ordonne autrement ;
Et le sort qui fait tout change l'événement.
Un trait part de nos rangs. Son atteinte émoussée
Par le casque d'Achille est au loin repoussée.
Les airs sont aussitôt couverts de mille dards,
Les Grecs sur les Troyens fondent de toutes parts.
Jamais Mars dans les cœurs ne mit plus de furie ;
Mes yeux ont vu combattre et l'Europe et l'Asie.
Neptune arme pour Troie, et Junon pour Argos,
Tout ce que la nature a produit de héros.
La fuite à la terreur ne permet plus d'asile :
Tout Troyen est Hector, et tout Grec est Achille.
Achille et son rival, dans la foule perdus,
S'appellent à grands cris, et ne se trouvent plus.
Sans doute un dieu plus fort les trouble et les égare.
Mars veut les réunir, Jupiter les sépare.
Jupiter ne veut pas que la parque en courroux
Étende sur Hector ses homicides coups.

PRIAM.

N'en doutons point, Brisès : un dieu prend sa défense.
Je reverrai mon fils ; j'en reprends l'espérance.
O Brisès ! de ton roi conçois-tu les transports ?
Le sort du fier Achille a trompé les efforts.
Va, cours vers Briséis ; peins-lui mon allégresse.

(Brisès sort.)

SCÈNE IV.

PRIAM, *seul.*

Oui , les dieux ont voulu consoler ma vieillesse.
Mon bonheur désormais... Dieux ! qu'est-ce que je vois?
Où suis-je ? O ciel! Achille !... O foudre , écrase-moi !

SCÈNE V.

PRIAM, ACHILLE.

PRIAM.
Barbare! d'où viens-tu , tout fumant de carnage ?
Qu'as-tu fait de mon fils ?
ACHILLE.
                    Ce qu'en a fait ma rage !
Père du meurtrier du héros que j'aimais !
Si ma main a puni ses barbares forfaits ?
Quels secours l'auraient pu soustraire à ma vengeance ?
Pensais-tu que cent bras armés pour sa défense ,
Et les flots mutinés , et tous les dieux unis,
De ma juste fureur pussent sauver ton fils ?
Le Xante a vainement arrêté mon courage :
Au travers de ses flots je me suis fait passage.
Hector m'a bientôt vu revoler sur ses pas ;
Ce fer l'a détrompé du bruit de mon trépas.
J'ai terrassé ton fils. Mon bras, de sang avide ,
S'est mille fois baigné dans celui du perfide.
Enfin las de rouvrir et d'épuiser son flanc ,
Autour de ses remparts je l'ai traîné mourant ;
Et pour mieux insulter au défenseur de Troie,
Des vautours dévorans je l'ai laissé la proie (1).
Pour venger mon ami , dont le sang fume encor ,
Voilà ce que j'ai fait du malheureux Hector.
Que ne puis-je , Patrocle , au gré de ton attente ,

____

(1) Iliade , l. 10.

Immoler Troie entière à ton ombre sanglante!

PRIAM.

Toi , le sang de Pélée, ou celui de Thétis?
Opprobre des héros! non, tu n'es point leur fils.
Le flambeau de la rage éclaira ta naissance :
La haine te reçut des mains de la vengeance.
Les flancs de l'hydre affreuse , ou le Styx en fureur ,
Te vomirent au jour pour en être l'horreur.
O monstre ! as-tu bien pu d'un récit sanguinaire
Oser souiller ainsi les oreilles d'un père ?
Me peindre mon Hector sous ton glaive expirant,
Et t'offrir à mes yeux tout couvert de son sang ?
Triomphe de mes pleurs, infernale furie !
O mort ! viens m'enlever de sa présence impie ;
Délivre mes regards d'un aspect odieux.

ACHILLE.

Ah ! c'est trop retenir mes transports furieux ,
Et ma rage...

SCÈNE VI.

PRIAM , ACHILLE, BRISÈS.

BRISÈS.

Ou t'emporte une aveugle colère ?
Amant de Briséis, épargne au moins son père.

ACHILLE.

Qu'entends-je? Lui , son père ! O coup affreux du sort !

BRISÈS.

Barbare , viens la voir expirer près d'Hector.

PRIAM.

Ma fille !

ACHILLE.

O désespoir ! Hector était son frère !
Le voilà donc connu ce funeste mystère.
Tonnez sur moi , grands Dieux !

PRIAM.

Ma fille expire ; ô ciel !
J'ai perdu Briséis !... Eh bien ! tigre cruel !
Ta vengeance implacable est-elle satisfaite ?

Non. Puisque je respire , elle reste imparfaite ;
Il manque une victime à ton inimitié...
Tu frémis : est-ce à toi de sentir la pitié ?
Epuise, épuise un sang où ta main s'est plongée.

ACHILLE.

Poursuis, venge sur moi la nature outragée.
Venge Hector par sa sœur , et ton cœur par le mien.
Accrois mon désespoir par l'image du tien.
J'ai fait couler tes pleurs ; j'en verse davantage.
C'est sur moi qu'ont porté tous les traits de ma rage :
Briséis !

PRIAM.

       Aux remords ton cœur semble s'ouvrir.
Quels sont donc mes malheurs, s'ils ont pu t'attendrir ?

BRISÈS , à Priam.

Seigneur, puisque les dieux ont fléchi sa colère ,
Briséis dans son cœur doit parler pour un frère.
Aux honneurs du bûcher votre fils attendu ,
Aux larmes des Troyens n'est point encor rendu.
Songez, songez qu'Hector privé de funérailles,
Reste en proie aux vautours au pied de ces murailles ;
Souffrirez-vous qu'un fils ?...

PRIAM.

              Tu déchires mon cœur.

BRISÈS.

Joignez vos pleurs aux miens pour toucher son vainqueur.
Achille à la pitié laisse attendrir ton ame.
Ce n'est plus cet Hector portant partout la flamme ;
Ce n'est plus ce guerrier, ce fils victorieux ,
Que suivaient aux combats la terreur et les dieux ;
Ce n'est plus ce héros, l'appui de Troie entière...
C'est Hector au tombeau , que te demande un père.

PRIAM.

O nature ! je cède à ton pouvoir sacré.
Achille, écoute un père au désespoir livré ;
J'ai perdu par toi seul, par ce fer que j'abhorre,
Ce fils que ma douleur te redemande encore.
Ta main , ta main barbare a comblé mes malheurs;
Elle est teinte du sang qui fait couler mes pleurs.
La nature en mon ame a gravé cet outrage ;

Poinsinet de Sivry.   5

Elle excitait un père à défier ta rage :
Ce même amour, Achille , est encor le plus fort.
Reconnais son empire à ce cruel effort :
J'embrasse tes genoux. Que cette main funeste ,
De mon fils qui n'est plus, me rende au moins le reste.
Permets-nous de porter ces gages précieux
Au tombeau qu'à sa cendre ont laissé ses aïeux.
Une noble pitié n'est point une faiblesse ;
Accorde cette grace à ma triste vieillesse.

ACHILLE.

Va , père infortuné, ne crains plus mon courroux :
J'ai fait tous tes malheurs , et je les ressens tous.
Porte dans Ilion, va rendre à ta famille
Les cendres de ton fils , et celles de ta fille.
Qu'en un même tombeau la mort tienne enfermé
Tout ce qui te fut cher , et tout ce que j'aimai.
Revois tes murs encor.

PRIAM.

Triste et funeste joie !

ACHILLE.

Allons chercher la mort qui m'attend devant Troie.

FIN DE BRISÉIS.

LE CERCLE,

ou

LA SOIRÉE A LA MODE,

COMÉDIE

EN UN ACTE ET EN PROSE,

DE

POINSINET,

Représentée, pour la première fois, en 1764.

PERSONNAGES.

ARAMINTE, veuve d'un financier.
CIDALISE, ⎰ ses amies.
ISMÈNE, ⎱
LUCILE, fille d'Araminte.
LISIDOR, conseiller au parlement.
LE MARQUIS, jeune colonel.
LE BARON, ancien militaire.
UN MÉDECIN.
UN ABBÉ.
DAMON, bel esprit.
LISETTE, femme-de-chambre de Lucile.

La scène est à Paris, dans la maison de madame Araminte.

LE CERCLE,

OU

LA SOIRÉE A LA MODE,

COMÉDIE.

Le théâtre représente un salon de compagnie, où se trouvent des siéges, un canapé, un métier de tapisserie, des tables de jeu, des livres de musique, une guitare, etc.

SCÈNE PREMIÈRE.

LISIDOR, LISETTE.

(Ils entrent de différens côtés.)

LISETTE.

Ah ! c'est vous, monsieur ? Quoique nous vous désirions sans cesse, nous ne vous attendions pas sitôt.

LISIDOR.

Mon empressement t'étonnera moins quand le motif t'en sera connu. Je viens de recevoir quelques nouvelles qui m'affligent, et je voulais avoir, à l'issue de son dîner, une conversation avec l'aimable Lucile. (*Il tire sa montre.*) Le repas me paraît aujourd'hui plus long qu'à l'ordinaire.

LISETTE.

Ce n'est pas que madame Araminte s'amuse à table : depuis que je la connais j'ai toujours remarqué que ce n'est jamais où elle est qu'elle se désire; mais nous avons compagnie.

LISIDOR, *tirant une bague de son doigt.*

En attendant que l'une ou l'autre de ces dames soit visible... te pourrai-je consulter sur ce bijou?

LISETTE, *prenant la bague.*

Comment! c'est la plus jolie bague...

LISIDOR.

C'est un léger cadeau que j'ai dessein de faire.

LISETTE.

Il sera très-galant.

LISIDOR.

Mais à une condition, c'est que la personne à qui je le destine ne m'en remerciera pas.

LISETTE.

Elle serait bien ingrate.

LISIDOR.

J'espère cependant que tu ne le seras point, Lisette.

LISETTE.

Oh! pour le coup, monsieur, vous étonnez jusqu'à ma reconnaissance. Que vous êtes charmant! vous joignez au mérite de donner le mérite plus rare encore de savoir donner avec grace. Aussi, qui ne s'intéresserait à vous? Si Lucile pouvait disposer d'elle-même, je vous suis caution que le marquis, malgré son élégance et ses talons rouges, ne remettrait jamais les pieds dans la maison.

LISIDOR.

Mais tu sais quels étaient avec moi les engagemens de madame Araminte. Serait-elle femme à les oublier? dois-je le craindre? Toi qui la sers depuis long-temps, Lisette, instruis-moi plus à fond de son caractère; indique-moi, de grace, quels seraient les moyens les plus assurés de lui plaire.

LISETTE.

Des deux choses que vous me demandez, je ferai facilement l'une, parce qu'elle vous intéresse et me contente: nous autres domestiques, dont le ridicule devoir est d'écouter sans cesse et de ne parler jamais, nous avons tant de pénétration à découvrir les défauts de nos

maîtres, tant de plaisir à les divulguer! Tenez, cela
nous console, nous soulage, et il semble que cette petite médisance, qui dans le fond est bien innocente,
allège de temps en temps le poids de l'obéissance, et
rapproche l'intervalle qui les sépare d'avec nous. Je
vous dirai donc bien sincèrement ce que je pense d'Araminte; mais pour vous indiquer les moyens de lui
plaire, dispensez-m'en, je vous en prie : elle n'y réussi-
rait pas elle-même. Sait-elle jamais ce qu'elle pense, ce
qu'elle désire, ce qu'elle veut? Veuve depuis deux ans
d'un fort galant homme, mais que ses occupations dans
la haute finance empêchaient de veiller un peu soigneu-
sement aux ridicules naissans de son épouse, elle a
choisi dès-lors pour son idole cette liberté extrême qui,
dans l'esprit d'une jolie femme, finit toujours par rendre
pénible l'exercice de la vertu. Tour à tour coquette et
sensible, incertaine et bizarre; toujours le cœur vide,
l'esprit jamais oisif; nous avons successivement aimé la
musique et les petits chiens, les magots et les mathé-
matiques. Notre conduite est le résultat des sentimens
de la société qui nous environne; et jeunes encore, ai-
mables et riches, nous travaillons moins à jouir de la vie
qu'à nous étourdir sur notre propre existence.

LISIDOR.

Tu ne prends pas garde, Lisette, que ce portrait est
à peu près celui de toutes les femmes de son état : si demain la fortune t'en faisait changer, il deviendrait le
tien.

LISETTE.

Peut-être; mais il n'en serait pas moins ridicule.
Vraiment, le cœur me dit bien tout bas qu'il n'est pas
trop dans les règles du respect de juger ainsi sa maîtresse; mais, ma foi, s'il y a du mal à le penser, il y a
bien du plaisir à le dire; et l'un va pour l'autre.

LISIDOR.

Par ce que je viens d'apprendre d'Araminte, il ne
m'est pas difficile de soupçonner quel peut être à ses
yeux le mérite de mon nouveau rival.

LISETTE.

Votre rival? fi donc! il faudrait pour qu'il le fût, qu'il

eût au moins l'espoir de plaire; mais ne le craignez pas. Lucile, élevée en province sous les yeux d'une tante respectable, ne connaît que les douces impressions de la nature et de son cœur. Tout charmant, tout extraordinaire que le marquis voudrait bien nous paraître, elle sait apprécier son mérite, et s'aperçoit aussi bien que moi tous les jours que l'histoire de ses valets, le prix de ses chevaux, le dessin de sa voiture, quelques saillies, de la mauvaise foi, de l'impertinence et des dettes; voilà de cet homme si merveilleux quels sont, en quatre mots, la conversation, les vertus et les vices.

LISIDOR.

Un tel concurrent ne devrait pas être redoutable. Ta vivacité m'enchante; mais ne crains-tu pas, Lisette, de me faire un peu, aux dépens de ton cœur, les honneurs de ton esprit?

LISETTE.

Eh bien! que penserez-vous de moi? que je suis trop sincère; je vous l'avoue, et tout est dit : aussi pourquoi ont-ils des ridicules? S'ils les cachaient mieux je n'en rirais pas. On n'est indulgent que pour les personnes que l'on chérit, et il est bien difficile d'aimer des gens qui n'aiment rien eux-mêmes. Ah! qu'il me serait aisé de m'égayer encore aux dépens de la société d'Araminte! Je vous parlerais de Cidalise la prude, de la minaudière Isméne, qui ne peut dire un mot sans l'accompagner de la plus jolie petite grimace...

LISIDOR.

Mais ta maîtresse ne verrait-elle plus cet homme sensé, cet ancien militaire?

LISETTE.

Qui? ce baron philosophe, qui dit tout ce qu'il pense, et se permet de tout penser? si fait vraiment. C'est le tuteur de Lucile : nous lui avons cru pendant quelque temps des vues sur madame; mais tout cela est fini; il ne vient ici que rarement, ou plutôt il n'y vient jamais qu'il n'y soit conduit par quelque affaire.

LISIDOR.

Je n'ai rien négligé pour le connaître; malheureusement il vit sans cesse à la campagne ; mon état m'enchaîne à Paris.

LISETTE.

Vraiment, il conserve toujours le plus grand crédit sur l'esprit d'Araminte, et s'il voulait... Mais quelqu'un vient ; c'est ma jeune maîtresse : son petit cœur lui aura dit que je n'étais pas ici toute seule...

SCÈNE II.

LISIDOR, LUCILE, LISETTE.

LUCILE , d'un ton naïf.

Ah ! vous voilà, monsieur ?

LISIDOR.

Quelles que soient mes occupations, belle Lucile , mes sentimens pour vous se justifient par ma conduite. Je consacre à vous attendre tous les momens où je suis privé de vous voir.

LUCILE.

Je ne m'étonne plus si la fin du dîner m'a tant ennuyée.

LISIDOR.

Que cet aveu m'enchante ! ce qui ne serait qu'un trait ingénieux de la part d'une coquette , devient un sentiment dans votre bouche.

LUCILE.

Gardez-vous d'en tirer avantage ! je ne sais plus ce que je vous ai dit ; je suis si troublée ! ma mère m'a tant grondée !

LISIDOR.

Eh ! pourquoi ?

LUCILE.

Figurez-vous qu'elle n'a presque point dîné , parce qu'elle se dit malade. Moi, j'ai cru lui faire ma cour en l'assurant qu'elle n'avait jamais eu le teint meilleur ; et point du tout, je l'ai mise d'une humeur affreuse.

LISETTE.

Vraiment, c'est que vous ignorez encore , mademoi-

selle , que rien n'est moins décent dans le grand monde
que de jouir d'une santé parfaite ; à quelque prix que ce
soit on veut inspirer un sentiment : une jolie malade se
fait plaindre , et pour la coquetterie , la petite santé est
une ressource.

LUCILE.

Ah ! je te promets que si j'eusse bien connu ce monde
et ses travers , je n'aurais pas tant désiré de quitter la
province.

LISIDOR.

Que vous me chagrinez! Ainsi vous haïssez des lieux ,
belle Lucile , où je puis chaque jour et vous voir et vous
jurer que je vous aime ?

LUCILE.

Vraiment non..... Je sais bien que ce n'est pas votre
faute. Je ne dois pas vous aimer ; mais je puis, je crois ,
vous avouer que de toutes les personnes qui viennent
ici , vous êtes le seul dont la conversation me soit
chère.

LISIDOR.

Et vous me permettez encore de voir votre douleur sur
la résolution que , malgré ses promesses , votre mère a
prise de vous unir avec le marquis ?

LUCILE.

Voilà ce qui me désespère.

LISIDOR.

Vous... ne l'aimez pas ?

LUCILE.

Je ne le puis souffrir..... Si cependant on me l'ordonne...

LISIDOR.

Je vous entends, je sais que l'obéissance est un devoir;
mais ce devoir a ses bornes.

LUCILE.

Vous me le répétez sans cesse, et d'après vos discours
et mes livres je suis quelquefois bien tentée de croire
qu'une obéissance aveugle tient un peu du préjugé;
mais quand la réflexion me ramène à moi-même, ce que
je crois plus fermement encore c'est que l'exacte obser-
vation des bienséances est un des premiers devoirs de

mon sexe, et qu'entre le vice et la vertu il n'y a souvent qu'un préjugé de différence.

LISIDOR.

Que vous êtes charmante, et qu'il est rare et beau
d'unir tant de raison à tant de graces! Eh bien! ne par-
lons plus de désobéissance; mais par quelque résistance,
au moins, tâchons d'obtenir du temps. Si je connais bien
madame Araminte, le marquis d'un jour à l'autre peut
lui déplaire; l'inconséquence et la légèreté sont le caractère distinctif des gens à la mode, et mon heureux
rival peut en un instant perdre tout le crédit que je ne
sais quel heureux hasard lui a fait si vite acquérir.

LISETTE, *prenant le milieu du théâtre.*

Oh! ceci me regarde; c'est une petite anecdote que
je possède, et qu'il est bon de vous conter. Or, écoutez.
Notre maîtresse et ses deux inséparables (vous reconnaissez bien Ismène et Cidalise), ennuyées d'un tri, et ne
sachant sur quoi médire, s'avisèrent de s'occuper : Araminte, à ce métier, achève une fleur de tapisserie; Cidalise prend nonchalamment un fil d'or, fait approcher
de son fauteuil un tambour, et brode, en bâillant, une
garniture de robe; tandis qu'Ismène, couchée sur le canapé, travaille un falbala de marly : on entend des chevaux hennir; l'escalier retentit, un laquais annonce, et
le marquis paraît. « Que je suis heureux de vous trouver,
» mesdames! Mais que vois-je? Que ce point est égal!
» Comme ces fleurs sont nuancées! C'est l'ouvrage des
» grâces, c'est celui des fées, ou plutôt c'est le vôtre. »
Aussitôt il tire de sa poche un étui, dont assurément on
ne le soupçonnait pas d'être porteur; il y choisit une aiguille d'or, s'empare de la soie, et voilà mon colonel
qui fait de la tapisserie. On le considère, on l'admire;
mais ce n'est rien encore; il quitte Araminte et son ouvrage; il court à Cidalise, lui dérobe le tambour, et
déjà sa main légère achève le contour de la fleur à peine
commencée. Ismène, la minaudière Ismène, laisse alors
tomber un regard, et ce regard veut dire : « Serai-je la
» seule délaissée? mon ouvrage est-il indigne de vos soins?
» Non, madame, non, certainement, » reprend l'impétueux marquis, il s'élance sur le canapé, saisit un bout

du falbala, et accélère d'autant plus son ouvrage qu'il est plus jaloux d'être auprès de l'aimable Ismène. Peignez-vous la surprise, l'extase de nos trois femmes. Le marquis tire sa montre, suppose un rendez-vous et les quitte : mais que le fripon savait bien avoir gravé dans leurs cœurs la plus profonde idée de son mérite ! C'est un homme unique, essentiel, un colonel qui brode, qui fait de la tapisserie ! il est charmant, il faut se l'attacher. Mais comment ? Lucile est fille ; eh bien ! qu'il soit son époux. Le désirer, le dire et le vouloir, c'est l'ouvrage d'un moment. Araminte prononce, ses deux compagnes approuvent ; et c'est ainsi que des rares et précieux talens du marquis mademoiselle devient en ce jour la récompense et la victime... Mais, chut ! taisons-nous : j'entends madame, et je doute fort que nos petites réflexions lui conviennent.

SCÈNE III.

ARAMINTE, LISIDOR, LUCILE, LISETTE.

ARAMINTE.

En vérité, Lisette, vous êtes une fille bien étrange ! (*à Lisidor.*) Bonjour, monsieur..... Que faites-vous ici Lucile ? Il me semble, quand j'ai du monde chez moi, qu'une fille aussi grande que vous, doit être bonne au moins à faire les honneurs de ma maison.

LUCILE.

Ce n'est que par discrétion que je suis sortie.

ARAMINTE.

Taisez-vous. Je m'aperçois assez, mademoiselle, que mes plaisirs vous ennuient ; mais vous n'exigerez pas de moi, j'espère, que je m'accoutume aux vôtres.

LUCILE.

De grace, ma mère...

ARAMINTE.

Eh ! je sais bien que je la suis. Rentrez ; votre maître à chanter vous attend . (*Lucile sort.*) Ils veulent absolument, Lisette, m'entraîner ce soir au spectacle. (*à*

Lisidor.) Je crois, monsieur, vous faire assez joliment ma cour.

LISIDOR.

A moi, madame? ce seul mot me pénétrerait de reconnaissance si j'osais y trouver une explication.

ARAMINTE.

Voilà de grandes phrases. La compagnie est dans le petit salon ; vous restez dans celui-ci : je veux bien ne pas m'apercevoir que c'est ma fille qui vous y retient ; il me semble que cela est fort honnête. Au reste, vous me rendez un vrai service : et si vous pouviez un peu redresser son esprit...

LISIDOR.

J'ai le malheur, madame, d'être l'homme du monde le moins propre à cet emploi, et s'il m'était permis de souhaiter quelque chose à votre aimable fille, ce serait de rester toujours la même.

ARAMINTE.

Oh ! vos désirs seront parfaitement remplis : c'est ce dont je tremble... Que faites-vous donc là, Lisette ? ne vous ai-je pas dit que j'allais au spectacle ! il est près de cinq heures ; vous ne songez point à ma toilette.

LISETTE.

Pardon, madame ; mais il y a quelquefois si loin de ce que vous dites à ce que vous faites.

ARAMINTE.

D'accord, mon enfant. Mais aujourd'hui je ne puis disposer de moi-même ; je te dis que l'on m'entraîne.

(*Lisette sort.*)

LISIDOR.

Je vous en félicite. vous allez, ainsi que tout Paris, admirer ce chef-d'œuvre que chérit plus particulièrement son auteur, vous mêlerez vos larmes à celles de Mérope.

ARAMINTE.

Moi, monsieur ! je m'en garderai bien. Ah ! ne présumez pas me surprendre à vos lamentables tragédies. Mais, fi donc! une femme ne sort de ce spectacle que les yeux gros de larmes et le cœur de soupirs; j'ai vu même quelquefois qu'il m'en restait sur le visage, et dans l'ame, une empreinte de tristesse que toute la vivacité du plus joli souper ne pouvait éclaircir. Et qu'est-ce que tout cela, s'il vous plaît ? un tintamarre d'incidens impossibles, des reconnaissances que l'on devine, des princesses qui se passionnent si vertueusement pour des héros que l'on poignarde quand on n'en sait plus que faire ; un assemblage de maximes que tout le monde sait et que personne ne croit ; des injures contre les grands, et par-ci par-là quelques imprécations : en vérité, cela vaut bien la peine d'avoir les yeux battus et le teint flétri !

LISIDOR.

Mais, madame, il est des personnes...

ARAMINTE.

Eh ! vive l'opéra comique, monsieur ! vive l'opéra comique ! le théâtre italien est à mon gré le vrai spectacle de la nation ; il n'intéresse point l'ame, il n'attache point l'esprit : il réveille, il anime, il égaie, il enlève.

LISIDOR.

J'ai peine à concevoir comment des pièces en général si peu soignées...

ARAMINTE.

Mais ne donnez donc pas dans l'erreur commune ; n'imaginez donc pas que ce soit le genre de pièces qui nous y attire. Est-ce qu'on y prend garde ? Eh ! non, monsieur ; c'est la musique, c'est cette musique brillante, qu'il est du bon ton de trouver sublime. Pour les pièces, il y en a que j'ai vues dix fois, dont je serais fort embarrassée de vous dire le titre ; et pour moi, je fais personnellement si peu de cas des paroles, que j'ai toujours chez moi un poëte prêt à me parodier les airs qu'il me prend fantaisie de chanter... A propos, on me conseille de vendre ma terre en Champagne : vous la connaissez : nous en raisonnerons. Je placerai cet argent sur ma tête et sur celle de ma fille : cela m'arrangera, ainsi que le marquis, dont l'unique désir est d'augmenter son revenu.

LISIDOR.

Ainsi, malgré l'espoir que vous m'avez permis, il est décidé que le marquis...

ARAMINTE.

Oui : je lui donne Lucile..... et vous ne devez pas m'en vouloir..... Je sais bien quelles étaient vos vues ; mais il y a daus ce dernier arrangement une sorte de convenance. Vous tenez à votre état : il est triste ; je le suis naturellement, et j'ai besoin d'un gendre qui m'égaie. Au reste, je ne réponds point des événemens.

LISIDOR.

Et moi, je compte sur eux, madame : aujourd'hui je cède à mon rival ; mais son triomphe pourrait avoir peu de durée. On le dit encore attaché au char d'une certaine comtesse que sans doute il vous sacrifie. Je ne le soupçonne point d'oser jamais vous sacrifier vous-même. Il est pourtant vrai que dans le tourbillon qu'il habite souvent les idées du matin sont contrariées par celles du soir.

ARAMINTE.

Je connais le cœur du marquis.

LISIDOR.

Je le crois.

ARAMINTE, *à Lisette qui rentre.*

Que me veux-tu, Lisette?

LISETTE.

La marquise Céliante...

ARAMINTE.

Cette petite précieuse ? Quoi ! déjà des visites ?

LISETTE.

Soyez tranquille ; ce n'est que son valet-de-chambre. Comme elle vient d'apprendre que vous allez ce soir au spectacle, elle vous envoie demander si vous voulez lui donner une place et venir la prendre.

ARAMINTE.

Comment ! sérieusement Céliante me demande ?.... Mais, en vérité, Lisette, voilà bien la proposition la plus étrange !

LISIDOR.

Vous ne la voyez plus ?

ARAMINTE.

Quelquefois encore.

LISIDOR.

Eh bien?

ARAMINTE.

Rêvez-vous, mon cher Lisidor? que je me charge de Céliante, que je la conduise au spectacle! Mais j'aimerais autant y mener ma fille. Vous ne la connaissez donc pas? c'est la plus maussade petite créature, d'une indolence, d'une langueur! Cela n'a pas vingt ans, et madame affecte de ne se parer jamais : elle ne met ni diamans, ni rouge. Elle semble dire : « Regardez-moi, je » suis jolie, mais ces charmes-là sont à moi; il n'y a » point d'art, je n'en ai que faire; le nature a pourvu à » tout. »... Joignez à cela son impertinente manie de ne porter jamais que des ajustemens jaunes, et de se placer toujours à côté de moi qui suis blonde.

LISIDOR.

J'ignorais ces motifs; mais seraient-ils assez puissans pour vous faire renoncer au plaisir que vous vous promettiez au spectacle?

ARAMINTE.

Assurément. D'ailleurs où Céliante vit-elle? A-t-on jamais vu quatre femmes d'un certain état se resserrer dans une loge, et braver en public tous les hasards de la chaleur? Pour moi, je n'y tiendrais pas; et puis il faudrait au moins cinq ou six hommes pour nous conduire; et tout cela ressemblerait à un lendemain de noces. Allons, que ce tracas-là finisse. Que l'on dise à Céliante que j'ai... ma migraine, et que notre partie est remise : je resterai chez moi; j'y verrai du monde. Faites savoir que je suis visible. (*Lisette sort.*) (*à Lisidor.*) Aussi bien le baron m'a-t-il écrit qu'il viendrait ce soir; s'il ne me trouvait pas il faudrait bouder des siècles.... Mais qu'entends-je? Serait-ce déjà lui? Je vous garde au moins Lisidor.

LISIDOR.

Je serais bien flatté de le connaître.

ARAMINTE.

Ne m'abandonnez pas, je vous en prie, à tout l'ennui

d'un tête-à-tête de cette espèce. Cet homme est un original dont le caractère.... Eh ! bonjour, mon cher baron.

SCÈNE IV.

LE BARON, ARAMINTE, LISIDOR.

LE BARON.

Bonjour, ma belle dame. Pardon, si j'entre sans façon, sans me faire annoncer ; mais ce n'est pas ma faute : vos gens sont si occupés à jouer dans votre antichambre, que, malgré le bruit que j'ai fait, ils n'ont pas daigné m'apercevoir.

ARAMINTE.

Il y a des siècles que vous nous abandonnez.

LE BARON.

D'accord ; il y a long-temps que je ne suis venu. Mais que voulez-vous ? On ne peut pas être partout : je ne dis pas partout où l'on s'amuse ; car si on n'allait que là , on resterait souvent chez soi.

LISIDOR, *à part*.

Ce gentilhomme n'est pas complimenteur.

ARAMINTE.

Vous me paraissez toujours aussi franc qu'à votre ordinaire.

LE BARON.

Et je m'en fais honneur. Il y a tant de gens qui mentent, les uns par goût, les autres malheureusement par devoir, que l'on oublierait enfin l'existence de la vérité, si le cœur de quelque galant homme ne lui servait encore d'asile. Au reste, ce n'est point vous qui me devez reprocher ma franchise : elle vous a souvent été utile, et va vous l'être encore aujourd'hui. Je viens vous parler d'affaires.

ARAMINTE.

Oh ! je m'y attendais.

LE BARON.

Vous savez que je n'aime pas les visites inutiles ; mais savez-vous que l'objet qui m'occupe rend celle - ci très-importante ? Peut-on s'expliquer devant monsieur ?

ARAMINTE.

Il est de mes amis; il est digne d'être des vôtres : sa réputation même vous est déjà connue; c'est monsieur Lisidor.

LE BARON.

Oui, j'en conviens... Vous êtes peut-être, monsieur, le seul homme dont je n'ai jamais entendu dire que du bien.

LISIDOR.

C'est trop me flatter.

LE BARON.

Entrons donc en matière. Çà, dites-moi, dois-je ajouter foi, ma chère Araminte, au singulier bruit qui se répand de vous dans le monde?

ARAMINTE.

Comment?

LE BARON.

Etes-vous décidée absolument à marier votre fille, sans m'en donner avis, à un certain marquis, un extravagant, un fou sans mérite?

ARAMINTE.

Doucement, baron.

LISIDOR, *à Araminte*, *à demi-voix.*

Vous voyez, madame, que je ne suis pas le seul....

ARAMINTE.

Oui, je sens que vous triomphez.... Vous pourriez être mal informé, baron.

LE BARON.

Je ne le sais que trop bien. Croyez-moi, les gens de mon état et de mon âge ne se compromettent jamais, et n'avancent rien sans en avoir des preuves.

ARAMINTE.

Quelles que soient les vôtres, je vous conjure...

LE BARON.

Je vous conjure à mon tour de croire que ce mariage ne se fera point. Je viens tout exprès ici vous proposer un autre parti pour Lucile.

LISIDOR, *à part.*

Qu'entends-je?

ARAMINTE.

Et quel est-il?

LE BARON.

C'est moi.

ARAMINTE.

Quoi! vous-même, baron?

LE BARON.

Oui, moi-même. Que trouvez-vous donc là de si surprenant? Je suis las de vivre seul, au sein d'une maison que ma fortune rend honnête, mais où mon âge n'appelle plus les plaisirs; je m'ennuie de n'être entouré que de valets qui me volent, ou de neveux qui traitent provisionnellement de ma succession avec des usuriers; et puis, je ne sais, je me sens un certain vide dans l'âme; enfin je veux me marier. J'épouserai quelque personne honnête, qui m'aimera, qui en aura l'air au moins; je tâcherai d'en avoir bien vite une couple d'enfans, dont l'éducation sera l'amusement, la consolation de mes vieux jours; en formant leur cœur je jouirai du mien : cela m'animera, m'occupera; car il faut s'occuper : j'en ai plus besoin qu'un autre; et je ne conçois pas qu'un homme oisif puisse être vertueux.

LISIDOR.

C'est un peu trop vous défier de vos forces, monsieur; et j'aurais cru qu'une âme aussi bien placée que la vôtre pouvait regarder la liberté comme le premier bonheur de la vie.

LE BARON.

Elle le serait sans doute pour qui n'en abuserait pas; mais le pouvons-nous au milieu des séductions qui nous environnent? Les plaisirs honnêtes ennuient bientôt un homme qui peut se livrer à tous; l'esprit s'y habitue, les sens s'émoussent, le cœur se blase, le goût s'endort, et ce n'est plus alors que les excès qui le réveillent; du moins je pense ainsi, et voilà ce qui me détermine.

LISIDOR, *à part.*

Je ne m'attendais point à ce nouveau concurrent.

ARAMINTE.

Votre proposition me flatte en même temps qu'elle

m'étonne. Songez-vous bien, baron, que Lucile est si jeune?...

LE BARON.

Vraiment, j'avais d'abord jeté les yeux sur vous. Je vous estime, je vous honore ; et même, vu votre âge et d'autres considérations, peut-être nous conviendrions-nous beaucoup mieux ; mais vous vivez dans le monde, vous l'aimez : il faudrait y renoncer ; et je m'apprécie, je n'en vaux pas le sacrifice. C'est à la main de Lucile que j'aspire : elle a été élevée en province ; elle est jeune, assez naïve : il lui en coûtera moins pour se faire à ma façon de penser ; car je vous déclare que j'ai dessein de vivre dans mes terres.

ARAMINTE.

Voilà une résolution bien sévère.

LE BARON.

Vous le croyez, vous autres que le tourbillon du monde entraîne ; vous ne concevez pas le plaisir qu'il y a de vivre loin du tumulte et chez soi : une maison simple et bien disposée, où l'agréable s'unit sans faste à l'utile ; un ciel serein, un air pur, des alimens salubres, des vête-mens commodes, une société peu nombreuse, mais choisie ; des plaisirs vrais que ne suit jamais le repentir, et qui servent à la santé loin de la détruire : c'est là, c'est du sein de son château qu'un bon gentilhomme voit se fertiliser sous ses yeux la terre qu'il a souvent aidé à défricher lui-même. Les arbres qu'il a plantés s'élèvent sous sa vue, et sa joie s'accroît avec eux. Entouré de paysans qui le chérissent en père, il les anime au travail le moins estimé, mais le plus noble, il les encourage, il les récompense. Ces gens-là ne le louent pas : mais ils le bénissent, et cela vaut mieux. Il connaît ses prérogatives, il n'y déroge pas ; mais il rougirait d'en abuser : il sait qu'il commande à des hommes, et c'est en les rendant heureux qu'il s'assure le droit de l'être lui-même.

ARAMINTE.

Je ne puis m'y refuser, baron ; il y a bien du vrai dans ce que vous dites. Quant à ma fille, j'en suis au désespoir ; mais les engagemens que j'ai pris sont d'une nature à ne se pouvoir rompre ; et si j'osais manquer aux égards que je dois au marquis, voici monsieur qui depuis long-temps se propose.

LE BARON.

Quoi! Lisidor aussi prétend à Lucile?

LISIDOR.

Je l'ai vue: c'est une excuse pour l'aimer, un titre pour lui vouloir plaire. S'il m'eût été possible de vous prévenir sur mes sentimens…

LE BARON.

Il me suffit. Vous savez ce que je pense de vous; et je ne veux pas qu'il soit dit que j'aie jamais fait obstacle au bonheur d'un galant homme.

ARAMINTE.

Sans doute, vous nous demeurez? On pourra s'amuser: j'ai du monde.

LE BARON.

Raison de plus pour que je vous quitte.

ARAMINTE.

Au moins revenez souper; j'ai quelques projets à vous communiquer à mon tour.

LE BARON.

J'ai de ma part aussi bien des choses à vous dire. Je reviendrai; mais à condition que nous ne serons pas plus de huit à table, et que les valets sortiront dès qu'ils auront servi.

ARAMINTE.

On fera tout ce qui pourra vous plaire.

LE BARON.

En ce cas, à ce soir. (*à Lisidor.*) Vous m'intéressez, tenez ferme; et, s'il en est besoin, je vous promets mon secours… Au revoir, ma charmante Araminte.

(*il sort.*)

ARAMINTE.

Quoique le baron se plaise à paraître extraordinaire, on ne peut lui refuser un fonds de bon sens et de probité.

LISIDOR.

Il serait à souhaiter que tous les hommes lui ressemblassent.

SCÈNE V.

ARAMINTE, LISIDOR, DAMON.

ARAMINTE.
Vous voilà, M. Damon? Que font nos dames?

DAMON.
Elles vont se rendre ici; et, si cela peut vous plaire, madame, je n'attendrai plus que vos ordres et leur présence pour commencer la lecture de ma tragédie. Vous m'avez paru la désirer.

ARAMINTE.
Oui, j'en serai charmée : cela vient à miracle; je reste chez moi; et tenez, voilà monsieur qui pourra vous donner d'excellens avis : c'est un connaisseur.

DAMON.
Je n'en doute pas... Cependant, pour des avis, je les écouterai, sans doute... Mais... ma pièce est finie, madame, et je crois avoir à peu près tout prévu; ainsi il ne reste plus...

LISIDOR, *en souriant.*
Que des éloges à en faire?

DAMON.
Je l'espère du moins : le choix du sujet a généralement paru très-heureux; les situations frappantes; les incidens bien ménagés... Pour la versification, c'est un médiocre avantage, j'en conviens; mais encore en est-ce un; et parmi les auteurs naissans, je n'en aperçois pas qui s'avise de me le disputer.

ARAMINTE.
Pour moi, j'ai la plus haute idée de votre ouvrage. Votre mérite a déjà percé.

DAMON.
Il est vrai, madame : « j'avais à peine mes dix-neuf » ans que je faisais déjà parler mon cœur. »

ARAMINTE.
Il faudra me faire avertir : quoique j'aie renoncé aux tragédies, je violerai pour vous mon serment... Nous aurons des loges?

DAMON.

N'en doutez pas. J'ai toujours compté sur votre bien-
veillance ; et, en vérité, pour nous soutenir dans la
carrière des arts, nous avons besoin que les personnes
de votre rang daignent semer quelques roses sur les
épines dont elle est remplie.

ARAMINTE, *à Lisidor.*

Comme il parle ! (*à Damon.*) Vous pouvez compter
sur moi ; j'y menerai vingt femmes. Je vous le répète,
j'en augure beaucoup. Je juge de votre tragédie par la
jolie chanson que vous m'avez adressée le jour de ma
fête... Je veux vous la montrer, Lisidor : vous en serez
séduit ; elle est tout ame.

SCÈNE VI.

ARAMINTE, CIDALISE, ISMENE, LUCILE, LISIDOR, L'ABBÉ, DAMON, LISETTE.

(Les portes s'ouvrent, les deux femmes entrent d'abord.
Ismène s'appuie sur le bras de l'abbé. Lisidor va
au-devant de Lucile qui suit avec Lisette.)

ARAMINTE.

Eh ! venez donc, mes charmantes... Vous savez notre
aventure ?

CIDALISE.

Lisette nous l'a racontée.

ISMÈNE.

Cela est incroyable ! cette petite Céliante a la fureur
de se montrer partout.

ARAMINTE.

Il s'agit bien de cela, vraiment ! c'est le baron ; il
sort d'ici : il est venu tout exprès pour me demander
Lucile.

CIDALISE.

La bonne folie ! Mais c'était sur toi que nous avons
toutes cru qu'il avait des vues

ARAMINTE.

Je le soupçonnais sans m'en occuper.

ISMÈNE, *à Lucile.*

Je vous en fais mon compliment, mademoiselle; le nombre de vos amans s'augmente avec vos charmes. On dirait que tous les aspirans se sont donné rendez-vous aujourd'hui. Le baron vient de sortir ; M. Lisidor est ici, et le marquis ne peut tarder d'y paraître.

ARAMINTE, *à Ismène.*

Ah ! j'espère être bientôt délivrée de toutes ces tracasseries. (*Les domestiques préparent des siéges.*) Voulons-nous nous asseoir? M. Damon nous doit gratifier d'une lecture.

ISMÈNE, *à l'abbé.*

Ah ! ciel ! soupçonnez-vous ce que ce peut être?

L'ABBÉ.

Je m'en doute : quelque tragédie de sa façon.

ISMÈNE, *à part.*

Je suis déjà morte. (*haut.*) Monsieur, nous la lirez-vous tout entière?

DAMON.

Mais... comme il vous plaira, mesdames.

ISMÈNE.

C'est qu'une tragédie, je crois, est bien longue; cela pourrait vous fatiguer.

DAMON.

Oh ! point du tout, mesdames : on oublie aisément ses peines quand on réussit à vous amuser. Je vais commencer. (*On s'assied.*)

ARAMINTE, *à Ismène.*

Vous n'avez donc rien gagné sur notre cher abbé?

ISMÈNE.

Je le vais bouder pour la vie ; il est d'une maussaderie insoutenable.

L'ABBÉ.

Mais... c'est vous, mesdames, qui êtes de la dernière barbarie. Est-ce jamais après le dîner que l'on chante? J'ai la poitrine si cruellement fatiguée!... A peine puis-je parler... (*il tousse.*) Vous voyez... J'ai passé la moitié de la nuit chez une jeune duchesse où l'on m'a fait impitoyablement chanter un acte de l'opéra et six romances. . Il y a des gens qu'on n'ose refuser.

ARAMINTE.

C'est-à-dire que vous nous rangez dans la classe de ceux que l'on peut refuser sans crainte?

L'ABBÉ.

Point du tout; mais au défaut de la harpe, au moins pour chanter faudrait-il une guitare. (*Lisette sort.*)

CIDALISE.

C'est malice toute pure : les gens de son état sont accoutumés qu'on les cajole.

ISMÈNE.

Ce sont de petits mortels assez heureux.

DAMON.

Le sujet de ma tragédie...

L'ABBÉ.

Il est vrai que l'on nous accueille. Sans devenir la terreur des maris, nous faisons quelquefois l'amusement des dames.

ISMÈNE.

Ce n'est point en ce moment, où votre complaisance...

LISIDOR.

Ne vous fatiguez pas, mesdames; je connais monsieur l'abbé : il ne chantera point; vous l'en priez trop.

ARAMINTE.

J'entends quelqu'un : serait-ce déjà le marquis?

SCÈNE VII.

ARAMINTE, ISMÈNE, LISIDOR, LUCILE, DAMON, CIDALISE, L'ABBÉ, LE MÉDECIN, LISETTE.

LISETTE.

C'est votre médecin, madame.

ARAMINTE.

Qu'il entre; j'en suis ravie : qu'il entre. Venez; je vous sais bon gré de ne pas m'abandonner... Ismène, je vous demande votre confiance pour monsieur... Un fauteuil, Lisette... Ce cher docteur ! c'est qu'il est bien moins mon médecin que mon ami. C'est par attachement qu'il me traite; et, dans ma dernière migraine, il ne m'a pas quittée d'une minute.

Poinsinet de Sivry.   7

LE MÉDECIN.

Que voulez-vous ? quoique vous nous fassiez mourir, il faut bien songer à vous faire vivre.... Toutes vos santés, mesdames, me paraissent assez belles ?

ARAMINTE.

Oh ! point du tout.

DAMON, *à part.*

Me voilà perdu !

L'ABBÉ, *à Ismène.*

Vous croyez aux médecins, madame?

ISMÈNE.

Comme aux abbés.

L'ABBÉ.

Toujours méchante !

LE MÉDECIN.

Comment donc ! Quelles sont ces indociles maladies que notre sagacité ne peut réduire? Oh ! nous en viendrons à bout, madame... Voyons.... Justement.... L'estomac délabré... et l'appétit ?

ARAMINTE.

Est-ce qu'on mange ?

LE MÉDECIN.

Crachez-vous ?

ARAMINTE.

Je crois qu'oui.

LE MÉDECIN.

Tant mieux ! Poursuivons... Nous avons des nuages devant les yeux, des disparates dans la tête ?

ARAMINTE.

Précisément.

LE MÉDECIN.

Je l'aurais gagé... Allons, allons : il faut prendre un parti sérieux ; il faut du régime, se mettre à l'eau de poulet. Je vous jure qu'avec des bols de savon, nous parviendrons à atténuer ces humeurs errantes.

LISIDOR.

Des bols de savon !

LE MÉDECIN.

Oui, monsieur : c'est un spécifique divin que depuis deux ans je réussis à mettre à la mode. Les anciennes drogues, dont nos ancêtres faisaient usage, pouvaient convenir à leurs santés robustes et grossières; mais aujourd'hui tout doit être soumis aux lois de notre délicatesse et de nos graces. Voudriez-vous, par exemple, que je déchirasse l'estomac d'une jolie malade avec du miel aérien, qui ne purge que par indigestion ?

L'ABBÉ.

Oserais-je vous demander, monsieur, ce que c'est que du miel aérien ?

LE MÉDECIN.

C'est de la manne, monsieur l'abbé; c'est de la manne. Non-seulement nous avons renoncé aux drogues antiques, mais nous avons encore changé leurs dénominations vulgaires.

ARAMINTE.

Il est charmant !

DAMON, *à part.*

Oh ! des gens aussi superficiels ne sentiront jamais les beautés mâles de ma tragédie.

LE MÉDECIN, *à Ismène.*

Et vous, madame, pour lier connaissance, n'avez-vous pas quelque confidence à me faire ?

ISMÈNE.

Mais vraiment oui.

L'ABBÉ.

Vous allez aussi consulter ?

ISMÈNE.

Sans doute. Ne me connaissez-vous pas de la langueur, des tiraillemens ?

L'ABBÉ, *à part.*

Je n'y tiens plus. (*il se lève, se promène, ouvre des livres de musique, prend une guitare.*)

LE MÉDECIN.

Doucement, s'il vous plaît, madame, doucement. De la pesanteur, dites-vous ; des dégoûts... M'y voici... Quelques éblouissemens... Des impatiences de fibres... Vapeurs que tout cela, vapeurs... Le fluide nerveux que la chaleur électrise... Des nerfs qui se crispent... Une sorte de spasme... Vous portez sur vous des eaux de Cologne, de fleur d'orange ?

ISMÈNE.

Toujours.

LE MÉDECIN.

C'est bon : il faut conserver cet usage-là. J'irai demain matin vous faire ma cour ; je serai bien aise de vous voir un peu assidûment, afin de mieux étudier les causes de votre état.

LISIDOR, *à Lucile.*

Le ridicule personnage !

CIDALISE.

Plus je l'écoute, plus il m'enchante.

DAMON, *en se levant.*

Comme les momens s'écoulent ! Si vous vouliez permettre, mesdames...

ARAMINTE.

Ah ! de grace, monsieur Damon, quartier. Laissez-nous jouir du cher docteur.

DAMON, *à part.*

J'enrage ! où me suis-je fourré ?

LE MÉDECIN.

Et vous, belle Cidalise ?

CIDALISE.

Je ne suis guère mieux.

LE MÉDECIN.

Je le crois. C'est contre mon avis que vous avez fait éventer la veine. Mais voilà comme vous êtes, mesdames : depuis que votre petit chirurgien s'est donné le renom d'un joli saigneur, il vous fait tourner la cervelle... Je devrais, pour vous punir, vous abandonner à sa lancette inhumaine, vous laisser épuiser jusqu'au blanc ; mais vous êtes si intéressantes !... Voyons ce pouls : il est fréquent, mais égal : l'appétit, je parie, modeste, mais franc ; et le sommeil rare, mais doré. Je ne vous conseille pourtant pas de vous tranquilliser sur ce prétendu bien-être : il faut du régime, de l'exercice et de la petite diète... A vous, mon aimable demoiselle.

LUCILE

Oh ! monsieur, je me porte très-bien.

LE MÉDECIN.

Je n'en crois pas un mot.

LUCILE.

Mais j'en suis bien sûre, moi.

ARAMINTE.

Eh bien! n'allez-vous pas faire ici la ridicule, quand monsieur le docteur a pour vous des complaisances ?

LE MÉDECIN.

Il suffit : ne chagrinons point ce cher enfant ; ne contraignons personne. La vivacité de ses yeux cependant me fait soupçonner dans son sang une sorte d'effervescence dont je croirais prudent de prévenir les effets par de petits calmans , par quelque préparation d'aconit ou de ciguë , que nous lui proposerons dans une crême aux pistaches.

LISIDOR.

En vérité, monsieur, j'ai cru, jusqu'à ce moment, qu'un habile médecin ne devait consacrer ses lumières qu'à soulager , ou du moins consoler la faible humanité ; mais vos savans discours ne tendent qu'à l'épouvanter. De grace, laissez-nous attendre les maux ; nous n'aurons que trop tôt recours aux remèdes.

LE MÉDECIN.

Voilà précisément ce que pense un peuple de médecins qui ne songent qu'à guérir. Mais moi, monsieur , mais moi, j'étudie le caractère , la tournure d'esprit de mes malades ; je prévois les accidens , et j'aime mieux préparer , et même dans l'occasion prolonger une maladie, que de trancher dans le vif , et vous rendre en huit jours une santé grossière, dont on ne jouit dans le monde que pour en abuser.

LISIDOR.

Voilà certainement une étrange politique !

L'ABBÉ , *préludant.*

La, la, la, la, la.

CIDALISE.

Chut ! taisons-nous.

DAMON , *lisant.*

Tant mieux... Scène première... HIDASPE.

Du centre des déserts de l'inculte Arménie...

CIDALISE, l'interrompant.

Paix donc ! l'abbé ne se doute pas qu'on l'écoute.

L'ABBÉ.

Air : (1)

Serait-il vrai, jeune bergère,
Que mes soins n'ont pu vous charmer?
Que d'efforts il faut pour vous plaire !
Il n'en faut pas pour vous aimer.

LE MÉDECIN.

Voilà du délicieux.

ARAMINTE.

Personne ne chante mieux que lui.

LISIDOR.

Surtout quand on ne l'en prie pas.

L'ABBÉ.

Comment ! est-ce que j'ai chanté ?

ISMÈNE.

Oui, par distraction, ou par contradiction plutôt:
mais on vous le pardonne ; la bizarrerie est l'apanage
du talent.

L'ABBÉ.

Quand j'osai découvrir ma flamme,
J'attendais un sort plus heureux.
Tout le feu qui brûle mon ame
Ne peut-il qu'animer vos yeux ?

Amour, dans ses bras tu reposes;
De son teint tu peins la blancheur :
Je t'ai vu sur son sein de roses ;
Je te cherche encor dans son cœur.

ISMÈNE.

L'air est charmant.

LE MÉDECIN.

Expressif.

---

(1) Le choix de la romance est à volonté.

L'ABBÉ.

Le trouvez-vous? Ce n'est, en vérité, que l'ouvrage
d'une matinée.

ARAMINTE.

Il est de vous?

L'ABBÉ.

Oui, mesdames.

DAMON.

Les paroles...

L'ABBÉ.

Eh bien! là, sincèrement, qu'en pensez-vous?

DAMON.

Ma foi! je les trouve assez médiocres.

L'ABBÉ.

Tout le monde, monsieur, n'est pas de votre avis; et
quand je les ai composées...

ARAMINTE.

Comment! elles sont aussi de vous?... Mais il est uni-
versel, notre cher abbé.

L'ABBÉ.

Monsieur n'a pas daigné saisir l'union intime, le
tour de chant, la phrase musicale...... Je vais recommencer.

LE MÉDECIN, *se levant.*

Je suis pénétré de ne pouvoir vous entendre.

ARAMINTE.

Vous nous demeurez à souper?

LE MÉDECIN.

Est-ce que cela m'est possible? Je cours au marais; les
insomnies y sont fort à la mode: de là au faubourg
Saint-Germain, où règnent les petites fièvres. J'ai vingt
santés à consulter. En vérité, quand je songe à toutes
mes courses le sort de mes chevaux me fait pitié. J'ai
condamné la vieille Orphise.

ARAMINTE.

Décidément?

LE MÉDECIN.

Oui, cela est fini. Elle s'est entêtée d'un certain em-
pirique... Je vous conterai quelque jour son aventure.
Adieu, mesdames. (*à Araminte.*) Du régime, je vous

en prie. (*à Ismène.*) Je serai demain à vos pieds. (*à Cidalise.*) De grace , congédiez-moi votre petit chirurgien. (*à Lucile.*) Bonjour, ma belle poulette. (*aux hommes.*) Messieurs , je vous salue.

(Il sort.)

SCÈNE VIII.

ARAMINTE, CIDALISE, ISMÈNE, LISIDOR, LUCILE, DAMON, L'ABBÉ, LISETTE.

DAMON.

Je puis espérer qu'à présent...

ARAMINTE.

Oui ; cela est trop juste. Commencez, M. Damon.

L'ABBÉ, *à part.*

On ne s'occupe plus de nous, sortons. (*haut.*) Mesdames, vous m'excuserez.

ISMÈNE.

Comment ?

L'ABBÉ.

Je n'ai pas l'honneur de me connaître en tragédies. D'ailleurs mon suffrage importe peu à monsieur : nos goûts diffèrent ; les paroles que j'ai chantées lui ont déplu.

ARAMINTE.

Liberté tout entière , mon cher abbé : mais si vous vouliez être tout-à-fait charmant, vous auriez la complaisance d'accompagner ma fille à son clavecin. Je ne la crois pas curieuse de grands poëmes. Le baron , qui ne peut tarder à revenir, serait charmé de vous entendre ; et Lucile apprendrait de vous quelque jolie romance. (*l'abbé salue Araminte , baise la main d'Ismène , et présente la sienne à Lucile après avoir dit :*)

L'ABBÉ.

Il suffit que cela vous plaise, madame ; il n'est rien que je ne vous sacrifie.... Je vous suis , mademoiselle.

LISIDOR, *à Lucile.*

Que ne puis-je vous accompagner ! (*Lucile sort avec l'abbé ; Lisette les suit.*)

SCÈNE IX.

ARAMINTE, CIDALISE, ISMENE, LISIDOR,
DAMON, *ensuite* LISETTE.

ISMÈNE.

EH BIEN ! ai-je tort de protéger l'abbé ? est-il rempli
de complaisance ?

ARAMINTE.

J'aimerais bien qu'il en manquât chez moi !... Ah ! çà,
rien ne nous occupe... A vous, M. Damon.

DAMON, *prenant la main de Lisidor qui est
distrait.*

Suivez-moi, monsieur, s'il vous plaît ; le titre de ma
tragédie est CYRUS, fils de Cambyse.... Vous savez,
mesdames, que le tyran Astyages...

ISMÈNE.

Mais puisque monsieur veut nous lire, ma toute bonne,
si nous demandions des cartes ?...

DAMON.

Comment ?...

ARAMINTE.

N'est-ce pas à vous à commander chez moi ?... Lisette,
allons vite, une table. (*Lisette arrive et fait apporter
une table.*)

ISMÈNE.

Lisidor, je crois, n'est pas joueur : il écoutera mieux,
et nous ferons un tri, nous autres, pendant que M. Damon lira sa tragédie.

DAMON, *à part.*

Ah ciel ! je n'en puis revenir. (*On dispose la table.*)

CIDALISE.

C'est on ne peut mieux imaginé...Tu sais, ma chère,
que je ne puis vivre un moment dans l'inaction.

LISETTE.

Voilà tout préparé. (*Elle sort.*)

DAMON.

Quoi ! mesdames, est-ce bien sérieusement ?

ISMÈNE.

Oui.... Vous allez voir.... Cela ne dérange rien : au contraire... Tirons d'abord les places. Bon ! Araminte, Cidalise et moi... Vous, allez vous mettre ici.... (*elle dispose une chaise qu'elle place au coin de la table qui doit être au côté gauche du théâtre.*) Oui, là. Vous nous tournerez le dos, afin d'être moins distrait.

LISIDOR , *à part.*

Voilà des auditeurs bien attentifs !

DAMON , *à part.*

Non, je ne sais où j'en suis. Pauvres talens, comme on vous humilie ! Oh ! qu'il est cruel d'avoir besoin de certaines gens ! N'importe... (*il remet son cahier dans sa poche.*) Adieu, mesdames : c'est moi qui craindrais de vous distraire de vos grandes occupations.... J'en aurais du regret.... Et.... je suis votre serviteur.

(Il sort.)

SCÈNE X.

ARAMINTE, CIDALISE, ISMENE, *jouant ;* LISIDOR.

CIDALISE.

Je crois tout de bon qu'il s'en va.

ARAMINTE.

Je suis extasiée. Mais que dites-vous donc de ce petit auteur ?

ISMÈNE.

Qu'il est impertinent. Ne faut-il pas tout quitter pour écouter la tragédie de monsieur ?

CIDALISE.

Je la crois détestable.

ARAMINTE.

Cela ressemble à tout, ou n'a pas le sens commun.

LISIDOR.

Le trouvez-vous bien récompensé des soins qu'il prend pour vous plaire , et de la jolie chanson qu'il vous a jadis adressée ?

ARAMINTE.

Comment ! vous approuvez sa conduite ?

LISIDOR.

Oh ! point du tout, madame ; je suis chez vous, je
pense qu'il a tort.

ARAMINTE.

Allons, venez me conseiller... Le cœur n'est-il pas la
surfavorite ?

SCÈNE XI.

ARAMINTE, ISMENE, CIDALISE, *jouant ;* LI-
SIDOR, *tantôt derrière le fauteuil d'Araminte,
tantôt se promenant ;* LE MARQUIS, *qui se place
à la droite d'Ismène. La table est à gauche du
théâtre.*

LE MARQUIS, *dans la coulisse.*

Oui, oui ; j'arrangerai tout cela ; je verrai, j'irai, je
parlerai.

CIDALISE.

C'est le marquis.

ISMÈNE.

C'est lui-même.

LISIDOR.

Je vais donc voir ce dangereux rival. (*le marquis
entre.*)

CIDALISE.

L'étourdi ! Pourquoi venir si tard ? Voilà notre partie
arrangée : nous aurions fait un reversi.

LE MARQUIS.

Ma foi ! mesdames, on arrive quand on peut. Il est
pourtant réel que, pour tarder moins, je n'ai pas dormi
quatre heures : aussi suis-je anéanti... (*à Lisidor.*) Monsieur, je vous salue... Mais vous êtes bien seules, mesdames. Oh ! voilà qui est décidé ; je termine dès demain
ma satire contre les bals. En honneur, c'est un attentat
contre la vie des citoyens.

ARAMINTE.

Pourquoi les suivre tous ? Pourquoi déranger sa
santé ?

LE MARQUIS.

Comment voulez-vous qu'on fasse ? faut-il se résoudre

à passer pour un anachorète, un ridicule, un sage?
Vraiment, la santé se délabre : il y a près de dix ans
que je ne puis accoutumer la mienne à se soumettre à
mes fantaisies. Mais, après tout, si on avait une santé,
pourrait-on soutenir une campagne, vivre à la cour,
s'amuser à Paris?

ISMÈNE.

Il a raison.... Allons, voyons pourtant.... Ce sera en
pique... Le roi de trèfle.

LE MARQUIS.

A propos, dites-moi donc; je viens de rencontrer
le bel esprit Damon : il m'a paru d'une humeur sanglante. J'ai, d'honneur, cru que c'était à moi qu'il en
voulait.

CIDALISE.

Il venait nous lire toute une tragédie.... La préfé-
rence...

LE MARQUIS.

Ah ! ciel !

ARAMINTE.

Je te la cède. J'avais pourtant un assez joli médiateur
de ce côté.

LISIDOR.

Il était sûr.

ISMÈNE.

De grace, point de conseils. (*pendant ce temps le
marquis regarde le jeu d'Ismène et lui présente du
tabac.*)

ARAMINTE.

Ne crains rien : je suis d'un guignon décidé... Le roi
de carreau.... Pour revenir au petit Damon, il s'est
avisé de prendre de l'humeur, je ne me souviens plus sur
quoi, et tout en grondant il nous a débarrassés de sa
personne et de son ouvrage.

LE MARQUIS.

Ah! je respire. Le dénoûment n'est pas malheureux.
Est-ce qu'on fait de ces espèces-là sa société? Il est des
gens de lettres d'un vrai mérite avec qui l'on se fait honneur d'être lié: mais pour ceux-ci, on les reçoit quelquefois le matin pour leur commander une chanson, ou

bavarder pendant que l'on s'habille ; ou le soir ; oui, le soir, on en rassemble une couple : on les excite l'un contre l'autre ; alors ils s'attaquent, ils s'accablent d'épigrammes, s'injurient, se déchirent : cela est plaisant, divin. Tenez, cela ressemble assez aux combats de coqs que l'on donne à Londres, ou sur nos navires. C'est un cadeau dont je veux vous régaler. Il est vrai qu'il en résulte le petit désagrément de les saluer le lendemain en public ; mais on en a ri, et cela console.

ARAMINTE.

Il est affreux de ne pouvoir jouer une seule fois.

LISIDOR.

Madame, à la vérité, n'est pas heureuse.

LE MARQUIS.

Aussi vous ne risquez jamais rien. Il faut savoir brusquer la fortune ; mais vous me ressemblez, vous êtes trop prudente. Ce matin cependant j'ai pensé avoir ce qui s'appelle une affaire.

ARAMINTE.

Toujours des aventures. Et quelle est celle-ci ?... Je passe.

LE MARQUIS.

Vous connaissez mon cocher, sa témérité, sa fierté, son bouquet, ses moustaches : c'est un coquin... Je l'aime à la folie. Je veux pourtant le gronder : ce maraud-là me fera quelque jour une scène. Il s'est avisé de couper un triste berlingot dans le fond duquel s'enterrait je ne sais quel personnage. Mon homme s'est fâché, a baissé sa glace, a prétendu que je devais connaître sa livrée, ses armes. Ma foi ! moi, je ne connais guère que celles du roi et les miennes. Je descends de ma voiture : il m'imite, on s'échauffe : les valets se battent, le peuple accourt : et mon hibou, tout essoufflé, tout murmurant, est remonté dans sa cage en m'annonçant qu'il s'allait plaindre...

LISIDOR.

Mais cette affaire, monsieur, pourrait devenir sérieuse. Il serait de la prudence de prévenir...

LE MARQUIS

Oh ! parbleu, qu'il se plaigne. Vous verrez qu'on ne

pourra plus courir Paris sans avoir le blason dans sa poche.

LISIDOR , à part.

Je sais à présent à quoi m'en tenir sur le compte de mon rival.

LE MARQUIS.

Que vois-je? ce cher métier est encore monté? ce fauteuil n'est point fini? Mais à quoi tuez-vous donc le temps? Oh! cela prouve bien qu'il y a long-temps que je ne vous ai donné de bons exemples, que je n'ai mis la main à l'ouvrage.

ISMÈNE.

Oh! oui; il vous sied bien de parler d'ouvrage! Vous êtes cause que ma petite robe n'est point montée. Vous vous donnez les airs de m'emporter un rang de falbala sous prétexte d'y travailler.

LE MARQUIS.

Aussi fais-je ; mais peu vous importe pourvu que vous grondiez, et que vous fassiez aux gens une petite moue, que vous savez bien qui vous rend plus charmante encore... Tenez, vous ne ménagez point vos amis : c'est votre défaut, Ismène. Eh bien! je vous jure que je n'ai que votre falbala dans la tête, que je m'en occupe sérieusement.

LISIDOR , à part.

La belle occupation!

LE MARQUIS.

Hercule filait pour Omphale. Vous surpassez la maîtresse en beauté : je ne me pique pas d'avoir toute la célébrité de l'amant; mais au moins suis-je jaloux de l'égaler en complaisance comme en courage. Si je vous prouvais que je n'ai cessé ce matin de travailler à votre ouvrage en raisonnant avec mon avocat, que je le porte toujours sur moi?...

ISMÈNE.

Bonne plaisanterie! Donnez-moi spadille.

LE MARQUIS.

Parbleu! votre petite incrédulité mérite d'être confondue. Tenez, tenez. (il tire différentes choses de sa poche, enfin un sac à ouvrage.) Non, ce n'est pas

cela ; ce sont les jarretières de Lise, les nœuds de Chloé...
Ah ! bon, voici votre affaire.

ISMÈNE.

Que vois-je ? avec le sac ! il est charmant. (*aux
femmes.*) Vous permettez ? Comment ! un étui des ci-
seaux, des aiguilles !

LE MARQUIS.

Oh ! rien ne me manque.

CIDALISE, *jetant son jeu.*

Cela est rebutant ! en vérité, monsieur le marquis,
vous êtes très-aimable ; mais vous pourriez attendre la
fin de la partie : on ne peut s'occuper de son jeu et
vous écouter.

LE MARQUIS.

Bon ! de l'humeur ! allons, la paix ; on se taira. Je
vais, pendant que vous finirez, m'amuser à cette tapisserie. Mais, diable, dussiez-vous m'en vouloir encore,
j'oubliais précisément ce que je suis venu tout exprès
pour vous dire. (*il enfile une aiguille.*) C'est une chose
assez particulière.

ARAMINTE.

Comment donc ?... C'est à vous à parler, Cidalise.

LE MARQUIS.

Vous connaissez bien le comte d'Orvigni ?

CIDALISE.

Oui, vraiment... Nous en sommes aux tours doubles.

LISIDOR.

Quoi ! cet ancien militaire, cet homme respectable ?...

LE MARQUIS.

Justement. Eh bien ! il est mort.

ISMÈNE.

Cela est incroyable... Je demande...

LE MARQUIS.

Il s'est avisé d'expirer subitement hier au soir.

ARAMINTE.

Vous me désolez... Voilà mon roi ; deux fiches.

LE MARQUIS.

Cela dérange beaucoup le souper qu'il devait nous
donner.

LISIDOR.

Il était votre intime ami, madame?

ARAMINTE.

Vraiment oui : vous m'en voyez pénétrée... C'est à
vous à parler, Cidalise.

LE MARQUIS.

Il n'a pas eu le temps de mettre le moindre ordre
dans ses affaires.

ARAMINTE.

Je le jouerai sans prendre... Cela est cruel, marquis...
Le coup est assez beau... Sa pauvre veuve... C'est en
cœur, mesdames.

ISMÈNE.

En favorite ! nous voilà ruinées... Mais que ne fait-
elle des démarches ?

ARAMINTE.

Sans doute... Spadille... Mon cher comte!... Manille...
Il m'a rendu de très-grands services... Valet, dame, et
roi de cœur.

LE MARQUIS.

Nous lui avons conseillé de prendre un parti dans
cette affaire.

ISMÈNE.

C'est tout simple... Doucement, j'ai baste et encore
une main.

ARAMINTE.

Il laisse de petits enfans... J'aurais gagé pour la volte...
Marquis, vous m'avez serré le cœur... Il me revient
encore deux fiches.

SCÈNE XII.

ARAMINTE, ISMÈNE, CIDALISE, LISIDOR,
LE MARQUIS, LISETTE.

LISETTE, *accourant.*

Ah. madame ! votre serin vient de s'échapper.

ARAMINTE.

Mon serin privé? juste ciel ! Eh! vite, suivez-moi,
Lisette. (*Elle sort avec Lisette.*)

ISMÈNE.

Comment ! elle nous quitte !... Mais cela est unique !... En vérité, ma bonne, notre chère Araminte est d'un ridicule rare avec sa passion pour les animaux.

LISIDOR.

On ne peut douter que cet oiseau ne lui soit cher, puisqu'elle lui sacrifie les suites d'une partie dont la mort d'un de ses amis n'a pu la distraire.

LE MARQUIS.

Oh ! vous ne la connaissez pas. Si vous l'aviez vue comme moi à table, entourée de chats, de chiens, de singes, de catacouas ; elle les baise, les fait impitoyable-ment baiser à la ronde, partage avec eux son assiette... C'est un charme. Mais aussi est-ce un petit plaisir dont elle ne régale que ses plus intimes amis.

LISIDOR.

Il est heureux pour vous, monsieur, d'être de ce nombre. (à part.) J'en ai bien assez vu. Quittons ce cercle d'étourdis, et ne songeons qu'à ménager la bonne volonté du baron, et le cœur de Lucile. (*Il fait une révérence qu'on lui rend, et sort.*)

CIDALISE.

Ce petit robin ne te semble-t-il pas un ennuyeux per-sonnage ?

ISMÈNE.

Passablement.

LE MARQUIS, *se lève et va à la table.*

On m'a dit qu'il se donnait les airs d'être mon rival : par exemple, voilà de ces choses auxquelles je ne saurais m'accoutumer.

ISMÈNE.

Prétends-tu t'enterrer ici jusqu'au souper ? Si nous fai-sions un tour de boulevard ?

CIDALISE.

Cela n'est guère décent que la nuit ; on court les pa-rades, les spectacles.

LE MARQUIS, *ayant pris la place d'Araminte.*

Oui, les fantoccini... Oh! ils sont divins, étonnans : moi, en honneur, c'est le seul spectacle qui m'amuse.

Painsinet de Sivry.   8

ISMÈNE.

Ah çà ! nous voilà seuls. De bonne foi , marquis, comment conduisez-vous la grande comtesse ?

LE MARQUIS.

Quoi ! vous n'êtes point au fait ?... Je l'ai quittée.

CIDALISE.

Sérieusement ?

LE MARQUIS.

Pouvais-je y tenir ? C'est la plus exigeante de toutes les prudes : il faudrait toujours être là, ne la pas quitter d'une minute. Ah, parbleu ! je me suis ménagé avec elle la rupture la plus signalée. Vous n'imagineriez jamais quelle était sa folie ?... Le mariage.

CIDALISE.

Vous badinez.

LE MARQUIS.

Non ; madame a la manie d'être épousée.

ISMÈNE.

Mais elle est femme de qualité, d'un âge très-convenable; et il faut que vous aimiez bien éperdument votre petite bourgeoise de Lucile pour la préférer..

LE MARQUIS.

Moi, de l'amour? des passions? Ah! parbleu! vous ne me connaissez guère. Prenez garde que Lucile est toute charmante, un vrai bijou ; oui, c'est précisément ce qu'il me faut : point d'esprit, peu de figure ; cela ne marquera point trop dans le monde ; et ses soixante mille livres de rente... Ah! ma chère Ismène, quelle petite maison brillante ! que de chevaux, de chiens, de valets ! Laissez, laissez faire. Oh! je sais bien ce qu'il me faut.

CIDALISE.

Vous n'y pensez pas vous-même , si c'est l'intérêt qui vous conduit.

LE MARQUIS.

Non, pas absolument : vous imaginez bien que je ne calcule guère, moi : mais, en vérité, la vie que je mène m'accable ; la multiplicité des aventures m'excède. Savez-vous, mesdames, qu'il faudrait être de fer pour résister aux fatigues de vous faire sa cour ? Toujours

des assiduités , des soins , des rendez-vous ; c'est à ne pas
finir. Du moins quand on est marié on se tranquillise,
on demeure chez soi ; on y reçoit ses amis dans sa robe
de chambre ; on s'y fait soigner par sa femme.

CIDALISE.

C'est une raison de plus pour retourner à la comtesse :
elle est d'un âge convenable ; et sans vous mésallier,
vous jouiriez alors d'une fortune qui surpasse de beaucoup celle de Lucile.

LE MARQUIS.

Vous plaisantez : oh ! je ne me suis brouillé qu'après
avoir pris là-dessus les informations les plus exactes.

ISMÈNE.

C'est vous-même qui , je crois, êtes le seul dans Paris
à ignorer que depuis votre rupture elle est devenue l'u-
nique héritière de son oncle le commandeur.

CIDALISE.

Et qu'elle joint à présent à la réputation de jolie femme
celle de femme très-opulente. Aussi le petit chevalier
lui fait-il assidûment sa cour.

LE MARQUIS.

Ecoutez donc, mesdames, un moment; ceci mérite
toute mon attention. Le petit chevalier me voudrait ravir
la comtesse! Oh! nous allons voir. Ce que vous m'apprenez change beaucoup mes vues ; et tout bonnement je
serais tenté de rendre Lucile à son robin. Moi, j'aime
à faire des heureux.

ISMÈNE.

Cela serait peut-être aussi généreux que sage.

LE MARQUIS.

La comtesse me sacrifie à l'instant qu'elle hérite! Oh!
parbleu! je lui apprendrai à mieux choisir ses momens !
Allons, allons ; j'y vais mettre ordre, et vous prouver
que je sais soutenir mes droits. Comme vous dites, la
comtesse est jolie femme ; elle mérite toutes sortes d'é-
gards. Allons, il est de bonne heure ; mon équipage
m'attend, je vole chez elle. Tâchez d'arranger tout cela
avec Araminte. Elle est minutieuse ; elle boudera. Ces
bourgeoises se formalisent de la plus petite chose. Voyez,
calmez-la. Lisidor est un galant homme ; je ne serai même

pas fâché qu'il m'ait quelque obligation. Pardon, mille fois pardon si je vous quitte : j'en suis honteux, désespéré ; mais vous n'ignorez pas que je suis le premier à plaindre, puisque je vous laisse en partant et tous mes regrets et mon cœur.

CIDALISE.

En effet on appelle cela savoir prendre son parti.

SCÈNE XIII.

ARAMINTE, CIDALISE, ISMENE, LE BARON, LISIDOR et LISETTE, *arrivent un instant après.*

ARAMINTE.

J'AI retrouvé mon serin. Je vous ai quittées bien brusquement, j'en conviens ; mais vous connaissez ma sensibilité.

ISMÈNE.

Aussi ne songeons-nous qu'à te féliciter.

ARAMINTE.

Bon, les malheurs se succèdent; Lisidor et le baron me suivent. Je suis persécutée de tous les côtés. Mais où donc est le marquis ?

ISMÈNE.

Tu ne le croiras pas ! il est allé reprendre les fers de sa belle comtesse, qui vient d'hériter.

ARAMINTE.

Comment ?

CIDALISE.

Nous t'expliquerons cela plus en détail; mais dans ce moment-ci, ce que tu as de mieux à faire est de pourvoir ta fille, et de ne plus penser au plus étourdi et au plus inconséquent de tous les hommes.

LE BARON.

Oh ! ça, ma chère Araminte, voici le moment décisif. Je viens vous demander Lucile pour M. Lisidor.. Elle l'aime : il le mérite ; et je vous déclare que je me brouille à jamais...

ARAMINTE, *à Lisidor.*

Vous arrivez très-à-propos, monsieur ; j'avais à vous

dire qu'il ne tient plus qu'à vous d'être mon gendre.

LISIDOR.

Qu'entends-je ? Quel bonheur !

LE BARON.

Et votre marquis?...

ARAMINTE.

De grace, mon cher baron, ne m'obligez point à rougir à vos yeux de ma ridicule prévention en sa faveur. Il m'a rendu service en m'apprenant ce que je devais penser de tous les gens de son espèce... Soyez heureux, Lisidor. Vous, mes bonnes amies, obligez-moi de ne parler jamais de cette aventure... Vous, baron, après le souper, je vous demande un moment de conversation. Vous verrez que mes vues peuvent sympathiser avec les vôtres, et que tout aveuglé que vous croyez mon cœur par le tourbillon du monde, il peut encore être éclairé par les conseils d'un homme estimable.

LE BARON.

Je n'en doutai jamais, ma chère Araminte; je crois vous deviner, et j'en suis enchanté. Oui, j'ai aussi mes idées. Assurons le bonheur de votre fille ; songeons au nôtre ; et terminons par un arrangement solide et raisonnable tous ces petits événemens qui sont le vrai tableau d'une soirée à la mode.

FIN DU CERCLE.

TABLE DES MATIÈRES.

FIN DE POINSINET DE SIVRY.

THÉATRE

DE

BLIN DE SAINMORE.

Edition = Touquet.

PARIS,

Chez l'Éditeur, rue de la Huchette, n°. 18.
1822.

ORPHANIS,

TRAGÉDIE

DE

BLIN DE SAINMORE,

Représentée, pour la première fois, en 1773.

PERSONNAGES.

SÉSOSTRIS, roi d'Egypte.

ARCÈS, neveu de Sésostris, et héritier de la couronne.

ORPHANIS, Tyrienne.

IDAMAS, ambassadeur d'Idoménée, roi de Crète

ISSA, confidente d'Orphanis.

AZOR, officier de l'armée égyptienne.

HIDASPE, officier du palais de Sésostris.

GARDES.

SOLDATS.

La scène est à Thèbes, en Egypte, dans le palais de Sésostris.

ORPHANIS,
TRAGÉDIE.

ACTE PREMIER.

SCÉNE Ire.

ORPHANIS, ISSA.

ISSA.

Eh quoi! belle Orphanis, Thèbe, au repos livrée,
Des premiers feux du jour est à peine éclairée,
Tout dort dans ce palais, et vos yeux sont ouverts!
Arcès a-t-il en Crète essuyé des revers?
Ce prince est-il vaincu?

ORPHANIS.

   Chère Issa, je l'ignore.
Arcès après deux mois ne paraît pas encore :
J'espère... je crains tout. Oui, les flots en fureur
Sont, hélas! mille fois plus calmes que mon cœur;
Et dans ce trouble affreux tu veux que je repose!

ISSA.

Sans doute les dangers où sa valeur l'expose,
Son absence, un combat dont le sort est douteux,
Vous font craindre à la fois pour ses jours et vos feux :
Mais loin de vous former une image cruelle,
Songez au sort brillant où l'amour vous appelle.
Tout vous rit : le destin ne présente à vos vœux
Que l'aspect séduisant d'un avenir heureux.
Sésostris vous chérit et vous tient lieu de père.
Arcès, en qui le roi voit le fils de son frère,

Au rang de Sésostris ne veut monter un jour
Que dans l'espoir d'offrir un trône à votre amour ;
Et quand il vit pour vous et vous garde un cœur tendre,
Quel bien plus fortuné pouvez-vous en attendre ?

ORPHANIS.

S'il triomphe, le trône ; et s'il périt, la mort.
Sa chute ou son succès va décider mon sort.

ISSA.

Puisqu'il combat pour vous, espérez la victoire.
Bientôt, n'en doutez pas, Arcès, couvert de gloire,
Des perfides Crétois heureux triomphateur,
Viendra mettre à vos pieds le prix de sa valeur.

ORPHANIS.

Eh ! que ne vient-il donc lui-même me l'apprendre !
Qu'à mon empressement il tarde de se rendre !
Je languis, je succombe...

ISSA.

     Ah ! qu'il serait heureux
S'il voyait le retour dont vous payez ses feux !

ORPHANIS.

Eh quoi ! tu peux penser qu'une folle tendresse
Tyrannise mon âme et m'occupe sans cesse !
L'amour est pour le faible, et sa triste langueur
Cède au penchant plus fier qui règne dans mon cœur.

ISSA.

Pardonnez ; je croyais qu'à l'amour asservie,
Vous aviez à ses lois consacré votre vie ;
Je croyais qu'un amant...

ORPHANIS.

     Je vais te révéler
Des secrets qu'à ta foi je ne puis plus céler :
Apprends à me connaître ; enfin mon ame altière
A tes yeux étonnés va s'ouvrir tout entière,
Tu sais que Sésostris, pour terme à ses exploits,
Prétendit asservir mon pays à ses lois.
Issa, tu te souviens de l'affreuse journée
Où Tyr au fer cruel se vit abandonnée.
Tout périt : le vainqueur fit tomber sous ses coups
Mes deux fils au berceau, mon père et mon époux.
Le roi plaint ma jeunesse, et sa bonté facile

M'amène en ce palais et m'y donne un asile.
Voilà ce que tu sais. Mais tu ne peux savoir
Quels sont mes sentimens et quel est mon espoir
Te le dirai-je, Issa? Près du trône amenée,
La pompe de ces lieux ne m'a point étonnée ;
Je ne me trouvai point étrangère à la cour ;
Mais dès que j'approchai de ce fatal séjour,
Je sentis tout à coup, ainsi qu'un trait de flamme
L'ardente ambition s'embraser dans mon ame.
Dans tous ces courtisans je crus voir mes sujets.
Bientôt l'amour d'Arcès seconda mes projets.
Ce prince entrait alors dans la fougue de l'âge ;
Je sus mettre à profit un si grand avantage.
Son œil, accoutumé chaque jour à me voir,
De mes faibles attraits sentit tout le pouvoir.
Le croirais-tu? Ce prince, aveugle en son ivresse,
Osa m'offrir un jour le rang de sa maîtresse.
Je l'avouerai ; ce coup étonna mes esprits.
Mon orgueil rejeta son offre avec mépris.
Pour obtenir sa grace, il mit tout en usage ;
Il contraignit sa flamme ; et, changeant de langage,
Il voulut que l'hymen, autorisant ses feux,
Au trône, après le roi, nous fît monter tous deux.
C'est là que je brûlais d'amener sa tendresse.
Alors, m'applaudissant de mon utile adresse,
J'enchaînai mon esclave, et j'acceptai sa main.
Ainsi de la grandeur je m'ouvris le chemin.

ISSA.

Pouvez-vous présumer que Sésostris ignore
Le penchant que pour vous?...

ORPHANIS.

        Il ne sait rien encore.
Aux regards curieux de ce peuple indiscret
Ma prudence, avec soin, sut cacher mon secret.
Nos transports n'éclataient qu'à l'ombre du mystère.
Mon amant m'adorait, et je savais lui plaire ;
Nous attendions en paix un destin plus heureux,
Quand un coup imprévu vint l'offrir à nos vœux.
On apprend que du roi la Crète tributaire
Ose lui refuser le subside ordinaire.

Arcès, qui voit alors l'instant de nous unir,
Obtient de Sésostris l'honneur de la punir :
Il part : il va combattre ; et c'est cette journée
Qui doit de notre hymen régler la destinée.
S'il revient triomphant, bientôt aux pieds du roi,
Pour prix de sa victoire il demande ma foi.
Peut être on t'a parlé de cet antique usage
Que des rois dans l'Egypte établit le plus sage.
Le tyran le plus fier y fut toujours soumis.
Quand la première fois domtant les ennemis,
Un prince, désigné pour succéder au trône,
A, par un coup d'éclat, défendu la couronne,
Le roi, sans hésiter, est forcé d'accorder
Tout ce que le vainqueur ose lui demander ;
Mais, malgré cette loi, mon ame déchirée
A la crainte, à l'espoir, tour à tour est livrée.
Je touche enfin au jour si funeste ou si beau
Qui m'élève à l'empire ou me plonge au tombeau.

ISSA.

Ainsi dans les langueurs d'une éternelle attente,
Je vous verrai sans cesse incertaine et flottante ;
Ainsi du jeune Arcès oubliant les bienfaits,
Vous voulez l'épouser, et ne l'aimer jamais :
Ah ! ce prince, pour vous si généreux, si tendre,
A des transports plus doux avait lieu de s'attendre.

ORPHANIS.

Mes yeux sur ses vertus ne peuvent se fermer :
Je l'aimerais, Issa, si je pouvais aimer.
Veux-tu que, dans l'erreur d'un penchant si funeste,
J'aille de mes beaux jours perdre le faible reste ?
Le ciel, en me formant, le ciel mit dans mon cœur,
Pour toute passion, la soif de la grandeur.
Sexe ingrat et cruel, quelle est ton injustice ?
Faut-il qu'ainsi sur nous ton joug s'appesantisse !
Le sort, pour nous barbare, a-t-il pu n'accorder
Qu'à nos lâches tyrans l'honneur de commander ?
De quel droit leur orgueil ose-t-il nous réduire
Au frivole talent de plaire et de séduire ?
Et ne pouvons-nous pas, sur le trône comme eux,
Gouverner un Empire et rendre un peuple heureux ?

ISSA.

J'admire vos projets, et vois avec surprise
La vaste ambition dont votre ame est éprise ;
Mais combien de revers vous faut-il dévorer ?
Du suffrage du roi qui peut vous assurer ?
J'avoûrai que pour vous il est moins roi que père ;
Qu'à son cœur, chaque jour, vous devenez plus chère.
Je suppose qu'enfin sa tendresse pour vous
Consente à vous donner son neveu pour époux :
Les grands, sans murmurer, verront-ils qu'on préfère
Aux filles de leur sang une femme étrangère ?

ORPHANIS.

J'ai prévu les dangers que tu crains aujourd'hui :
Je puis tout sur Arcès, et voilà mon appui.
Je ne me cache point, comme tu crois peut-être,
L'obscurité du rang où les dieux m'ont fait naître.
Oui, je sais que du ciel l'impitoyable loi
Mit un espace immense entre le trône et moi ;
Qu'à quelque sort brillant où je pusse m'attendre,
Jamais à tant d'honneurs je n'aurais dû prétendre :
Mais aussi conçois-tu le triomphe flatteur
D'avoir d'un si beau rang pu franchir la hauteur ?
Chère Issa, quelle gloire et quel plaisir extrême
De ne devoir surtout ma grandeur qu'à moi-même,
Et sur le trône assise, au-dessus des destins,
De voir ramper sous moi la foule des humains !
Voilà ce qui me flatte et ce qui me tourmente.
Ma soif pour les grandeurs à chaque instant s'augmente.
Tous mes vœux, tous mes pas ne tendent qu'à régner.
Malheur à qui du trône osera m'éloigner !
Que Sésostris me soit favorable ou contraire,
Rien de ce grand dessein ne pourra me distraire.
Oui, je braverai tout, roi, prince, amis, sujets :
Je veux forcer le sort à remplir mes projets.
Quand j'observe en secret ces chefs-d'œuvre antiques,
Ces vastes monumens, ces immenses portiques,
Cette foule de rois à la honte endurcis,
Traînant leur char superbe où leur maître est assis,
Tant d'hommes sous un seul fléchissant en silence,
Mon ame, à ces objets, s'agrandit et s'élance ;

Et dans le noble orgueil dont mon cœur est épris,
Je ne veux que régner : il n'importe à quel prix.

ISSA.

Qu'entends-je ?... dans ces lieux quelqu'un vient nous sur-
    prendre
On ouvre : c'est Azor.

ORPHANIS.

Ciel ! que va-t-il m'apprendre !

SCÈNE II.

ORPHANIS, AZOR, ISSA.

ORPHANIS.

Quoi ! c'est vous, cher Azor ! vous, qui chez les Crétois
Avez suivi l'amant dont mon cœur a fait choix !
Que votre aspect sans lui m'étonne et m'inquiète !
Venez-vous m'annoncer sa mort ou sa défaite ?

AZOR.

Madame, aux coups du sort il faut vous préparer.

ORPHANIS.

Quel effroi de mes sens vient soudain s'emparer !

AZOR.

Le ciel n'a point voulu favoriser nos armes.

ORPHANIS.

Hélas ! c'en est donc fait : ô mortelles alarmes !
N'est-il plus d'espérance ? Ah ! daignez, cher Azor,
Me confirmer les maux dont mon cœur doute encor.

AZOR.

Après avoir long-temps combattu la tempête,
Enfin du mont Ida nous découvrons le faîte.
On aborde, on descend, et les Crétois surpris
Poussent, en nous voyant, de formidables cris.
Chacun range les siens, et s'apprête au carnage.
Le signal est donné : déjà tout le rivage
N'est qu'un vaste théâtre où règne la terreur.
L'un et l'autre parti s'avance avec fureur.
Aux efforts des Crétois nos bataillons répondent.
On se heurte ; on se mêle, et les rangs se confondent.
Nous nous réunissons, nous redoublons nos coups,

Le sort, long-temps douteux, semble pencher pour nous:
Mais, ô revers funeste! ô disgrace cruelle!
Tout à coup d'ennemis une troupe nouvelle
Vient au milieu de nous fondre de tous côtés.
Nous abandonnons tout. Surpris, épouvantés,
Nous fuyons. Le Crétois, que ce renfort excite,
En nous enveloppant, s'oppose à notre fuite.

ORPHANIS.

Eh! que devient Arcès? qu'il vive! c'est assez.

AZOR.

Arcès, qui voit au loin nos soldats dispersés,
Quelque temps incertain garde un morne silence.
Au même instant vers moi je le vois qui s'avance:
« Quitte aussitôt le camp; vole aux rives du Nil:
» Va trouver Orphanis, cher Azor, me dit-il;
» Dis-lui qu'à nos projets la fortune rebelle
» A trahi, sans pitié, sa tendresse et mon zèle;
» Dis-lui qu'enfin je vais, par un dernier effort,
» Défier en ces lieux la victoire ou la mort. »
Il dit, et tout à coup ranimant sa vaillance,
Au milieu des Crétois furieux il s'élance:
Il court, il vole, il frappe, il fond à coups pressés;
Ceux que son bras poursuit, tombent morts ou blessés.
Ah! si vous aviez vu ce héros intrépide!
L'éclair est moins brillant, la foudre est moins rapide.
Pour le suivre aussitôt j'ai vainement couru:
Dans la foule à mes yeux ce prince a disparu.

ORPHANIS.

Ah! prince, en quel péril l'amour te précipite!

AZOR.

Enfin, prompt à remplir la loi qu'il m'a prescrite,
Je pars; soudain les vents et les flots en courroux
Aux rives de Gaulos nous jettent malgré nous.
Nous y restons dix jours. Depuis ce temps j'ignore
Si le prince est défait, ou s'il respire encore.

ORPHANIS.

C'est donc là ce bonheur si brillant, si certain,
Qu'à mon crédule espoir présentait le destin!
Dans quel gouffre profond suis-je précipitée!
Ton zèle, chère Issa, m'avait trop tôt flattée.

AZOR.

Deux vaisseaux, que j'ai vus voguer non loin du port,
Vont sans doute bientôt vous confirmer son sort.

ORPHANIS.

O ciel! quel coup de foudre! Il suffit ; qu'on nous laisse.

SCÈNE III.

ORPHANIS, ISSA.

ORPHANIS.

Grands dieux ! vous vous jouez de ma triste faiblesse !
Le sort m'offrait le trône, et prête d'y monter,
D'un seul coup, pour jamais, il, vient m'en écarter.
A ces cruels revers la fortune est sujette.
Sa main, au même instant, nous flatte et nous rejette.
Si le prince n'est plus, tout est fini pour moi.

ISSA.

Que dites-vous, madame? et quel est votre effroi?
Ainsi donc du malheur la plus faible apparence
Peut en vous, sans retour, détruire l'espérance.
Le coup que vous craignez est encore incertain.
Arcès, me dites-vous, a fini son destin.
Comment de son trépas êtes-vous informée?
Par qui cette nouvelle est-elle confirmée?
Azor dit ce qu'il craint et non ce qu'il a vu.
Qui sait même, qui sait si le prince est vaincu ?
Loin de presser ces nœuds, vous devriez les craindre.
Sésostris vit encore ; il pourrait vous contraindre.
Ce roi, vous le savez, touche à ses derniers jours.
La Parque, à chaque instant, peut en finir le cours.
Alors votre état change et tout obstacle cesse.
Arcès en liberté se livre à sa tendresse :
Il monte au trône ; et vous , fière d'un tel appui,
Vous l'épousez, madame, et régnez avec lui.

ORPHANIS.

Pourrai-je supporter cet éternel orage?
Une attente si longue affaiblit mon courage.
Heureux qui, peu séduit d'un dangereux honneur ,
Des caprices du sort n'attend pas son bonheur !

Arcès ne revient point... et mon incertitude
Me fait de mon espoir le tourment le plus rude.
Crois-tu que de périls partout enveloppé,
A la mort qu'il cherchait ce prince ait échappé?
Il n'est plus... Tout accroît ma douleur et mon trouble.
    (*on entend du bruit.*)
Mais qu'entends-je? grands dieux! quel tumulte!... il re
    double.
La crainte et l'espérance agitent mes esprits.
Ah! si c'était Arcès que m'annoncent ces cris?
On vient... Ciel! quel objet se présente à ma vue!

SCÈNE IV.

ARCES, ORPHANIS, ISSA, soldats.

ARCÈS.

Nous triomphons, madame, et la Crète est vaincue.
ORPHANIS.
Est-ce vous, cher Arcès? en croirai-je mes yeux?
Par quel événement vous revois-je en ces lieux?
ARCÈS.
O ma chère Orphanis! livrons-nous à la joie.
Partagez les transports où mon ame est en proie.
Je puis vous posséder: nous allons être unis;
Le ciel nous favorise, et nos maux sont finis.
ORPHANIS.
Que j'ai craint pour vos jours! Aveuglé d'un faux zèle,
Azor ne m'a donc fait qu'un récit infidèle!
ARCÈS.
Oui, madame; il est vrai que nos soldats troublés
Fuyaient ou périssaient par le nombre accablés.
Hélas! c'en était fait: affrontant la tempête
Soudain je les rassemble et je vole à leur tête.
« C'est ici, mes amis, qu'il faut vaincre ou mourir. »
Sur mes pas aussitôt je vois chacun courir.
Chacun ne connaît plus qu'un aveugle courage:
A travers mille morts chacun s'ouvre un passage.
Les Crétois, par les coups qu'ils n'avaient point prévus,
Sont, dans le même instant, attaqués et vaincus.

L'un meurt en combattant, et l'autre prend la fuite.
Ceux-ci, de nos guerriers évitant la poursuite,
Vont se précipiter dans l'abîme des mers :
Le reste lâchement s'abandonne à nos fers.
Enfin les miens, suivant la fureur qui les guide,
Vers les murs de Phénix volent d'un pas rapide.
Bientôt je les devance : aux pieds de ses remparts,
Phénix voit en tremblant flotter nos étendards.
Je saisis ce moment : j'ordonne à mes cohortes
D'assiéger cette ville et d'enfoncer ses portes.
On les ouvre... Indigné, je voulais les briser.
Animé d'un beau feu qu'il fallut maîtriser,
Je cède avec regret la palme qu'on m'enlève.
Mais un héraut s'avance et demande une trève ;
J'y consens. Aussitôt nous suspendons nos coups ;
Le soldat valeureux en frémit de courroux.
J'apaise ce murmure, et ma main désarmée
Aux soins du sage Arbate abandonne l'armée.
Je pars, et le destin me ramène à vos yeux.

ORPHANIS.

Je l'avais bien prévu ce succès glorieux.
L'Égypte l'espérait d'un aussi grand courage :
Ah ! cher prince, la paix sera donc votre ouvrage ;
Et moi qui vous dois tout...

ARCÈS.

                Orphanis, vantez moins
Un si faible avantage et de si faibles soins.
Je combattais pour vous ; et vous devez bien croire
Que, quand l'amour inspire, on combat avec gloire.
Ce triomphe, il est vrai, doit flatter ma valeur :
Mais j'en attends un prix bien plus cher à mon cœur.
Vous le savez, madame, et si le ciel seconde
L'espérance flatteuse où mon bonheur se fonde,
Il ne tardera pas à serrer un lien
Qui doit joindre à jamais votre cœur et le mien.
Je ne sais si pour nous la guerre est terminée ;
Mais un ambassadeur du sage Idoménée,
Chargé d'ordres secrets que je ne prévois pas,
A Thèbes doit bientôt arriver sur mes pas.
Dans votre appartement, madame, allez vous rendre ;

Et moi, pour notre amour prêt à tout entreprendre,
Je vais à Sésostris raconter le succès
Dont le dieu de la guerre honora mes essais ;
Et pour prix de mes soins le presser de souscrire
A ces nœuds fortunés où ma tendresse aspire.
Heureux, cent fois heureux, si j'ai pu dans un jour
Servir en même temps mon prince et mon amour !

FIN DU PREMIER ACTE.

ACTE II.

SCÈNE Ire.

SÉSOSTRIS, ARCES, GARDES.

SÉSOSTRIS.

EMBRASSEZ-MOI, mon fils : désormais ma tendresse
Veut de ce nom si doux vous appeler sans cesse.
Ainsi vous triomphez, et vos heureux destins
Ont subjugué la Crète et puni des mutins.
Qu'il est satisfaisant pour mon amour extrême
De voir un défenseur dans un prince que j'aime,
D'entendre chaque jour tout mon peuple à la fois
Applaudir vos vertus et confirmer mon choix !
Votre bras aujourd'hui nous venge l'un et l'autre ;
En défendant mon bien vous défendez le vôtre :
Car enfin votre roi ne peut plus se cacher
Que la mort de ce trône est prête à l'arracher.
C'en est fait, j'ai vécu : soixante ans souveraines,
Ces mains vont de l'empire abandonner les rênes ;
Et dans ma dernière heure il me sera bien doux
D'avoir pour successeur un héros tel que vous.

ARCÈS.

Seigneur, je n'ai rien fait que ce que j'ai dû faire ;
Si, secondé du sort, mon zèle a pu vous plaire ;
Si jaloux en tout temps de marcher sur vos pas,

J'ai rencontre la gloire en cherchant le trépas ;
Si d'un père égaré j'efface enfin le crime...

SÉSOSTRIS.

Armaïs fut coupable et sa mort légitime :
Le perfide, au milieu de mes embrassemens,
Egorgea sans pitié ma femme et mes enfans.
J'ai combattu le traître ; oui, ma main sanguinaire
S'est plongée à regret dans le sein de mon frère :
Je l'aimais ; et malgré ses lâches attentats,
Je n'ai pu refuser des pleurs à son trépas :
Les bienfaits que sur vous mes mains ont pu répandre
Ont peut-être suffi pour apaiser sa cendre ;
Son fils de ses fureurs ne doit point hériter.
Si malgré ses complots j'ai pu vous adopter,
Ce choix vous prouve assez que ma juste colère
N'a jamais confondu le fils avec le père.

ARCÈS.

O mon prince ! ô mon père ! oui, ce nom vous est dû :
Moins à tous vos bienfaits je me suis attendu,
Et plus ils resteront gravés dans ma mémoire :
C'est à les mériter que je borne ma gloire.
Mais puis-je me flatter que le grand Sésostris
Aux biens dont il me comble ajoute un nouveau prix ?

SÉSOSTRIS.

Oui, je sais qu'en ces lieux une loi consacrée,
Par mes prédécesseurs en tout temps révérée,
Quand la première fois signalant son grand cœur,
L'héritier de l'Empire est déclaré vainqueur,
Me force d'accorder la grace qu'il demande ;
Mais je n'ai pas besoin que la loi me commande.
Demandez tout, mon fils, et je vous le promets :
Parlez ; qu'exigez-vous ?

ARCÈS.

       Mon père, ah ! si jamais...

SCÈNE II.

SÉSOSTRIS, ARCÈS, HIDASPE, GARDES.

HIDASPE.

Du prince des Crétois l'ambassadeur s'avance,
Seigneur, et sans témoin vous demande audience.

ARCÈS.

O ciel!

SÉSOSTRIS, *à Hidaspe, qui sort.*

à Arcès.

Qu'il entre. Et vous, allez offrir aux dieux
De vos premiers exploits le tribut glorieux;
Et revenez ensuite, assuré de me plaire,
De vos nobles travaux recevoir le salaire.

(*Arcès sort, et les gardes se retirent.*)

SCÈNE III.

SÉSOSTRIS, IDAMAS.

IDAMAS.

Seigneur, un roi puissant et de ses droits jaloux
Daigne emprunter ma voix pour se plaindre de vous :
Il sait qu'à vous servir la gloire toujours prête
A cent fois de lauriers couronné votre tête ;
Et que dans l'univers par vos armes domté,
Au rang des plus grands rois Sésostris est compté.
Mais s'il admire en vous un courage intrépide,
Ne croyez pas du moins que, tremblant et timide,
A mendier la paix abaissant sa fierté,
Il puisse s'avilir par un lâche traité.
Vous savez ce qu'il est, et sa valeur peut-être
Devant les murs troyens s'est assez fait connaître :
Mais par plus d'un exemple il est trop bien instruit
Qu'en voulant s'agrandir souvent on se détruit.
Vous nous avez vaincus: le sort, qui vous couronne,
Peut un jour nous donner les faveurs qu'il vous donne.
Idoménée enfin vous demande aujourd'hui

Blin de Sainmore.   2

Quel crime a pu, seigneur, vous armer contre lui,
Si de quelques mutins la révolte indiscrète
Refusa le tribut imposé sur la Crète,
Mon roi vous fait savoir qu'il n'a point prétendu
Affranchir ses sujets du droit qui vous est dû,
Et que loin d'approuver ces trames criminelles,
Il offre entre vos mains de livrer les rebelles.
Après un tel aveu, c'est à vous de juger
Si vous deviez vous plaindre avant de vous venger.

SÉSOSTRIS.

Je plains Idoménée : oui, si ce roi si sage
M'avait plus tôt instruit d'où partait cet orage,
Il ne m'aurait pas vu, plein d'un juste courroux,
Troubler l'heureuse paix qui régnait entre nous.
Je n'ai pas cru devoir, par un lâche silence,
D'un peuple audacieux enhardir l'insolence :
Cependant mon esprit, écartant tous soupçons,
Est éclairé par vous, et cède à vos raisons.
Oui, puisque Idoménée en ce moment s'engage
A remettre en mes mains les auteurs de l'outrage,
Sa grandeur me désarme et plaît à ma fierté.
Croyez que comme lui je connais l'équité.
Plus il est généreux, plus il me force à l'être.
Ces rebelles sujets je les rends à leur maître,
Ma clémence à lui seul veut les abandonner ;
Il peut tout à son choix punir ou pardonner.
J'estime ses vertus, son amitié m'est chère.
Dans le fils de Minos je respecte le père ;
Et s'il daigne en ce jour souscrire à mes souhaits,
Il ne tient plus qu'à lui de nous donner la paix.

IDAMAS.

Il l'accepte, seigneur : j'ose vous en répondre.
Qu'une vertu si rare a droit de me confondre !
Et des ambassadeurs que l'emploi serait doux
S'ils n'avaient à parler qu'à des rois tels que vous !
Ainsi donc à vos yeux bannissant le mystère,
Des secrets de mon maître heureux dépositaire,
Je puis vous informer, sans trahir sa fierté,
Du séduisant espoir dont son cœur s'est flatté.
Seigneur, si pour jamais votre grande ame oublie

Un trouble passager qui vous réconcilie,
Souffrez que de la paix qui vous rejoint tous deux
L'hymen auguste et saint resserre encor les nœuds.
Consentez qu'il unisse Arcès avec sa fille.
Sans vous vanter ici l'éclat dont elle brille,
Le sang de Jupiter peut prétendre, je crois,
A l'honneur de s'unir au sang des plus grands rois.

SÉSOSTRIS.

Je consens qu'à jamais cet heureux hyménée
Enchaîne Sésostris avec Idoménée.
Que ce nœud, dieux puissans, soit un de vos bienfaits !

IDAMAS.

Ainsi vous arrêtez l'hymen avec la paix ?

SÉSOSTRIS.

J'en jure par les dieux; recevez ma parole.
Ma foi n'est point un gage inutile et frivole :
Vous pouvez y compter.

IDAMAS.

Comptez aussi, seigneur,
Que mon maître avec joie accepte un tel honneur.
Moi, pour accélérer un hymen si prospère,
Je vais en informer la princesse et son père.

SÉSOSTRIS.

Arcès vient... Sans témoins je vais lui déclarer
Le choix inattendu dont on veut l'honorer.

Idamas sort.)

SCÈNE IV.

ARCES, SÉSOSTRIS.

SÉSOSTRIS.

Cher prince, vos succès ont passé mon attente
Quels honneurs, quels bienfaits, quelle grace éclatante
Peuvent récompenser des exploits si fameux ?
Né du sang des héros, vous triomphez comme eux.
L'Égypte vous doit tout : votre heureuse victoire
Assure en même temps son repos et sa gloire.
Mon sceptre pour jamais est par vous affermi,
Et le Crétois domté n'est plus notre ennemi.

Au bonheur de l'Egypte Arcès est nécessaire ;
Pour payer vos bienfaits, parlez , que puis-je faire ?
Au trône avant ma mort faut-il vous élever ?
Ces Etats que si bien vous savez conserver ,
Faut-il que Sésostris avec vous les partage ?

ARCÈS.

Je ne désire point un si grand avantage ,
Et si pour quelques vœux j'élève au ciel ma voix ,
C'est pour vous voir long-temps au trône où je vous vois.
Daignez m'instruire encor. Mais puisque avec franchise
Votre bonté , seigneur , à parler m'autorise ,
Il est un prix qu'Arcès ose attendre de vous :
Pour moi de vos bienfaits ce sera le plus doux.

SÉSOSTRIS.

N'en doutez point, mon fils , s'il est en ma puissance ,
Vous pourrez l'exiger de ma reconnaissance.
Quel est-il ?

ARCÈS.

Ah ! mon cœur ressent tant de bonté.
Seigneur , vous connaissez cette jeune beauté
A qui vous tenez lieu de père et de famille,
Que déjà vos bienfaits font nommer votre fille.
Ses graces , ses vertus , tous ses charmes puissans
Que vous-même admirez, ont subjugué mes sens.
Orphanis...

SÉSOSTRIS.

Vous l'aimez!... Ciel! que viens-je d'entendre !

ARCÈS.

Hélas ! de cet amour je n'ai pu me défendre,
Décidez de mon sort : c'est sa main qu'à genoux
Le vainqueur des Crétois ose attendre de vous.

SÉSOSTRIS.

Je ne vous dirai point que , du trône éloignée,
Pour régner sur l'Égypte Orphanis n'est point née ;
Mais je vous apprendrai qu'Idamas en ces lieux
Vient d'obtenir la paix ; que pour l'assurer mieux ,
Idoménée enfin demande qu'Hirzanie
Par des nœnds éternels avec vous soit unie.
J'ai juré cet hymen , et vous devez juger
Que rien de mes sermens ne peut me dégager.

ARCÈS.

Vous avez tout promis... je n'ai rien à vous dire.
Avant qu'à cet hymen Arcès puisse souscrire ,
Vous le verrez plutôt... Ah ! pardonnez , seigneur ,
Aux éclats imprudens d'une trop vive ardeur :
Pardonnez ces transports à la douleur extrême
D'un amant malheureux qui perd tout ce qu'il aime.
Je sais ce que mon cœur doit à tous vos bienfaits ;
Votre fils pourrait-il les oublier jamais ?
Mais j'adore Orphanis , et le feu qui m'enflamme
Avec la même ardeur brûle aussi dans son ame.
Mon être tout entier est soumis à ses lois :
Je ne veux , je ne puis former un autre choix.
Seigneur, si l'on pouvait , par une heureuse adresse ,
Sans déplaire aux Crétois , seconder ma tendresse ?

SÉSOSTRIS.

Oui, prince, j'en conviens ; vous pouvez contre moi
Alléguer ma promesse et réclamer la loi :
Mais la nécessité veut qu'enfin je préfère
Des sermens plus sacrés à ceux qu'on put vous faire.
Soumettez-vous au sort , et quels que soient vos droits ,
L'intérêt de l'Etat est le tyran des rois.

ARCÈS.

Eh ! que redoutez-vous d'un roi qui vous implore ?
J'ai vaincu les Crétois : je puis les vaincre encore.

SÉSOSTRIS.

La valeur est trompeuse , et le sort peut changer.

ARCÈS.

Je méprise la gloire acquise sans danger.

SÉSOSTRIS.

Ainsi , lorsque la paix peut être votre ouvrage
Vous allez tout détruire ! Ainsi votre courage
A vos moindres désirs prétend tout immoler ,
Et le sang sous vos mains va de nouveau couler !
Ah ! mon fils , connaissez les malheurs de la guerre.
Sous mon joug autrefois j'ai fait gémir la terre ;
Et du fer inhumain n'écoutant que les droits ,
J'ai brisé , sans pitié , le sceptre de vingt rois.
Ce fut moi qui rangeai sous mon obéissance
Ces vingt mille cités qui forment ma puissance

J'ai du Gange au Danube étendu mes exploits;
Et le monde en tremblant fut soumis à mes lois :
Mais que j'ai payé cher cette gloire cruelle !
Que de pleurs, que de sang j'ai fait couler pour elle!
Le repentir m'en reste ; et mon bras aujourd'hui,
Las d'effrayer le monde, en veut être l'appui.
Ah! loin de vous tromper par des chimères vaines,
Songez au sang des rois qui coule dans vos veines;
Songez que vous devez l'exemple à l'univers ;
Que sur vos premiers pas tous les yeux sont ouverts;
L'erreur vit chez le peuple, et nos fautes passées
Sont par la main du temps rarement effacées.
Il faut vous maîtriser ; et doublement vainqueur
Ainsi que des Crétois l'être de votre cœur.
Comme vous, dans les feux d'une ardente jeunesse,
Des folles passions j'ai ressenti l'ivresse :
Mais lorsque le devoir m'ordonnait d'étouffer
De coupables penchans, j'en ai su triompher :
D'un moment, quand on veut, cet effort est l'ouvrage ;
Et je l'attends, mon fils, d'un aussi grand courage.

ARCÈS.

En vous j'honore un père et je respecte un roi :
Mais cet effort, seigneur, est au-dessus de moi.

SÉSOSTRIS.

Si les soins que j'ai pris d'élever ton enfance
T'ont jamais inspiré quelque reconnaissance,
Sur le bord de ma tombe au moins console-moi.
Ne trahis point l'espoir que j'ai conçu de toi.
Oui, cher prince, oui, mon fils, c'est moi qui t'en
    conjure.
Ne fais pas à ton père une pareille injure ;
J'en mourrais de douleur : ah! tu ne voudrais pas
Avancer, sans pitié, l'instant de mon trépas.

ARCÈS.

Pour prolonger vos jours je donnerais ma vie...
Mais je ne puis souscrire à l'hymen d'Hirzanie.
Quand je domtai pour vous un peuple audacieux,
Mon cœur s'applaudissait de la faveur des cieux,
Qui sur mes premiers pas répandit quelque gloire.
Il faut donc aujourd'hui gémir de ma victoire ;

Et la triste Orphanis , à qui j'en dois l'honneur ,
N'aura donc embrassé qu'une ombre de bonheur !
Tous deux nous nous flattions de la douce chimère
De vous nommer bientôt du tendre nom de père.
L'un et l'autre empressés , nous aurions chaque jour ,
Hélas ! par tant de soins mérité votre amour !
Ah! seigneur, se peut-il que votre ame inflexible...

SÉSOSTRIS.

Vous le savez, Arcès, je porte un cœur sensible ;
Mais j'ai fait un serment : je ne puis le trahir.

ARCÈS.

Je crains de ne pouvoir jamais vous obéir.

SÉSOSTRIS.

J'employai la douceur ; mais tant de résistance ,
A la fin, malgré moi, peut lasser ma constance.
Obéissez.

ARCÈS.

Seigneur , qu'osez-vous exiger ?
Dans quels nœuds effrayans voulez-vous m'engager ?

SÉSOSTRIS.

Je ne dis plus qu'un mot ; je le veux, je l'ordonne.
Acceptez sans délais l'épouse qu'on vous donne ;
Et craignez d'irriter, par de nouveaux refus,
Un roi trop indulgent qui ne vous connaît plus.

SCÈNE V.

ARCES, *seul.*

GRANDS dieux! à ce revers aurais-je dû m'attendre !
Tant de soins, tant de feux, une amitié si tendre...
Malheureuse Orphanis , ah ! que vas-tu penser?
Ton amant espérait te mieux récompenser.
Comment pourrai-je encor soutenir sa présence ?
Que lui dire ? Fuyons... Je la vois qui s'avance.

SCÈNE VI.

ARCES, ORPHANIS, ISSA.

ORPHANIS, *arrêtant Arcès.*
Consent-il à l'hymen qui fait tout mon bonheur ?
Puis-je enfin espérer ?... Vous me fuyez, seigneur.

SCÈNE VII.

ORPHANIS, ISSA.

ORPHANIS.
O ciel ! que cet accueil m'alarme et m'épouvante !
Il se tait ; il me fuit, et mon ame tremblante...
Que dis-je ? moi, trembler ! et contre un faible écueil
Voir périr mon espoir et briser mon orgueil !...
La foudre gronde : eh bien ! faisons tête à l'orage ;
Opposons au destin le plus ferme courage.
Et sans perdre le temps en frivoles discours ,
Volons. Toi, chère Issa, seconde-moi ; va, cours ;
Informe-toi de tout, et viens tout me redire...
Mais non, à mes projets je veux seule suffire.
Par moi-même il vaut mieux tout entendre, tout voir :
Oui, je veux que toujours soumis à mon pouvoir,
Dans mes piéges lui-même il vienne enfin se rendre.
Pour obtenir le trône osons tout entreprendre ;
Et sachons avec art employer tour à tour
Les larmes, la fureur, l'artifice et l'amour.

FIN DU SECOND ACTE.

ACTE III.

SCÈNE Ire.

ARCES, *seul.*

Roi superbe, il faut donc qu'au gré de ton caprice
Mon ame sous tes lois en esclave fléchisse.
Je combats, je triomphe, et tu voudrais pour prix
M'arracher à l'objet dont mon cœur est épris !
Ah ! tyran, vante moins ton amitié cruelle.
Je préfère ta haine et je ne veux plus qu'elle.
Oublier Orphanis ! si jamais ton pouvoir
Prétendait me contraindre à ne la plus revoir ;
Je saurais te montrer que cette main vaillante,
Ainsi que mon pays, peut venger mon amante...
Que dis-je, malheureux ! la venger !... et de qui ?...
D'un roi qui m'a placé sur le trône avec lui ;
D'un ami dont la main secourable et propice
Veut sous mes pas tremblans fermer le précipice ;
Dont le rang que j'occupe est le moindre bienfait ;
Que j'appelai mon père... et qui l'est en effet.
Et pour tant de faveur, sacrilège et barbare,
Je pourrais !... Ah ! plutôt du trouble qui m'égare
Abjurons à ses pieds la tyrannique erreur ;
Soyons sujet soumis et maître de mon cœur.
Oui, je veux en ce jour m'immoler pour te plaire.
Admire bien l'effort que sur moi je vais faire ;
Tu soumis, il est vrai, l'univers à ta loi ;
En domtant mon amour j'aurai fait plus que toi.
Qu'il est beau, qu'il est grand de se vaincre soi-même !
Je vais donc renoncer à la beauté que j'aime...
Qui, moi ? ne la plus voir ! l'abandonner ! la fuir !
Après tant de sermens lâchement la trahir !
Non, l'effort est trop grand, et j'en suis incapable.
Moi, d'une trahison je deviendrais coupable !
Pardonne, cher objet de mon cœur enflammé,
Ah ! pardonne... jamais tu ne fus plus aimé.
Oui, toujours en tyran tu règnes sur mon ame.

Blin de Sainmore.   3

Chaque instant, chaque obstacle irrite encor ma flamme.
Sans mon amour , sans toi je ne puis respirer...
Eh bien ! c'est pour cela qu'il faut m'en séparer.
Le faible honneur de vaincre un penchant ordinaire
N'est que d'un sage obscur l'héroïsme vulgaire ;
Mais fuir avec effort un objet adoré ;
Mais étouffer un feu dont on est dévoré,
Mais arracher le trait qui flatte et qui déchire,
Voilà l'heureux triomphe où mon orgueil aspire !
Voilà l'honneur d'un prince et voilà mon devoir !
C'en est fait : commençons à ne la plus revoir.
Je la dois; je le veux... Que vois-je! ô dieux !... c'est elle.

SCÈNE II.

ORPHANIS, ARCÈS, ISSA.

ORPHANIS.

On dit, et ce rapport me semble assez fidèle,
Que le fier Sésostris, désapprouvant nos feux,
Vous réserve, seigneur, à de plus nobles nœuds ;
Que ma présence ici lui devient importune.
Je ne sais point lutter contre mon infortune :
Le sort qui me poursuit m'apprit à tout souffrir.
Non , seigneur , je n'ai point de sceptre à vous offrir.
Mon front n'est point orné d'un brillant diadême.
Hélas! mon faible cœur a cru, d'après vous-même,
Qu'il suffisait d'aimer pour mériter vos feux.
Il est vrai que vos soins nobles et généreux
Ont daigné quelquefois rechercher ma misère.
Vous changez : je n'ai point de reproche à vous faire.
Vous ne m'entendrez point dans ces tristes momens
Alléguer contre vous ma flamme et vos sermens.
Vous me quittez : du moins, prince, laissez-moi croire
Que l'amour a long-temps disputé la victoire ;
Que lorsqu'un si grand cœur peut manquer à sa foi,
Il ne fait qu'obéir aux volontés du roi.
Mais, seigneur, si jamais Orphanis vous fut chère,
Pour unique faveur , qui sera la dernière,
Souffrez que loin de vous j'aille au fond des déserts

Pleurer ma destinée et le bien que je perds.

ARCÈS.

Oui, j'espérais en vous voir un jour mon épouse.
Hélas ! tout m'en flattait : la fortune jalouse,
Opposant à mes vœux je ne sais quel devoir,
D'un bien si séduisant veut me ravir l'espoir.
Je sens trop qu'à ce coup je ne pourrai survivre,
Que cet arrêt du sort...

ORPHANIS, *avec fierté.*

Seigneur, il faut le suivre.

ARCÈS.

Ah ! loin de m'imputer le sujet de vos pleurs,
Orphanis, apprenez l'excès de nos malheurs ;
Sésostris, ébloui d'un intérêt frivole,
Sans consulter mon cœur, a donné sa parole.

ORPHANIS.

Sans doute à ce traité vous vous êtes soumis,
Et vous avez juré...

ARCÈS, *troublé.*

Moi, je n'ai rien promis.
Il est vrai que le roi, s'il faut ne vous rien taire,
Attend de ma vertu l'effort le plus austère ;
Que je crains son courroux... et qu'au fond de mon cœur,
Plus fort que ma raison, l'amour seul est vainqueur.

ORPHANIS, *avec tendresse.*

Il faut donc m'oublier.

ARCÈS.

Vous oublier, madame !
Ah ! quel trait déchirant lancez-vous dans mon ame !
Vous oublier !... le roi peut bien nous séparer ;
Mais le destin d'Arcès ont de vous adorer.
Si le ciel eût daigné nous unir l'un à l'autre,
Je le sens, mon bonheur eût dépendu du vôtre.
Ah ! pouvez-vous cesser de m'être chère ?

ORPHANIS.

Et moi,
Je reprends ma parole et vous rends votre foi.
Il ne faut point ici, versant d'indignes larmes,
D'un bonheur qui n'est plus envisager les charmes.

(*avec ironie.*)
De la fille d'un roi soyez l'heureux époux,
Et ne trahissez point ce qu'on attend de vous.

ARCÈS.

Quoi ! de votre ame ainsi souveraine maîtresse,
Vous pourriez...

ORPHANIS.

Moi, je dois, étouffant ma tendresse,
Prendre exemple de vous, ne pouvant le donner.
Le roi vous le commande, il faut m'abandonner.
Oui, c'en est fait : cédons au sort qui nous sépare.

ARCÈS, *avec dépit.*

Eh bien ! puisque c'est vous qui l'ordonnez, barbare,
Je vais vous obéir, m'arrracher de vos bras,
Et vous forcer peut-être à pleurer mon trépas.

SCÈNE III.

ORPHANIS, ISSA.

ISSA.

Vous m'étonnez, madame. Eh ! qu'espérez-vous faire ?
A vous-même soudain qui vous rend si contraire ?
Vous aspirez au trône ; et, si j'en juge bien,
Pour vous en écarter vous ne négligez rien.

ORPHANIS.

Va ! le prince m'adore, et je n'ai rien à craindre.
C'est en lui résistant qu'on lui fait tout enfreindre.
Tu le verras, pressé par un fier ascendant,
Revenir à mes pieds plus tendre et plus ardent.
Je veux, poussant plus loin la feinte et l'artifice,
Paraître aux yeux du roi faire un grand sacrifice.
Je veux... Mais le voici.

SCÈNE IV.

ORPHANIS, SÉSOSTRIS, ISSA.

ORPHANIS.

Je vous cherchais, seigneur.
Souffrez que, découvrant les replis de mon cœur,

Sans crainte devant vous je rompe un long silence.
Je dois tout à vos soins, et ma reconnaissance
Va confesser mon crime et ne rien déguiser.
Qu'une amante est crédule et prompte à s'abuser !
Oui, seigneur, malgré moi, j'aime Arcès, je l'adore.
Que dis-je ? c'était peu : j'osais prétendre encore
Que l'hymen nous unît et confondît nos rangs.
Cet espoir fit long-temps mon bonheur ; mais j'apprends
Qu'un monarque fameux le demande pour gendre.
Il m'a donné son cœur et je viens le lui rendre.
Pour prix de vos bienfaits, vous ne me verrez pas
Exciter la discorde au sein de vos États.
Quoi qu'il m'en coûte enfin, quand mon amour vous blesse,
C'est à moi d'immoler mon cœur et ma faiblesse.
Ainsi demain, seigneur, l'astre naissant du jour
Me verra pour jamais fuir le prince et la cour.
SÉSOSTRIS.
Aux nobles sentimens que vous faites paraître,
J'ouvre les yeux, madame, et j'apprends à connaître
Quel hommage on doit rendre au sang dont vous sortez.
Vous dédaignez le trône, et vous le méritez.
Le prince vous chérit : que ne puis-je, madame,
Couronner à la fois vos vertus et sa flamme!
Mais vous savez qu'un prince est soumis à la loi
De ne donner sa main qu'à la fille d'un roi ;
Vous en avez le cœur sans en avoir le titre.
Je vous plains : cependant je vous laisse l'arbitre
De choisir pour séjour Memphis ou ce palais,
Et vous pouvez partout compter sur mes bienfaits.

SCÈNE V.

ARCÈS, SÉSOSTRIS, ORPHANIS, ISSA.

ARCÈS , dans le fond du théâtre.
Non, mon cœur un instant ne peut s'éloigner d'elle.
SÉSOSTRIS, apercevant Arcès.
Venez, prince, approchez : voici votre modèle.
Orphanis, de l'amour méprisant le pouvoir,
Se dispose à partir et renonce à vous voir :

Cédez à votre tour; imitez son courage.
    (*à Orphanis.*)
Madame, il faut encore achever votre ouvrage.
Montrez-lui qu'il se doit plus à l'État qu'à lui;
Qu'il apprenne à se vaincre, et qu'il sache aujourd'hui
Que si l'on veut sur soi remporter la victoire,
Ce n'est pas sans effort qu'on triomphe avec gloire;
Et moi, je vais presser un hymen dont l'éclat
Doit rejaillir sur lui, sur vous et sur l'État.

SCÈNE VI.

ARCES, ORPHANIS, ISSA.

ARCÈS.

J'ai peine à concevoir ce que je viens d'entendre.
Quoi! dans le même instant où l'amour le plus tendre
Pour jamais à vos pieds vous rapporte ma foi,
J'apprends que vous brûlez de vivre loin de moi?
Ah! de grace, madame, au moins daignez m'instruire
Si vous avez pensé ce que l'on vous fait dire.

ORPHANIS.

Il n'est que trop certain : je pars; et mon devoir,
Pour la dernière-fois, me permet de vous voir.

ARCÈS.

Je demeure interdit, et mon ame étonnée
N'espérait-pas vous voir si bien déterminée.
Après le sort affreux dont j'éprouve les coups,
Il ne me restait plus qu'à l'apprendre de vous.
Trouverais-je partout la même résistance?
Quoi! vous qui devriez soutenir ma constance,
C'est vous qui vous plaisez à me persécuter!

ORPHANIS.

Ne m'avez-vous pas dit qu'il fallait nous quitter?

ARCÈS.

Fallait-il sans combattre au même instant vous rendre?
Avec nos ennemis fallait-il vous entendre?
Ah! jamais, non jamais vous ne sûtes aimer.

ORPHANIS.

Qu'ai-je fait? j'obéis : pouvez-vous m'en blâmer?

ARCÈS.

Si je vous étais cher, auriez-vous pu, cruelle,
Presser l'affreux moment d'une absence éternelle?
Hélas! si vous saviez quel ascendant vainqueur,
Quel empire l'amour vous donne sur mon cœur,
Ce qu'il m'en a coûté de tourmens et de larmes
Pour m'être un seul instant séparé de vos charmes,
Pourriez-vous me payer d'un si faible retour?
Quand je brûlais pour vous du plus ardent amour,
J'espérais vous trouver un cœur moins inflexible:
J'avais tant de plaisir à vous croire sensible!
Pourquoi me détromper?

ORPHANIS.

Hélas! pensez-vous bien
Que, s'il faut nous quitter, il ne m'en coûte rien?
Croyez-vous que souvent, dévorant ses alarmes,
Orphanis en secret n'ait point versé de larmes?
Quand j'ose envisager cet instant douloureux
Qui doit, sans nul espoir, nous séparer tous deux,
Mon cœur, en condamnant ma démarche indiscrète,
Revole tout entier vers le bien qu'il regrette.
Mais nous devons songer que le destin cruel
Vient de mettre à nos feux un obstacle éternel
Pour la dernière fois revoyez votre amante.

ARCÈS.

Non, ne vous flattez pas que jamais j'y consente.
L'univers conjuré ne peut m'intimider.
Je ne veux que vous seule; et pour vous posséder,
Je n'épargnerai rien : l'Etat, le roi lui-même,
Je pourrai tout braver, et c'est ainsi que j'aime.

ORPHANIS, *avec tendresse.*

Cher prince!

ARCÈS.

M'aimez-vous?

ORPHANIS.

Si je vous aime!

ARCÈS.

Eh bien!
Dans mes justes transports je n'écoute plus rien.
Dussé-je succomber sous le courroux céleste,

En dussé-je périr, un seul moyen me reste,
Et je cours le tenter. Je vais trouver le roi,
Faire à ses pieds valoir mon service et la loi,
Supplier, conjurer, presser, demander grace;
Aux larmes, s'il le faut, abaisser mon audace;
Lui peindre mes transports, mes feux, mon désespoir;
Enfin éprouver tout ce qui peut émouvoir.
Mais s'il résiste encor; si toujours inflexible,
Il oppose à mes feux un obstacle invincible,
Alors, n'écoutant plus qu'une farouche ardeur,
J'irai, bravant le roi, bravant l'ambassadeur,
J'irai leur déclarer que, prêt à tout enfreindre,
Je déteste l'hymen où l'on veut me contraindre;
Que, loin de me ranger sous ces injustes lois,
Par le fer et le sang je défendrai mes droits.

SCÈNE VII.

ORPHANIS, ISSA.

ORPHANIS.

Tu vois comme à mon gré je sais, avec souplesse,
Enflammer son audace et flatter sa faiblesse.
Si j'en crois ses transports, je puis compter sur lui,
Et mon sort, chère Issa, se décide aujourd'hui.

ISSA.

Ah! vous devez trembler, si j'en crois l'apparence.

ORPHANIS.

Plus l'instant est terrible, et plus j'ai d'espérance.

ISSA.

Craignez de rencontrer des obstacles nouveaux,
Et de perdre à jamais le fruit de vos travaux.

ORPHANIS.

Je vois tous les dangers qui marchent à ma suite.
Sans doute dans l'état où les dieux m'ont réduite,
Aux coups les plus affreux je dois me préparer :
Mais en les prévoyant je saurai les parer.
Je médite un dessein qui pourra te surprendre.

ISSA.

Quel temps choisissez-vous pour oser l'entreprendre ?

ORPHANIS.

Il suffit : si le roi persiste à m'accabler,
Tu verras avant peu qui de nous doit trembler.

FIN DU TROISIÈME ACTE.

ACTE IV.

SCÈNE Ire.

ORPHANIS, *seule*.

Où vais-je ? que résondre ? et quel trouble m'agite !
Déjà vers son déclin le jour se précipite ;
Demain je dois partir ; et mon cœur incertain ,
Quand je devrais tout faire, attend tout du destin.
Allons : c'est maintenant qu'il faut braver l'orage :
Tant d'obstacles ne font qu'irriter mon courage.
Le roi va me poursuivre, il le faut prévenir,
Et le forcer enfin lui-même à me punir.

SCÈNE II.

ORPHANIS, ISSA.

ISSA.

Vous l'emportez, madame ; oui, les dieux plus propices
Vont resserrer des nœuds formés sous leurs auspices.
Arcès a vu le roi : plein d'espoir et content,
Ce prince du palais sortait au même instant ;
Tout exprimait sa joie ; et j'ai , sur son visage ,
Lu d'un bonheur prochain l'infaillible présage.
Pour vous entretenir il semblait vous chercher.
Son cœur impatient brûlait de s'épancher.

Il voulait me parler : il allait tout m'apprendre,
Lorsque l'ambassadeur est venu le surprendre.
Mais si j'ai bien jugé, vos tourmens vont finir ;
Sésostris, en un mot, consent à vous unir.

ORPHANIS.

Peux-tu le croire, Issa ? Va, je suis moins crédule.
Le roi refuse tout, ou le roi dissimule.
Ah ! je connais trop bien Sésostris et la cour.

ISSA.

Et pourquoi maintenant craindre un fâcheux retour ?
Pourquoi désespérer, quand tout vous favorise,
Quand le roi ?...

ORPHANIS.

Chère Issa, que veux-tu que je dise ?
Mon ame impatiente est lasse de se voir
Le jouet éternel d'un chimérique espoir.
Réduite à perdre tout, ou bien à tout enfreindre,
Orphanis désormais ne peut plus se contraindre.
J'ai su gagner du temps, et pour en profiter
Je vais auprès d'Arcès tout faire, tout tenter,
Le forcer à l'éclat, et, s'il faut te le dire,
Me plonger dans l'abîme, afin qu'il m'en retire.
Je sens que mon courage est capable de tout.
Qui suit bien un projet, en vient toujours à bout.
La route que je tiens est terrible, mais sûre :
C'est sur les coups du sort qu'un grand cœur se mesure.
Si, servant mes projets et découvrant mes vœux,
Sésostris osait prendre un parti rigoureux,
Avertis-en le prince, et fais-lui bien comprendre
Que l'amour pour lui seul m'a fait tout entreprendre.
Exagère-lui bien les dangers que je cours ;
Enfin dis-lui qu'il est mon unique recours.
On vient : c'est Sésostris !... Ciel ! que veut-il me dire ?

SCÈNE III.

SÉSOSTRIS, ORPHANIS, ISSA , GARDES.

SÉSOSTRIS.

(*aux gardes.*)
DEMEUREZ, Orphanis ; et vous , qu'on se retire.

SCÈNE IV.

SÉSOSTRIS, ORPHANIS, ISSA.

SÉSOSTRIS.
MADAME, approchez-vous , et daignez m'écouter.
Sur un point important je viens vous consulter.
Peut-être il vous souvient qu'en ces lieux étrangère,
Vous trouvâtes en moi moins un maître qn'un père.
Je réparai vos maux autant qu'il fut en moi ;
Je ne m'en repens pas, c'est le devoir d'un roi.
Mais on dit qu'à mes yeux habile à vous contraindre,
Vous nourrissez un feu que vous feignez d'éteindre ;
Qu'affectant sur votre ame un pouvoir éclatant,
Vous pensez me cacher le piége qui m'attend ,
Et que sans respecter l'autorité suprème ,
Un jour vous prétendez...

ORPHANIS.
Moi, seigneur !

SÉSOSTRIS.
Oui , vous-même.
Vous vous flattez , dit-on , que bravant mon courroux ,
Arcès aux yeux de Thèbe ose s'unir à vous

ORPHANIS.
Comme mon bienfaiteur , seigneur , je vous révère ,
Mais je mérite peu ce reproche sévère.
Demain je fuis le prince, et le ciel m'est témoin,
Que mon respect pour vous ne peut aller plus loin.
Je vous laisse ignorer , seigneur, ce qu'il m'en coûte.

SÉSOSTRIS.
Vous répondez trop tôt. On dit plus , on ajoute

Que dans le fond du cœur vous osez aspirer
Au rang qu'après ma mort Arcès doit espérer ;
Qu'en lui vous recherchez moins son cœur que l'empire,
Qu'enfin ce n'est qu'au trône où votre orgueil aspire.
Répondez maintenant ; et tâchez d'éclaircir
Les bruits injurieux dont on veut vous noircir.

ORPHANIS.

Des efforts des méchans je ne suis point surprise :
Mais qu'un roi tel vous , seigneur , les autorise ,
Qu'un prince inaccessible aux brigues des flatteurs
Ait pu prêter l'oreille à mes accusateurs ;
Que par de tels soupçons il se laisse surprendre ;
Non , c'est ce que jamais je ne pourrai comprendre.
Il me reste un témoin que je n'ose nommer :
De mes crimes, seigneur , il peut vous informer.

SÉSOSTRIS.

On me trompe sans doute, et j'ai trop peine à croire
Que vous payez mes soins d'une fourbe aussi noire.
Ces bruits sont peu fondés ; mais pour les démentir ,
Madame, au même instant soyez prête à partir.

ORPHANIS.

Dans l'instant !

SÉSOSTRIS.

Oui , sur l'heure.

ORPHANIS, *à part.*

O ciel! je suis perdue.

(*à Sésostris.*)
De cet ordre pressant je reste confondue.

SÉSOSTRIS.

Eh ! quoi, vous résistez : j'entrevois vos raisons ;
Vos refus pourraient bien confirmer mes soupçons.
Obéissez.

ORPHANIS.

Eh bien ! frappez votre victime.
Il faut donc à vos pieds vous confesser mon crime ;
Voyez tout ce qu'en moi vous avez à punir.
Mon cœur vous a promis plus qu'il n'a pu tenir.
Hélas ! je me flattais de maîtriser mon ame ;
Je pressai même Arcès de vaincre aussi sa flamme ;
Mais pour nous séparer, rassemblés en ce lieu,

Nous ne pûmes nous dire un éternel adieu.
Aisément pour jamais quitte-t-on ce qu'on aime ?
Ah ! loin de vous tromper, je me trompais moi-même.

SÉSOSTRIS.

Quoi qu'il en soit, partez : et ne m'opposez rien.
L'absence pour vous vaincre est le plus sûr moyen.

ORPHANIS.

Convenez-en, seigneur, quelque effort que je fasse,
A vos yeux prévenus rien ne peut trouver grace.
Votre injuste rigueur me soupçonnant toujours,
Même avant de m'entendre, avait proscrit mes jours.
Vous m'avez, il est vrai, souvent servi de père :
Mais, s'il faut avec vous m'expliquer sans mystère,
Seigneur, j'avais un père, un époux et deux fils :
Si je les ai perdus, qui me les a ravis ?
Vous le savez trop bien : hélas ! ce sont vos armes
Qui dans Tyr embrasée ont fait couler mes larmes.
J'ai cru que, sans orgueil, je pouvais espérer
Que qui fit mes malheurs voudrait les réparer ;
Qu'enfin c'était à vous, auteur de ma misère,
De rendre à mes regrets mon époux et mon père.

SÉSOSTRIS.

Que prétendez-vous donc ? Vous, régner en ces lieux !
Vous, épouser le prince ! Ah ! connaissez-vous mieux.
Songez quel est Arcès, et songez qui vous êtes.

ORPHANIS.

Veuve d'un étranger fameux par cent conquêtes,
Certes, je ne n'ai pas cru qu'un fils de souverain,
Qu'un roi même rougît de me donner la main,
Ni qu'un jour avec moi partageant la couronne,
Arcès pût avilir la majesté du trône.

SÉSOSTRIS.

Je n'en saurais douter : on m'a trop bien instruit,
Et votre seul orgueil confirme assez ce bruit.
Ingrate ! c'est donc vous de qui le front timide
Sous des traits imposans cache un cœur si perfide !
Vous, qui ne respirez que par mes seuls bienfaits,
C'est vous qui dans ces lieux osez troubler la paix ;
C'est vous qui, nourrissant un amour qui m'outrage,
Osez à la révolte enhardir le courage ;

Qui, par de faux dehors éblouissant mes yeux,
N'affectez la vertu que pour me tromper mieux !
Mais je vous punirai d'un si lâche artifice ;
L'exil que j'ai prescrit n'est qu'un faible supplice :
Un plus grand châtiment est réservé pour vous ;
Et vous allez sur l'heure éprouver mon courroux ;
Enfin de mes bontés pour vous voici le terme :
Gardes, que dans la tour à l'instant on l'enferme.

(Issa sort par le côté où doit entrer Arcès.)

ORPHANIS.

(à part.)   (à Sésostris.)

Je triomphe... Un soupçon fait tous mes attentats :
Mais, avant que le jour renaisse en ces États,
Vous pourrez me connaître et me rendre justice.

SÉSOSTRIS.

(aux gardes.)

Ce que j'ordonne est juste. Allez, qu'on m'obéisse.

(On emmène Orphanis.)

SCÈNE V.

SÉSOSTRIS, *seul.*

Suis-je encor Sésostris ? Moi, qui sus autrefois
Soumetttre à mes États les peuples et les rois,
Dont l'univers vantait la valeur intrépide,
J'étais donc le jouet d'une femme perfide !
Si par sa vertu feinte elle a pu me tromper,
A ses piéges mon fils devait-il échapper ?
A-t-il pu s'en défendre ? Avec quel artifice
La cruelle infectait ce cœur simple et novice ?
Mais on vient : c'est lui-même.

SCÈNE VI.

ARCÈS, SÉSOSTRIS.

SÉSOSTRIS.

Ah ! prince, où courez-vous ?
Et qui peut dans vos yeux allumer ce courroux ?

ARCÈS.

Quoi ! seigneur, Orphanis vient de m'être ravie !
Votre fureur n'a plus qu'à m'arracher la vie.
Que lui reprochez-vous ? Eh ! qui peut en un jour
La noircir à vos yeux et changer votre amour ?
Vous l'admiriez vous-même : eh quoi ! n'est-ce pas elle
Que vous m'avez tantôt offerte pour modèle ?
Qu'a-t-elle fait depuis pour mériter des fers ?

SÉSOSTRIS.

Mes yeux étaient fermés : mes yeux se sont ouverts.
Plût aux dieux que les tiens pussent s'ouvrir de même !
Ai-je pu sans courroux voir son audace extrême ?
La perfide, déjà prompte à se démentir,
Après l'avoir promis refuse de partir.

ARCÈS.

De grace, à sa vertu rendez plus de justice.
De mes égaremens elle n'est point complice.
Et si tantôt, seigneur, j'eusse exaucé ses vœux,
L'absence, sans retour, nous séparait tous deux :
Sa fuite pour jamais m'eût privé de ses charmes.
C'est moi dont la douleur, la prière et les larmes
Ont arrêté ses pas ; et si la retenir
Est un crime à vos yeux, c'est moi qu'il faut punir.

SÉSOSTRIS.

Mais toi, qui la défends, crois-tu bien la connaître ?
Mes yeux moins prévenus, ou trop justes peut-être,
Ont à travers son voile et sa fausse candeur,
De ses desseins secrets percé la profondeur.
J'ai vu que, par l'amour cherchant à te séduire,
Elle n'en veut qu'au trône où tu peux la conduire.

ARCÈS.

Orphanis trahirait un cœur tel que le mien !
Mais ce n'est pas à moi de soupçonner le sien...
Hélas ! ayez pitié des tourmens que j'endure.
Pouvez-vous à la gloire immoler la nature !
Vous savez si jamais j'ai trahi mon devoir.
Ne m'abandonnez pas à tout mon désespoir.
En vous aimant tous deux je trouve tant de charmes !
Mon père, serez-vous insensible à mes larmes ?

Vous vous attendrissez... Je tombe à vos genoux.
Rendez-moi ce que j'aime.

SÉSOSTRIS.

                         Ah ! prince, levez-vous.
Ingrat, tu sais pour toi combien ce cœur est tendre ;
Mais par tes pleurs enfin ne crois plus me surprendre.
Le bonheur de mon peuple est préférable au tien.
Le sort en est jeté : je n'écoute plus rien.
Je tiens en mon pouvoir l'objet de ta tendresse.
Je puis tout : cependant, si son sort t'intéresse,
Si tu lui veux enfin rendre la liberté,
Epouse la princesse et consens au traité.

ARCÈS.

Je vous l'ai déjà dit et dois vous le redire ;
Jamais à cet hymen ma main ne peut souscrire.
Qui, moi ! vaincre mes feux ! en dussé-je expirer,
Jamais !...

SÉSOSTRIS.

          De votre part j'avais lieu d'espérer
Un peu plus de respect et plus d'obéissance.

ARCÈS.

Et j'attendais de vous plus de reconnaissance.
Oui, seigneur, quelque loi qu'on puisse m'imposer,
Ce cœur est tout mon bien, et j'en veux disposer.
En un mot, rendez-moi la beauté qui m'est chère,
Rendez-la moi, seigneur, ou...

SÉSOSTRIS.

                         Tremble, téméraire.
Tes pleurs et ton courroux sont pour moi superflus.
Je te le jure enfin ; tu ne la verras plus.

ARCÈS.

Je ne la verrai plus ! De quel droit, à quel titre,
De ses jours et des miens vous rendez-vous l'arbitre ?
Dès l'instant que mon bras domta vos ennemis,
Au pouvoir de la loi n'êtes-vous pas soumis ?
On ne m'abuse point par un espoir frivole :
Vous m'avez tout promis, et vous tiendrez parole.

SÉSOSTRIS.

Qu'entends-je ! un imprudent brave ainsi mon pouvoir !
Vante moins ta valeur et suis mieux ton devoir.

Qu'as-tu donc fait enfin , que t'acquitter du zèle
D'un fils reconnaissant et d'un sujet fidèle ?
ARCÈS.
La loi m'accorde un prix , et je veux l'exiger.
SÉSOSTRIS.
Celui qui fait les lois a droit de les changer.
ARCÈS.
Mais en changeant la loi , changerez-vous mon ame ?
Détruirez-vous ce feu qui m'entraîne et m'enflamme ?
Si , n'ayant pu le vaincre , on s'y veut opposer ,
Craignez tout d'un amant qu'on force à tout oser.
Hélas! vous m'étiez cher ; mais votre injuste haine
Va briser entre nous le seul nœud qui m'enchaîne.
SÉSOSTRIS.
Lâche , fais éclater tes coupables transports ;
Non , tu ne démens point le monstre dont tu sors.
Traître , il ne manque plus à tant de perfidies ,
Que d'oser sur mes jours porter tes mains hardies.
Crois-tu par tes fureurs m'inspirer de l'effroi ?
Va , je te crains trop peu pour m'assurer de toi.
Mais je veux bien encor , modérant ma colère ,
Par pitié te donner un avis salutaire.
S'il t'échappe un seul mot , un seul geste douteux ,
Je puis du même coup vous immoler tous deux.
ARCÈS.
L'immoler ! si jamais... Ah! j'en frémis de rage.
A quelle extrémité portez-vous mon courage ?
Mais sachez qu'Orphanis , seigneur , est tout mon bien;
Que , s'il ne m'est rendu , je ne connais plus rien

SCÈNE VII.

SÉSOSTRIS , *seul.*

GRANDS dieux ! jamais si loin poussa-t-on l'insolence ?
J'aurais dû.... Vengeons-nous.... Quoi ! cette main
　　　balance ?
Eh ! quel Dieu si long-temps peut retenir mon bras?
Que faut-il donc encor?... Perfide ! tu mourras.
Que dis-je? réprimons un transport si funeste :

Irai-je de mon sang verser le faible reste,
M'ôter le seul appui de mes jours languissans?
Qu'a-t-il fait? Sans l'amour qui subjugue ses sens,
L'aurais-je jamais vu lever un front rebelle?
Par combien de respects m'a-t-il prouvé son zèle?
O toi, dont j'ai souvent admiré la vertu,
Toi que j'aime, ô mon fils! à quoi me réduis-tu?
Pressé de tous côtés, quel parti dois-je prendre?
Je ne puis le punir et je ne puis me rendre.
Hélas! j'ai vu l'instant où, prêt à lui céder,
Ma faiblesse tantôt allait tout accorder.
O mon fils! que de pleurs tu coûtes à ton père!
Mais de cette pitié que faut-il que j'espère?
Idoménée attend l'effet de mes sermens.
Irai-je, m'exposant à ses ressentimens,
De mes tristes Etats hâter la décadence?
Que faire? Du conseil implorons la prudence.
Qu'il juge, qu'il décide, et qu'il accorde en moi
La tendresse du père et la gloire du roi.

FIN DU QUATRIÈME ACTE.

ACTE V.

Le jour diminue insensiblement.

SCÈNE Ire.

ARCÈS, ORPHANIS, GARDES.

ARCÈS, *tenant Orphanis par la main, aux gardes.*

(*Les amis d'Arcès font un mouvement, et les gardes
de Sésostris, après un léger combat, reculent dans
la coulisse.*)

N'AVANCEZ pas, cruels, ou tremblez de paraître.
Reconnaissez en moi le sang de votre maître.

Et vous, braves amis, ne vous éloignez pas ,
J'aurai peut-être encor besoin de votre bras ;
   (à *Orphanis.*)
Allez. D'indignes fers vous êtes délivrée ,
Je vous revois , madame, et mon ame enivrée ,
En rompant vos liens, ne connaît d'autre espoir ,
N'éprouve d'autre bien que celui de vous voir.
Si j'ai pu quelque temps suspendre cet orage ,
Je vois qu'il faut encore achever mon ouvrage,
Vous rendre... Mais que vois-je ? Orphanis, vous pleurez.
ORPHANIS.
Ah ! prince.

ARCÈS.
Expliquez-vous ; vous me désespérez.
Est-il encor des maux où je doive m'attendre ?
ORPHANIS.
Prince , il n'est plus pour nous de bonheur à prétendre.
ARCÈS.
Eh ! de grace , parlez.

ORPHANIS.
L'amour ingénieux
Sur vos seuls intérêts m'a fait ouvrir les yeux.
Tremblez.

ARCÈS.
De quel péril êtes-vous informée ?
ORPHANIS.
Des menaces du roi justement alarmée ,
Du fond de ma prison j'ai su veiller sur lui.
Je sais l'affreux destin qu'il nous garde aujourd'hui.
ARCÈS.
Eh ! qu'avons-nous à craindre?
ORPHANIS.
Une mort assurée.
Par lui dans le conseil notre perte est jurée.
ARCÈS.
Vous croyez...

ORPHANIS.
Tout ici confirme ma terreur.
ARCÈS.
Juste ciel ! je ne puis contenir ma fureur.

Vous, mourir! ah! je vais...

ORPHANIS.

Eh! qu'espérez-vous faire?

ARCÈS.

Aux projets du tyran je prétends vous soustraire.
Venez, et sur mes pas cherchez en d'autres lieux
Un asile assuré qui vous cache à ses yeux.

ORPHANIS.

Moi, seigneur, moi, que j'aille, amante criminelle,
Vous dérober au rang où le sort vous appelle!
Que je prive l'Etat de son plus ferme appui!

ARCÈS.

Hélas! si mon amour doit vous perdre aujourd'hui,
Que m'importe la vie et le trône et l'Empire!
Vous voir, vous posséder, c'est le bien où j'aspire.
Vous êtes tout pour moi. Malgré le sort jaloux,
Je mourrai votre amant, ou vivrai votre époux.
Plus on fait contre vous éclater de colère,
Et plus en ces instans vous me devenez chère.

ORPHANIS.

Qu'un intérêt si tendre alarme mon amour!
C'est pour vous que je crains Sésostris en ce jour.
Je mourrais sans regret si sa cruelle envie
Se bornait à trancher ma déplorable vie.
Mais rien ne peut sur vous rassurer mes esprits;
Il a perdu le père, il va perdre le fils.

ARCÈS.

Généreuse Orphanis, quoi! parmi tant d'alarmes,
C'est pour moi, pour moi seul que vous versez des larmes.

ORPHANIS.

Ah! prince, cher amant, quel est donc notre sort?
Il ne nous reste plus d'autre espoir que la mort.
Voilà donc ce bonheur dont la riante image
Au milieu des revers soutenait mon courage!
Voilà donc ces plaisirs, cet avenir heureux
Dont le ciel dut un jour récompenser nos feux!
Hélas! tout est détruit.

ARCÈS.

Je saurai tout vous rendre.

ORPHANIS.

Vous vous flattez en vain : que peut-on entreprendre ?
Aux projets du tyran ici tout est livré ;
Ce palais est partout de gardes entouré.

ARCÈS.

Eh bien ! qu'en ces momens ta prudence m'éclaire.
Pour assurer tes jours, parle : que faut-il faire ?
Décide-moi : commande, et je cours obéir.

ORPHANIS.

Ne me consulte point. Ah ! laisse-moi te fuir.

ARCÈS.

Eh quoi ! chère Orphanis, ta pitié m'abandonne ?

ORPHANIS.

Quels conseils attends-tu que ma raison te donne ?
Ah ! si tu connaissais l'excès de mon amour,
Que ne ferais-je pas pour te sauver le jour !
Pour te prouver ma foi, pour conserver la tienne,
Il n'est point, je le sens, de nœud qui me retienne.

ARCÈS.

Eh ! crois-tu donc mes feux moins ardens que les tiens ?
Je puis, ainsi que toi, tenter tous les moyens,
Braver tous les dangers ; enfin, pour te défendre,
Il n'est rien qu'en ce jour je ne puisse entreprendre.

ORPHANIS.

Peut-être en ces momens il jure mon trépas ;
Peut-être il vient ici m'arracher de tes bras ;
Peut-être sa fureur implacable et sanglante
Aux plus affreux tourmens va livrer ton amante.

ARCÈS.

Eh ! prends-tu donc plaisir à redoubler mes maux ?
Que me dis-tu ? qui, moi, sous le fer des bourreaux,
Je verrais expirer !... Dieux ! cette horrible image
Aux excès les plus grands peut porter mon courage.

ORPHANIS.

Que dites-vous ? ô ciel ! le trouble où je vous voi,
Vos fureurs, nos dangers, tout me glace d'effroi.
Il est d'affreux instans où la vertu s'oublie.
Ne vous attendez pas que je le justifie.
Il en veut à nos jours, il vous ravit ma foi,
Mais de ces cruautés ne punissez que moi.

On a vu des amans, dans l'accès qui vous presse,
Immoler leur tyran pour venger leur maîtresse.
Leur exemple...

ARCÈS.

Qui, moi !

ORPHANIS.

　　　J'en frémis.

ARCÈS.

　　　　　　　　Quelle horreur !

Quelle affreuse clarté jettes-tu dans mon cœur ?

ORPHANIS.

Je m'égare moi-même, et ma raison tremblante
D'un reproche éternel doit sauver ton amante.
Que vais-je devenir ? Je n'ai donc aujourd'hui
Que la mort pour espoir, ou ton bras pour appui.

ARCÈS.

Je ne sais que résoudre. Extrémité cruelle !
Prêt à me décider, mon courage chancelle.
Quoi ! je n'ai qu'à choisir son trépas ou le tien !
Que dois-je faire, ô dieux ?

ORPHANIS.

　　　　　　Quittons cet entretien.
Entre ces deux partis quand ton ame balance,
Je vois trop que la mort est ma seule espérance.
Puisqu'il n'est qu'un moyen de t'unir avec moi,
Laisse-moi fuir ces lieux et mourir loin de toi.
Où vais-je ?... si je fuis, le tyran plein de joie
Avec avidité va ressaisir sa proie ;
Et, poursuivant le cours de ses projets affreux,
Il peut dans sa fureur nous immoler tous deux.
Eh bien ! remplis mes vœux : et si je te suis chère,
Ose par un seul coup terminer ma misère.

ARCÈS.

Comment ?

ORPHANIS.

　　　Il m'est plus doux de mourir de ta main.
(*lui remettant un poignard.*)
Arme-toi de ce fer : frappe ! voici mon sein.

ARCÈS, *lui arrachant le poignard.*

Orphanis ! ah ! grands dieux !,.. qu'oses-tu me prescrire?

Je sens que je succombe : à peine je respire...
Non, tu ne mourras point. Je verrais sans trembler
De la terre sous moi les voûtes s'écrouler :
Mais m'offrir de ta mort une image sanglante,
De toutes les horreurs c'est la plus accablante...
Et puisqu'il faut choisir, rien ne peut m'arrêter.
Tu m'as montré l'écueil : c'est m'y précipiter.

ORPHANIS.

Adieu : le roi bientôt en ces lieux se doit rendre ;
Il serait dangereux qu'il nous y vînt surprendre :
Il faut nous séparer. Mais surtout songe bien
Qu'Orphanis attend tout et ne commande rien.
Tu connais nos dangers : consulte, délibère.
Décide-toi, choisis : vois ce que tu dois faire.
Si, trahissant mes feux, tu peux vivre sans moi,
J'aurai la fermeté de m'immoler pour toi.
Adieu.

SCÈNE II.

ARCES, *seul.*

Dans quelle horreur la cruelle me laisse !
A quelle épreuve, ô dieux ! mettez-vous ma faiblesse !
Et j'ai pu soutenir ce fatal entretien !
Qu'ai-je promis, grands dieux ?... Non, je ne promis rien.
De ce projet sanglant l'horreur me persécute,
Et la nécessité veut que je l'exécute.
Ce bras, que la vengeance et l'amour ont armé,
Hélas ! au meurtre encor n'est pas accoutumé.
Que dis-tu, lâche amant ? d'une ame indifférente
Vois donc dans les tourmens ta maîtresse expirante.
Quoi ! tu peux d'un seul coup prévenir son trépas,
L'arracher au supplice... et tu ne l'oses pas !
Attends-tu qu'un tyran l'immole ou nous sépare ?
Frappe, il t'a trop appris à devenir barbare.
C'est un crime ; n'importe, il faut qu'il soit commis.
Frappons : qui me retient ?... d'où vient que je frémis ?
Dans le fond de mon cœur déjà je crois entendre
De ce faible vieillard la voix plaintive et tendre.
Je crois le voir tomber sous mes coups inhumains,

M'implorer et mourir en me tendant les mains.
Quoi ! je suis innocent, et le remords m'accable !
Que sera-ce, grands dieux ! si je deviens coupable ?
Non, je ne ferai rien qui souille ma vertu,
De remords trop cuisans mon cœur est combattu.
On vient... Ciel ! quel objet vois-je marcher dans l'ombre ?
Qui vient chercher la mort dans ce lieu triste et sombre ?

SCÈNE III.

ISSA, ARCÈS.

ISSA.

Ah ! seigneur, du conseil le roi vient de sortir.

ARCÈS.

Qu'entends-je ? c'est Issa.

ISSA.

Je viens vous avertir
De quel prix sa fureur va payer vos services.
Tout retentit des mots d'exil et de supplices.
La tremblante Orphanis, qui frémit pour vos jours,
En vain de vos amis implore le secours.
Policlète près d'elle a fait ranger la garde.
Je ne puis, sans horreur, voir le sort qu'on lui garde.
C'en est fait, et ce bruit est partout répandu,
Orphanis va périr et vous êtes perdu.

SCÈNE IV.

ARCÈS, *seul*.

ORPHANIS périrait ! ce mot seul me décide ;
Et, sans être effrayé du nom de parricide,
Frappons : c'est toi, tyran, qui fis tous mes malheurs ;
Tantôt, sans être ému, tu vis couler mes pleurs :
C'est donc pour te fléchir du sang qu'il faut répandre.
Eh bien ! de ce poignard mon destin va dépendre.
O nuit, lugubre nuit ! seconde ma fureur ;
Viens sur ces lieux sanglans répandre la terreur :
Cache-moi dans l'horreur des profondes ténèbres ;

Que ton silence affreux, que tes ombres funèbres
Enhardissent mon bras et ma timidité :
Ma faiblesse a besoin de ton obscurité.

SCÈNE V.

SÉSOSTRIS, ARCES.

SÉSOSTRIS, *dans le fond du théâtre.*
DIEUX ! ménagez ce cœur trop sensible et trop tendre.
ARCÈS.
Quelle voix lamentable ici se fait entendre ?
SÉSOSTRIS.
Grands dieux !...
ARCÈS, *levant le poignard.*
C'est le tyran. Avançons... je ne puis.
SÉSOSTRIS.
Ne m'abandonnez pas dans le trouble où je suis.
Des piéges qu'on lui tend préservez sa jeunesse.
ARCÈS.
Que dit-il ? écoutons.
SÉSOSTRIS.
D'une fatale ivresse
Écartez loin de lui le charme empoisonneur.
Mon cœur, vous le savez, ne veut que son bonheur.
Qu'il connaisse les maux où sa fougue l'expose,
Et n'éprouve jamais les chagrins qu'il me cause.
Daignez enfin le rendre à ma tendresse... Et toi,
Arcès, mon cher Arcès, que fais-tu loin de moi ?
ARCÈS.
Où suis-je ? malheureux ! Grands dieux ! que dois-je faire ?
SÉSOSTRIS.
Est-ce toi que j'entends, ô mon fils ?
ARCÈS, *jetant le poignard et tombant aux pieds de*
Sésostris.
O mon père !
Vous voyez des mortels le plus infortuné.
Pour être criminel Arcès n'était pas né.
Ah ! vous ne savez pas combien j'étais barbare.

Blin de Sainmore.   5

SÉSOSTRIS.

De tes sens égarés quel désordre s'empare ?

ARCÈS.

Pour mon cœur il n'est plus de repos, de vertu.
Hélas ! j'ai tout trahi.

SÉSOSTRIS.

        Malheureux ! que dis-tu ?

ARCÈS.

Connaissez de ce cœur l'ingratitude affreuse ;
Tandis que vers le ciel votre voix généreuse
S'élevait pour me plaindre et pour me pardonner,
Votre fils n'aspirait qu'à vous assassiner.

SÉSOSTRIS.

Qui, toi, m'assassiner ! Dieux ! que viens-je d'entendre ?
     (*regardant Arcès de l'air le plus touchant.*)
Hélas ! de tes amis tu perdais le plus tendre.
Ingrat ! à mon amour quel prix réservais-tu ?

ARCÈS.

Grands dieux ! que l'homme est faible, et qu'il faut de
    vertu
Pour domter un penchant qui nous entraîne au crime ?
Hélas ! je me suis vu sur le bord de l'abîme.
Vengez-vous d'un barbare ; ordonnez mon trépas :
Mais en me condamnant ne me haïssez pas ;
Accordez-moi, pour prix de mon remords sincère,
Le plaisir, en mourant, de vous nommer mon père.

SÉSOSTRIS.

Quand je vois aux remords ton cœur s'abandonner,
Ma gloire et mon plaisir sont de te pardonner.
Mon fils, que pour jamais cette faute t'éclaire !
Entraîné par l'erreur d'un charme involontaire,
Eh ! quel cœur peut ne pas quelquefois s'égarer ?
La gloire est de le vaincre et non de l'ignorer.
Je t'aimai sans faiblesse, et ce triomphe insigne
De ma tendre amitié te rend encor plus digne.

ARCÈS.

Si vous m'aimez encor, mon sort est moins affreux.
Je ne méritais pas un roi si généreux.

SCÈNE VI.

ORPHANIS, ARCES, SÉSOSTRIS, ISSA.

ORPHANIS.

Cœur ingrat ! j'ai prévu ta faiblesse perfide.
Tu te crois vertueux, et tu n'es que timide.
Triomphe, indigne amant. Monte au trône sans moi.
Je renonce aux grandeurs, à ton amour, à toi :
Règne seul ; mais apprends d'une femme intrépide,
Comment dans les revers un grand cœur se décide.
        (*après une pause, à Sésostris.*)
Tu peux lui pardonner : ce fut moi dont la main
Conduisit sans pitié le poignard dans ton sein.
Mais son amour pour toi trompa mon artifice :
C'est moi qui fis le crime… et voilà mon supplice.
                    (*elle se tue.*)
Trône, objet de mes vœux, délices des grands cœurs,
Je n'en voulais qu'à toi : tu m'échappes… je meurs.

FIN D'ORPHANIS.